Fonética, Fonologia e Ortografia

COLEÇÃO
Português na Prática

Claudio Cezar Henriques

Fonética, Fonologia e Ortografia

5ª Edição Ampliada e Atualizada

Estudos fono-ortográficos do português na perspectiva brasileira

ALTA BOOKS
E D I T O R A
Rio de Janeiro, 2021

Fonética, Fonologia e Ortografia

Copyright © 2021 da Starlin Alta Editora e Consultoria Eireli.
ISBN: 978-65-5520-720-0

Todos os direitos estão reservados e protegidos por Lei. Nenhuma parte deste livro, sem autorização prévia por escrito da editora, poderá ser reproduzida ou transmitida. A violação dos Direitos Autorais é crime estabelecido na Lei nº 9.610/98 e com punição de acordo com o artigo 184 do Código Penal.

A editora não se responsabiliza pelo conteúdo da obra, formulada exclusivamente pelo(s) autor(es).

Marcas Registradas: Todos os termos mencionados e reconhecidos como Marca Registrada e/ou Comercial são de responsabilidade de seus proprietários. A editora informa não estar associada a nenhum produto e/ou fornecedor apresentado no livro.

Impresso no Brasil — 5ª Edição, 2021 — Edição revisada conforme o Acordo Ortográfico da Língua Portuguesa de 2009.

Erratas e arquivos de apoio: No site da editora relatamos, com a devida correção, qualquer erro encontrado em nossos livros, bem como disponibilizamos arquivos de apoio e aplicáveis à obra em questão.

Acesse o site www.altabooks.com.br e procure pelo título do livro desejado para ter acesso às erratas, aos arquivos de apoio e/ou a outros conteúdos aplicáveis à obra.

Suporte Técnico: A obra é comercializada na forma em que está, sem direito a suporte técnico ou orientação pessoal/exclusiva ao leitor.

A editora não se responsabiliza pela manutenção, atualização e idioma dos sites referidos pelos autores nesta obra.

Produção Editorial
Editora Alta Books

Gerência Comercial
Daniele Fonseca

Editor de Aquisição
José Rugeri
acquisition@altabooks.com.br

Produtores Editoriais
Illysabelle Trajano
Larissa Lima
Maria de Lourdes Borges
Paulo Gomes
Thiê Alves
Thales Silva

Equipe Ass. Editorial
Brenda Rodrigues
Caroline David
Luana Goulart
Marcelli Ferreira
Mariana Portugal
Raquel Porto

Diretor Editorial
Anderson Vieira

Coordenação Financeira
Solange Souza

Equipe Comercial
Adriana Baricelli
Daiana Costa
Kaíque Luiz
Victor Hugo Morais

Marketing Editorial
Livia Carvalho
Gabriela Carvalho
Thiago Brito
marketing@altabooks.com.br

Atuaram na edição desta obra:

Revisão Gramatical
Carolina Gaio
Thamires Leiroza

Diagramação
Luisa Maria

Capa
Olga Loureiro

Imagem
AndrewRich©istockphoto.com

Dados Internacionais de Catalogação na Publicação (CIP) de acordo com ISBD

H519f   Henriques, Claudio Cezar
         Fonética, Fonologia e Ortografia: 5a Edição Ampliada e Atualizada / Claudio Cezar Henriques. - 5. ed. - Rio de Janeiro, RJ : Alta Books, 2021.
         256 p. ; 17cm x 24cm.

         Inclui bibliografia, índice e apêndice.
         ISBN: 978-65-5520-720-0

         1. Língua portuguesa. 2. Fonética. 3. Fonologia. 4. Ortografia. I. Título.

2021-2779   CDD 469
                                                     CDU 81

Elaborado por Vagner Rodolfo da Silva - CRB-8/9410

Ouvidoria: ouvidoria@altabooks.com.br

Editora afiliada à:

Rua Viúva Cláudio, 291 — Bairro Industrial do Jacaré
CEP: 20.970-031 — Rio de Janeiro (RJ)
Tels.: (21) 3278-8069 / 3278-8419
www.altabooks.com.br — altabooks@altabooks.com.br

Este livro é dedicado a
Aline e Leandro.

Somente renovando a língua
é que se pode renovar o mundo.

(Guimarães Rosa)

Sumário

Apresentação 11
Prefácio da 5ª Edição 13
Prefácio da 3ª Edição 15
Prefácio da 1ª Edição 17

PARTE I
Fonética e Fonologia

1 **Podemas, Grafemas, Fonemas...** 23
    1. Feio, Bonito, Certo, Errado... 25
    2. Língua Falada, Língua Escrita 27

2 **Norma e Uso** 29

3 **Terminologia Básica** 35
    1. Forma 37
    2. Dupla Articulação da Linguagem 38
    3. Fonação 38
    4. Fonética e Fonologia 38
    5. Pertinência e Comutação 39
    6. Fonema 41
    7. Alofone 42
    8. Arquifonema e Debordamento 42
    9. Grafia 43
    10. Letra e Grafema 45
    11. Palavra Fonológica e Palavra Ortográfica 46
    12. Gramaticalização e Fonologização 46

4 **Alfabeto Fonético** 49
    1. Vogais 49
    2. Consoantes 50

5 **Classificação dos Fonemas do Português** 57
    1. Classificação das Vogais 58
    2. Classificação das Semivogais (ou Glides ou Vogais Assilábicas) 60
    3. Classificação das Consoantes 61

6 **Encontros Vocálicos, Dígrafos e Encontros Consonantais** 67
    1. Encontros Vocálicos 67

	2. Dígrafos	68
	3. Encontros Consonantais	68
7	**Exercícios Finais (I)**	73

PARTE II
Ortografia

8	**Periodização da História da Ortografia Portuguesa**	81
	1. Período Fonético	81
	2. Período Pseudoetimológico	83
	3. Período Reformista (ou Histórico-Científico)	84
	4. Vocabulário Ortográfico Comum – VOC (2016)	88
9	**Acentuação Gráfica**	93
	1. Classificação dos Vocábulos Quanto à Sílaba Tônica	93
	2. Regras de Acentuação	93
10	**Emprego do Acento Grave (Indicativo de Crase)**	105
	1. Regra Geral	105
	2. Casos Especiais	106
11	**Grafia de Vogais e Consoantes**	113
	1. Grafia de Vogais	113
	2. Grafia de Consoantes	114
	3. Letras Maiúsculas	115
	4. K, W e Y	116
12	**Grafia de Palavras**	121
	1. Homônimos	121
	2. Parônimos	122
13	**Emprego do Hífen**	127
	1. Na Composição por Justaposição	127
	2. Na Derivação Prefixal e nas Recomposições	129
14	**Textos Complementares**	137
	1. Quatro Decretos	137
	2. Anexo I (Bases do Acordo)	140
	3. Anexo II (Nota Explicativa)	165
	4. Primeiro Protocolo Modificativo ao Acordo	179
	5. Segundo Protocolo Modificativo ao Acordo	179
15	**O Acordo e Suas Intervenções (na Descrição Gramatical)**	181
	1. Verbos TER & VIR	182
	2. Verbos Terminados em Gu/Qu+vg+R	183
	3. Composição X Derivação	185
	4. Sufixos Separados por Hífen	187
	5. A Preposição "de" em Construções com Infinitivo	187
16	**Exercícios Finais (II)**	191
	APÊNDICE: Exame Nacional de Cursos – Letras	201
	Índice Onomástico	217
	Índice Por Assunto	219
	Referências Bibliográficas	221

Apresentação

Por Maria Emília Barcellos da Silva

Elaborado com a finalidade primeira de servir como material de apoio didático às aulas dos cursos de graduação em Letras, o livro em epígrafe contou com algumas "primeiras versões" arquitetadas cuidadosamente pelo autor, cada uma delas acrescentando, ajustando e redistribuindo a matéria reunida na proposta anterior, sempre na busca da melhor formulação dos assuntos selecionados. O texto que hoje chega à via de publicação é, consequentemente, a soma de experiências docentes buriladas pela prática, filtradas tanto pela autocrítica do autor quanto pela aceitação dos alunos, confirmando que sempre é possível renovar e aperfeiçoar as trilhas dos pesquisadores — essa é a lição que se confirma com as confessadas feituras e refeituras do livro que agora é entregue para leitura dos interessados.

Do curso introdutório ao estudo da Fonologia — de que não se ausenta a descrição fonética, seguindo modelos apoiados, mas não engessados, pela tradição — foi mantido o escopo conteudístico que, desde os primeiros movimentos, constituiu a essência da obra mesmo nos seus rascunhos. A tônica, tanto nos estudos fonológicos como nos temas sobre Ortografia, são a teoria comedida e a prática exacerbada — aquela a serviço desta. Tal prescrição se concretiza por meio da organização de exercícios de fixação, sempre que possível calcados em ocorrências da língua em uso colhidas nos flagrantes do cotidiano divulgados na mídia, nas letras das canções populares tanto brasileiras quanto portuguesas, recursos estrategicamente articulados com a finalidade de apresentar e discutir as normas que matizam a fala do homem comum, reconhecidamente o verdadeiro "construtor" do idioma por que se expressa.

A obra divide-se em dois segmentos distintos e complementares: a Parte I, que aborda especialmente os conteúdos concernentes à Fonética e à Fonologia, e a Parte II, que trata da Ortografia e seus meandros — cada uma dessas grandes seções plenamente servida de exercícios variados, acompanhados da competente chave de respostas às questões propostas.

Sensível à necessidade prática demonstrada quer no trato das muitas turmas que teve sob sua docência, quer na verbalização geral do alunado — sempre ansioso por entender "O que vou fazer com este saber na vida?" —, o autor reuniu, em um apêndice, uma farta coletânea de questões sobre Fonética, Fonologia e Ortografia, selecionadas das provas destinadas aos cursos de Letras, organizadas pelo MEC/INEP (leia-se antigo Provão e atual ENADE), desde 1998, sem omitir a chave de respostas desses exercícios. Acresceu-se a esse cuidado um esclarecedor índice onomástico em que são relacionadas vozes consagradas que concorreram para a articulação do compêndio.

Fecha o trabalho uma relação bibliográfica rica e consistente, que cobre com largueza e propriedade os conteúdos tratados no todo produzido.

A par da qualidade e pertinência acadêmicas da obra, não se pode deixar de aludir à verdade consagrada pela prática da vivência livresca de que "o estilo é o homem". Então, e por isso, com método e ponderação, o homem não se ensombrece pelo autor: mesmo no auge de sua criação, Claudio Cezar Henriques mantém-se fiel a seu jeito afável de ser, a seu bem-estar no mundo, para gáudio de seus colegas, alunos e amigos, felizes espectadores da trajetória de um professor estudioso, responsável, dedicado e generoso — e tanto — que deu a público a pesquisa que ora se consubstancia em livro.

Prefácio da 5ª Edição

O dado mais relevante sobre esta edição se refere à reorganização de sua estrutura e ao enriquecimento das informações. Uma delas decorre da última etapa da implementação do Acordo Ortográfico, cuja fase de transição terminou, no Brasil, em 1º de janeiro de 2016. Fatos novos decorrentes desse acontecimento oficial, que envolve as nove nações-membros da Comunidade dos Países de Língua Portuguesa (CPLP), justificam algumas das mudanças que fazemos nesta quinta edição em sua Parte II (Ortografia), incluindo as informações mais recentes, em especial a construção da plataforma VOC (Vocabulário Ortográfico Comum). Resultado da construção dos VON (Vocabulários Ortográficos Nacionais), a plataforma VOC foi oficialmente reconhecida pelos estados que formam a CPLP e é citada em uma das conclusões da X Conferência de Chefes de Estado e de Governo da CPLP, que teve lugar em julho de 2014 em Díli, no Timor-Leste. A ação proposta é de fundamental importância para a comunidade internacional de Língua Portuguesa:

> 6. É recomendável que os Estados-membros que ainda não possuem Vocabulário Ortográfico da Língua Portuguesa desenvolvam a sua elaboração, edição e distribuição, de modo que se produza, posteriormente, em formato eletrônico, sob coordenação do IILP [Instituto Internacional de Língua Portuguesa] e com a participação de uma comissão de especialistas designados pelos Estados-membros, o **Vocabulário Ortográfico Comum da Língua Portuguesa, que consolide tanto o léxico comum quanto as especificidades de cada país.** [grifo meu]

Até meados de 2019, o IILP já havia integrado no VOC os VON de Brasil, Cabo Verde, Moçambique, Portugal e Timor-Leste. O de São Tomé e Príncipe, concluído no final de 2017, estava em fase de incorporação à plataforma.

Na Parte I (Fonética e Fonologia), há também uma atualização do conteúdo, motivada sobretudo pelo lançamento nos últimos anos de novas obras referenciais no campo das ideias gramaticais. Além disso, mais exercícios, agora distribuídos por todos os capítulos, e uma apurada atualização bibliográfica fazem com que o livro explore melhor o entendimento e a aprendizagem de seu conteúdo. Acrescentam-se ainda as questões de fono-ortografia, propostas no ENADE de 2014 e de 2017, e o Índice por Assunto, lacuna resolvida com a competente ajuda do colega André Conforte.

Rio de Janeiro, janeiro de 2020.

O autor

Prefácio da 3ª Edição

A assinatura do Decreto que promulgou o Acordo Ortográfico da Língua Portuguesa resultou na necessidade de que este livro fosse bastante modificado em relação às duas edições anteriores. Pode-se mesmo dizer que a segunda parte, a que trata especificamente do tema "Ortografia", foi quase completamente renovada, com alterações nas explicações, nos quadros e nos comentários a respeito das regras e normas em vigor desde 1o de janeiro de 2009.

No entanto, aproveitamos a reformulação para fazer também pequenos ajustes na parte de Fonética e Fonologia, para acrescentar novos exercícios e para incluir no Apêndice as questões pertinentes do ENADE de 2008.

Outra informação relevante diz respeito ao capítulo que contém textos complementares. Nas edições anteriores, constava a transcrição do Formulário Ortográfico de 1943 e a reprodução de dois artigos publicados em jornal. Nesta, em seu lugar, consta a transcrição na íntegra dos Decretos e das Bases da Nova Ortografia — e estas estão comentadas com muitas notas elucidativas.

Agradecemos aos colegas e alunos a boa acolhida da obra e esperamos ter o mesmo êxito nesta nova etapa.

Rio de Janeiro, junho de 2009.

O autor

Prefácio da 1ª Edição

Sob certo ponto de vista, a língua que usamos não é a língua real. Ocorre que, achando-a real, o ser humano sempre compara a língua que usa com sua suposição de língua perfeita. A língua perfeita não é esta ou aquela frase ou expressão, mas a ideia de língua. Na ideia de língua, não há frase, não há palavra, não há estilo, embora a melhor expressão sempre exista. Apesar disso, o ser humano sabe — e como! — que a palavra e o estilo podem determinar o destino de inúmeros textos e discursos. Sabe também o que é um "achado linguístico": é a vitória do acaso sobre a ideia da língua perfeita. Mas, igualmente, sabe ainda que essa vitória do acaso nunca poderá ser a verdadeira vitória, pois a única vitória real é a da ideia de língua.

Comparemos essas digressões, inspiradas no "Mundo das Ideias", de Platão, com o pensamento saussuriano, segundo o qual a língua "é um tesouro depositado *pela prática da fala nos indivíduos de uma comunidade*", existindo "*virtualmente em cada cérebro, ou melhor, nos cérebros de um conjunto de indivíduos*, porque a língua não está completa em ninguém, só existe perfeita na massa" (Saussure, 1972: 21).

Obviedades à parte, o certo é que nossas vidas se constroem o tempo todo nas contendas entre o individual e o coletivo, entre o acaso e o real, entre o palpável e o ideal — buscamos o equilíbrio e o manifestamos por meio de expressões, gestos e sons da fala.

Os sons da fala estão no começo de tudo.

Toda língua se sustenta em um tripé e se manifesta em um amplo conjunto policromático. O tripé se compõe da Fonologia, da Morfologia e da Sintaxe. O conjunto policromático reúne o Léxico, a Semântica, a Estilística, a Pragmática... Mudanças sistêmicas que ocorrem no campo fonológico, morfológico e/ou sintático colocam em risco a identidade da língua como tal e podem dar sinais de que uma língua está passando a ser outra. Na evolução do latim, as mudanças ocorridas nesses três componentes deram vida às línguas românicas, mas estas continuam evoluindo e se enriquecendo. O embate que se dá entre a língua falada e a língua escrita é uma mola propulsora da evolução linguística, razão de ser de práticas consagradas pelo uso e de novas soluções geradas pelos seus falantes. Esse embate, porém, precisa ser entendido como algo natural em todas as línguas.

Este livro trata de um dos componentes do mencionado tripé. E focaliza as relações entre a língua falada e a língua escrita, considerando que, assim como a língua escrita não deve ser um entrave às manifestações de oralidade, também a língua oral não precisa promover uma revolução contra a língua escrita. A Fonologia tem duas "parceiras" nos estudos da língua: a Fonética (que descreve os traços físicos dos sons da fala e que poderia ser considerada uma parte mais propriamente física e biológica do que gramatical) e a Ortografia (que não é uma parte da gramática, mas da vida social).

As primeiras versões deste livro tinham a finalidade de servir como material didático de apoio a aulas ministradas nos cursos de graduação do Instituto de Letras da UERJ. A cada novo curso, alguns ajustes, acréscimos de exercícios, novas considerações teóricas — comedidos, pois o objetivo era usar o conhecimento básico desses três assuntos para futuros aprofundamentos e conexões com outros estudos de Língua Portuguesa.

Pensávamos em um curso introdutório ao estudo da Fonologia, obviamente interligado, por um lado, a uma descrição fonética que não desprezaria os modelos tradicionais (mas os atualizaria na medida das necessidades) e, por outro, às regras práticas de nossa Ortografia (de base fonética).

O formato que aqui apresentamos é diferente, mas a essência do conteúdo não mudou, acrescida de considerações pessoais mais explícitas, antes restritas à parte oral das aulas e agora necessariamente incorporadas ao texto. Continuamos com a ideia de que não é o caso de estender demais a teoria — e por isso eventualmente inserimos referências a trabalhos de colegas em que o leitor poderá aprofundar-se em um ou outro tema. Preferimos insistir na prática de exercícios de fixação, de graus variados — valendo-nos sempre que possível de ocorrências da língua viva (letras de música, textos de jornal, flagrantes do cotidiano). Muitos deles intencionalmente reiteram o domínio de regras, normas e classificações; outros tantos investigam as causas, discutem as regras, interpretam os usos e comentam a expressividade.

Ao final o estudante encontrará ainda um apêndice com questões de Fonética, Fonologia e Ortografia formuladas nos "Provões" de Letras, realizados de 1998 a 2003, substituídos em 2004 por um novo modelo de avaliação (o ENADE), cuja primeira aplicação não incluiu os cursos de Letras. O livro inclui também dois itens muito necessários, o índice onomástico e a chave de respostas aos exercícios.

Como se verá, os aspectos teóricos estão a serviço da parte prática, objetiva e insistentemente, reforçando nosso ponto de vista sobre a relevância do estudo da Fonologia como um dos instrumentos para o domínio da expressão linguística. Por isso, a confiança de que poderá representar alguma contribuição para os atuais estudos de Língua Portuguesa.

Rio de Janeiro, janeiro de 2007.

O autor
Endereço para correspondência:
Rua São Francisco Xavier, 524/11º andar/sala 11.139/Bloco F
Maracanã, Rio de Janeiro/RJ — CEP: 20.550-900
E-mail: *claudioch@uol.com.br*

PARTE I

Fonética e Fonologia

A fonética é um campo de estudos amplo e variado. Tem métodos e objetivos vastos. Uma de suas funções é estudar o som da fala como um componente físico, isto é, como uma onda sonora que deve ser descrita acusticamente (é óbvio), sendo necessário para isso o uso de aparelhos desenvolvidos pelos profissionais do campo da acústica, que é um dos ramos da física. Chama-se a essa divisão FONÉTICA ACÚSTICA.

Outra de suas divisões é a chamada FONÉTICA ARTICULATÓRIA, que pressupõe o conhecimento da anatomia e da fisiologia dos órgãos fonadores no estudo da produção dos sons. A ela se soma a fonética acústica, que estuda os mecanismos de percepção dos sons da fala, e que na prática não se distingue da outra, pois ambas se valem de conhecimentos mútuos, tendo em vista que o homem é emissor e receptor de sons.

A fonologia também lida com os sons da fala, mas apenas aqueles que existem em uma determinada língua. Vejamos uma afirmação que aparece logo nas primeiras páginas da *Gramática Normativa*, de Rocha Lima (1992, p. 14). O autor diz que a fonética e a FONOLOGIA são dois ramos da ciência linguística que não se opõem — "antes se coordenam e completam". E acrescenta: "Somente com apoio numa boa descrição fonética é possível depreender-se, com segurança, o quadro dos fonemas de uma língua."

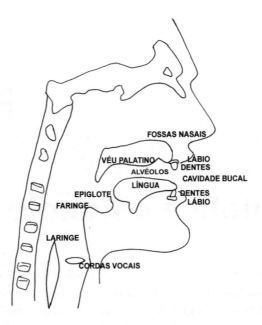

Aparelho Fonador

Atribui-se ao filólogo polonês Jan Baudouin de Courtenay (1845–1929) o emprego da palavra FONEMA com o conceito que conhecemos. O termo, segundo ele, foi inventado por um de seus alunos, Mikołaj Habdank Kruszewski (1851–1887), na Escola Linguística de Kazan (Rússia), fundada por Courtenay em 1875. Nela, surgiram estudos pioneiros da fonética experimental e da fonologia. Courtenay foi um dos primeiros a criar uma abordagem moderna e sistemática da estrutura fonológica da linguagem.[1]

Na língua portuguesa, segundo informa o Dicionário Houaiss, o primeiro registro escrito da palavra FONEMA se deu em 1899, por Cândido de Figueiredo, em seu dicionário.

Nos estudos de língua portuguesa, a fonologia talvez seja o campo em que os pesquisadores encontram as maiores resistências entre os leitores hipotéticos que compõem o que poderíamos chamar de "contingente linguístico-gramatical" da estética da recepção, *data venia* de nossos colegas da área da teoria da literatura.

Com efeito, a insistência no ensino exclusivamente descritivo dos itens referentes à fonética e à fonologia, dissociados de sua aplicação real e expressiva na língua viva, tem contribuído para a exclusão — nem sempre disfarçada — desse assunto das preferências e galerias acadêmicas.

A descrição não é um mal, tanto que logo abaixo recorremos a ela para apontar as peças que atuam no aparelho fonador. Afinal, é preciso apresentar os elementos que

---

[1] Cf. Daniel Jones, em artigo publicado em 1957, *The History and Meaning of the Term "phoneme"*.

permitem a construção dos sons da fala — mas isso não significa colocar em segundo plano a língua que deles se utiliza para exprimir suas ideias, sentimentos e criações verbais.

Recorro ao livro *Considerações sobre a fala e a escrita* (2006, pp. 19-20), de Darcilia Simões, para descrever os órgãos que compõem o aparelho fonador: pulmões, brônquios, traqueia, laringe, glote, faringe, úvula, fossas nasais, cavidade bucal, língua, dentes e lábios.

Diz a autora, em resumo:

Os *pulmões* fornecem a energia para a produção do som: os seus movimentos provocam as correntes de ar inspiratórias e expiratórias, cuja atividade controlada gera a voz.

Os brônquios e a traqueia servem de canais condutores da corrente aérea dos pulmões para a laringe e vice-versa.

Na *laringe*, situa-se a *glote*, órgão essencial da fonação, pois é nela que estão as *pregas vocais*, que são músculos. Quando a glote está aberta e as pregas vocais, afastadas uma da outra, a corrente aérea originada dos pulmões passa livremente — nessa posição, nenhum som é produzido, havendo apenas a respiração natural. Quando a glote está completamente fechada, a passagem da corrente de ar fica interrompida, e as pregas vocais se aproximam e opõem resistência à corrente aérea. Consequentemente, as pregas vocais vibram, produzindo o chamado som glotal. Dá-se então a fonação, cujos efeitos sonoros resultantes variam de acordo com a tensão das pregas e com o estreitamento provocado no canal por onde transita a corrente de ar.

A *faringe* serve, juntamente com a *cavidade bucal*, de caixa de ressonância, que permite amplificar certas variações da voz.

A úvula, situada no fim do palato mole (na cavidade bucal), pode estar FECHADA, dirigindo toda a corrente expiratória para a cavidade bucal e produzindo os sons ditos orais, ou aberta, desviando parte da corrente expiratória para as *fossas nasais* e produzindo os sons ditos nasais.

A *cavidade bucal* tem papel importantíssimo na modulação do som glotal produzido nas cordas vocais, assim como na produção de ruídos.

É certo que, no processo cotidiano de comunicação, o falante não concentra sua atenção nos movimentos articulatórios, mas sim nos fonemas. Embora na maioria das vezes sequer conheça essa palavra, o indivíduo se vale dos fonemas para construir a fala e integrar-se na comunidade linguística a que pertence.

Podemas, Grafemas, Fonemas...

**Brasil e Itália, final da Copa de 1970.
41 minutos do segundo tempo. O Brasil faz o quarto gol e vence por 4 a 1.**[2]

Tostão, com a ajuda de Everaldo, recupera uma bola na lateral defensiva do Brasil. Atrasa para Piazza, que toca para Clodoaldo, que toca para Pelé, que passa a Gérson, que devolve a Clodoaldo. O meia só precisa de 6 segundos para dar dribles sucessivos em 4 italianos e tocar na esquerda, ainda no campo brasileiro, para Rivelino, que lança a Jairzinho na ponta esquerda. Ele parte para cima do marcador, corta para dentro, evita um zagueiro e passa a bola para Pelé, que está perto do semicírculo da área italiana. O Rei para a bola com o pé direito, arruma-a com o pé esquerdo e, de novo com o pé direito, rola-a para Carlos Alberto, que vai em apoio ao ataque. A bola, que resvala em um pequeno sobressalto da grama e sobe uns 5cm, é acertada em cheio com o pé direito do Capitão do Tri e vai estufar as redes do goleiro italiano. Brasil, 4 a 1.

A língua escrita empregou 159 palavras para descrever o que, na língua do futebol, precisou de 30 "articulações", pois foi esse o número total de toques dados na bola até que ela entrasse no gol italiano. Uma "palavra futebolística", mágica e expressiva, pronunciada em 29 segundos.

---

[2] Assista ao lance do gol, com narração em inglês, em https://www.youtube.com/watch?v=Li8IhMs-PW8

Pier Paolo Pasolini, poeta, escritor, diretor de cinema, ator, renovador e contestador, ex-meia-esquerda de um time bolonhês, um dos homens mais sensíveis, imaginosos e criativos da Itália e da Europa, expôs algumas teorias a respeito da relação entre o futebol e a língua. O texto que segue é de Pasolini e faz parte de uma crônica de Araújo Netto, publicada no *Jornal do Brasil*, em 10 de abril de 1973.

> O futebol é um sistema de sinais, isto é, uma linguagem. Tem todas as características fundamentais de uma língua. As palavras da linguagem do futebol se formam exatamente como as palavras da linguagem escrita e falada. Através das chamadas duplas articulações, ou seja, das infinitas combinações de fonemas. E se os fonemas são a unidade mínima da língua falada, o homem que usa os pés para chutar uma bola é a unidade mínima da linguagem do futebol. Se quisermos continuar nos divertindo, poderíamos chamá-lo, daqui para frente, de *podema*. As infinitas possibilidades desses *podemas* (os jogadores) formam as palavras futebolísticas, e o conjunto dessas palavras, um discurso, regulado por verdadeiras e próprias normas sintáticas.
>
> Os *podemas* são 22 (quase tanto quanto os fonemas de uma língua latina). As palavras futebolísticas são potencialmente infinitas, porque infinitas são as possibilidades de combinações entre os *podemas*: isto é, os passes e os movimentos da bola entre os jogadores.
>
> Como em qualquer língua, o futebol tem seu momento puramente instrumental, rígida e abstratamente regulado por um código. É o seu momento expressivo. Como em qualquer língua, pode ser fundamentalmente poesia. O único momento em que futebol é sempre a mesma coisa, e só é invariavelmente poesia, é o momento do gol. Cada gol é sempre invenção, sempre uma subversão do código. Porque é fantasia liberada, fulguração, estupor, irreversibilidade, exatamente como a palavra poética. O artilheiro de um campeonato é sempre o melhor poeta do ano. Também o drible é, em si e por si, poesia, mesmo quando não é a ação que precede ou cria o gol.
>
> Não é à toa que o sonho de todo jogador (apoiado e partilhado por todo torcedor) é o de partir do meio-campo, driblar todos os adversários e entrar com a bola nas redes. Um sonho que seria a coisa mais sublime do futebol, mas que infelizmente cada dia tem menos possibilidade de se materializar.

A ideia de Pasolini sobre a relação entre o jogo de futebol e o jogo dos sons de uma língua certamente pode dar margem a muitas discussões metalinguísticas. Afinal, na língua, como jogam as vogais e as consoantes? Que uniforme elas vestem? Quem faz o papel de juiz dessa partida? Por que os alofones saem do banco de reservas e por que há tantos times nesse campeonato brasileiro de fonética e fonologia?

É hora, porém, de interromper o jogo, pois é preciso organizar as táticas "futebolístico-gramaticais". Na bolsa de apostas em que se transforma a discussão do assunto, é fundamental conhecer essa parte da gramática descritiva e da gramática normativa, pois só ganha o campeonato quem sabe o regulamento e as regras do jogo.

1. FEIO, BONITO, CERTO, ERRADO...

Como nos ensina Eugenio Coseriu, há três níveis de competência linguística, o "saber elocutivo" (= competência linguística geral, isto é, a capacidade de falar), o "saber idiomático" (= competência linguística particular, isto é, a capacidade de falar em uma língua determinada) e o "saber expressivo" (= competência discursiva ou textual, isto é, a capacidade de construir textos em situações determinadas). Um uso linguístico deve estar adequado às situações e aos contextos em que se fala ou escreve. Assim, no nível do "saber expressivo", o usuário competente necessita responder, antes de mais nada, a três perguntas: *de que pretende falar?, com quem pretende falar?, em que contexto pretende falar?* Com isso, importam-lhe não as noções de certo e errado, mas de adequado e inadequado, cujas definições são deveras discutíveis e numerosas, fixando-se em graus bastante diferentes.[3]

Dinah Callou e Yonne Leite, no livro *Como falam os brasileiros*, afirmam:

> A variação existente hoje no português do Brasil, que nos permite reconhecer uma pluralidade de falares, é fruto da dinâmica populacional e da natureza do contato dos diversos grupos étnicos e sociais nos diferentes períodos de nossa história. São fatos dessa natureza que demonstram que não se pode pensar no uso de uma língua em termos de "certo" e "errado" e em variante regional "melhor" ou "pior", "bonita" ou "feia". No ensino da língua escrita, contudo, procura-se neutralizar as marcas identificadoras de cada grupo social, a fim de atingir um padrão único abstrato e idealizado que seja supranacional. (p. 57)

A ideia defendida pelas autoras de que, em especial na língua oral, não existe "certo" e "errado" precisa ser tomada de um ponto de vista específico, pois esses adjetivos se referem a noções subjetivas de valor. O estudo da fonética, da fonologia e da ortografia — como qualquer outro — deve ser ajustado a seus possíveis contextos. Haverá "erro" toda vez que um uso linguístico estiver fora de enquadramento em qualquer das modalidades da língua. Não é o que acontece em "eu vou/eles vai", mas é o que temos em "eu vamos/eles vou". A primeira construção se insere em uma modalidade de língua que anula as oposições entre as pessoas gramaticais; a segunda não tem paradigma em nenhuma modalidade conhecida da língua e por isso está rigorosamente "errada". Erro é dizer "ela precisa entre você" em lugar de "ela precisa de você", ou "boçocleta" em vez de "bicicleta". Diversamente, escrever "O Arnesto nus cunvidô prum samba" é a forma correta de reproduzir por escrito a expressão registrada por Adoniran Barbosa a partir de um registro real e coerente do ponto de vista linguístico.

Também haverá erro toda vez que uma determinada regra de combinação de elementos da língua ultrapassar os limites do permitido. Como lembra Trask ao explicar o conceito de *fonotática*, "nenhuma língua permite que seus fonemas ocorram em qualquer sequência" (2004, p. 118), sendo inviável imaginar-se que em português haja palavras como *bsdila ou *tnuxa, apesar de seus fones fazerem parte de nosso sistema

---

[3] Repito aqui um dos parágrafos do Prefácio de meu livro Sintaxe: estudos descritivos da frase para o texto (Henriques: 2018, p. xvi).

fonológico. Assim também se pode falar em uma morfotática — confirmando ser impossível (por exemplo) começar verbos com desinências (nós *mosanda [andamos] de carro) e — por que não? — em uma *sintaxitática*[4], negando a possibilidade de colocar ao acaso as palavras na frase (amigo hoje almoçou aqui não nosso = nosso amigo aqui não almoçou hoje).

Cabe lembrar que, mesmo as criações emanadas da língua popular, literária ou publicitária, de um modo ou de outro se ajustam aos modelos preexistentes.

"De mais a mais, o velho era *antigão*". Na frase de Stanislaw Ponte Preta, em "A Vontade do Falecido"[5], "antigão" não é o aumentativo de "antigo", mas seu superlativo — e o sufixo -ão gramaticaliza-se com o valor de -íssimo.

No Posfácio de *Iracema*[6], José de Alencar se refere a uma expressão bem popular de sua terra: "A mãe diz do filho que acalentou ao colo: Está *dormindinho*." — o vocábulo "dormindinho" não é o diminutivo de "dormindo", mas uma forma nominal do verbo acrescida da ideia de afetividade e carinho expressada pelo sufixo -inho, assim interpretada pelo escritor cearense: "Que riqueza de expressão nesta frase tão simples e concisa! O mimo e a ternura do afeto materno, a delicadeza da criança e sutileza do seu sono de passarinho, até o receio de acordá-la com uma palavra menos doce; tudo aí está nesse diminutivo verbal."

Guimarães Rosa, em "Tutameia"[7], vale-se da reduplicação silábica para obter um efeito expressivo especial na progressão da cena que descreve: "Com susto, recuou, avançou de novo, e idem, ibidem, itidem, chocou-se; e ibibibidem."

Todos esses desvios se enquadram nas "permissões" da língua. E, mesmo que um dos tantos juízes normativistas existentes neste mundo afora apareça para advertir ou mostrar um cartão amarelo ao jogador criativo que ousou superlativar, acarinhar ou redobrar sua jogada, o importante será ouvir a torcida vibrar e ver aquele lance ser tentado e repetido em partidas seguintes, nos pés e na voz de outros craques da língua.

Com isso, queremos enfatizar que temos de relativizar as normas, as leis, os conceitos, pois será sempre necessário indagar até que ponto o que se recomenda ou condena nos meandros das relações sociais e acadêmicas tem uma validade inabalável e se aplica a todos os contextos e situações. A fonética, a fonologia e a ortografia são componentes da língua e se prestam — quando o usuário os domina — aos jogos de poder, sedução e arte, atuando na construção e na desconstrução do sentido, em seus objetivos pragmáticos, discursivos, semânticos e estilísticos.

---

[4] Termo tautológico e supérfluo, que significaria "como ordenar a ordem" (sin- + -taxe + -taxe). Usamo-lo aqui apenas para sustentar o argumento de que tudo que está fora dos princípios organizadores da língua está errado.

[5] Febeapá 2. Rio de Janeiro: Sabiá, 1967.

[6] Obra Completa. Rio de Janeiro: Aguilar, 1957.

[7] Terceiras Estórias. Rio de Janeiro: José Olympio, 1967.

2. LÍNGUA FALADA, LÍNGUA ESCRITA

Outro ponto que não podemos esquecer é o que chama a atenção para o fato de a sociedade, quando se refere à linguagem, colocar a escrita em posição de supremacia diante da fala. Não raro, apenas esse aspecto é cogitado. Entretanto, ainda que se reconheça a relevância da linguagem escrita, é preciso não perder de vista que, a seu lado, há a expressão humana mais antiga, mais fundamental, a oral.

Mattoso Câmara Jr. toca nesse assunto em seu *Manual de Expressão Oral e Escrita* (p. 16), explicitando algumas evidências, como a que mostra o uso da palavra falada como "uma contingência permanente, ampliada ainda mais no mundo contemporâneo com o desenvolvimento das comunicações".

> A rigor, a linguagem escrita não passa de um sucedâneo da fala. Esta é que abrange a comunicação linguística em sua totalidade, pressupondo, além da significação dos vocábulos e das frases, o timbre da voz, a entoação, os elementos subsidiários da mímica, incluindo-se aí o jogo fisionômico. Por isso, para bem se compreender a natureza e o funcionamento da linguagem humana, é preciso partir da apreciação da linguagem oral e examinar em seguida a escrita como uma espécie de linguagem mutilada, cuja eficiência depende da maneira por que conseguimos obviar à falta inevitável de determinados elementos expressivos.

É preciso relativizar a metáfora da "linguagem mutilada" da escrita para que não se caia no mesmo desvão de quem desvaloriza a língua falada. Mattoso fala do "grande número de traços característicos da expressão oral, ausentes na escrita": o timbre da voz, a altura da emissão vocal, o complexo fenômeno da entoação. A esses elementos, acrescenta a importância dos gestos e da fisionomia, além da necessidade de ajuste na enunciação das palavras.

Diante disso, alguém poderia considerar que a língua oral é muito mais complexa do que a língua escrita. Porém, a ausência dos itens acima enumerados como típicos da fala não quer dizer que a escrita é um espaço trivial ou tosco. Prossegue Mattoso (p. 17):

> A realidade, porém, é que eles [esses itens] têm de ser substituídos por uma série de outros, cujos conhecimento e manuseio exigem estudo e experiência. Grande número de regras e orientações gramaticais decorre das exigências da língua escrita para a comunicação ser plenamente eficiente na ausência forçada de muitos recursos, que complementam e até consubstanciam a linguagem oral. Escrever bem resulta de uma técnica elaborada, que tem de ser cuidadosamente adquirida. Depende, em muito menor grau do que falar bem, das qualidades naturais do indivíduo, do seu "jeito", enfim, em saber se exprimir.

Neste livro, a língua falada e a língua escrita têm intercomunicação inevitável, pois os sons da fala e a ortografia estão sempre em intervenção mútua. Os recursos da expressão oral e da expressão escrita são muito maiores do que os assuntos de que aqui tratamos, mas tudo começa, em cada uma das partes, quer pela fonética/fonologia, quer pela ortografia, que não são compartimentos estanques.

EXERCÍCIOS

1. Procure no YouTube um lance bastante movimentado de uma partida de basquete ou de vôlei e redija um parágrafo exclusivamente descritivo, nos mesmos moldes do que aparece no início deste capítulo. Limites: de 5 a 8 linhas.

2. Relacione as duas colunas, observando os níveis de competência linguística:

    (A) saber elocutivo   ( ) capacidade de falar em uma determinada língua
    (B) saber idiomático   ( ) capacidade de construir textos em uma dada situação
    (C) saber expressivo   ( ) capacidade de falar

3. Comente por quê, nos estudos linguísticos, os conceitos de ADEQUADO e INADEQUADO substituem, em muitos casos, as noções de CERTO e ERRADO.

4. Comente, em até cinco linhas, os usos linguísticos presentes nos títulos das canções "Beija Eu", de Marisa Monte, Arnaldo Antunes e Arto Lindsay, e "(A Gente Somos) Inútil", de Roger Moreira.

5. Dê três exemplos para ilustrar o conceito de *fonotática*, segundo o qual "nenhuma língua permite que seus fonemas ocorram em qualquer sequência" (Trask: 2004, p. 118).

CHAVE DE RESPOSTAS

1. *Sugestão de linque*: jogo final do vôlei feminino nas Olimpíadas de Londres, 2012, para fazer a descrição do último ponto do último set: https://www.youtube.com/watch?v=ObH0qBSDAKw

2. (B), (C), (A).

3. A resposta deve considerar as três perguntas de que fala Coseriu, em especial a que se refere ao contexto em que se pretende falar. Deve também relativizar o conceito de adequado e inadequado para não parecer que as noções de certo e errado estão proibidas.

4. A resposta deve considerar a intencionalidade dos desvios presentes nos títulos. As intenções são diferentes e são expressivas.

5. *Sugestões*: *rapestsos (<respostas), *gipgtum (<?), *alhirbt (<?).

Norma e Uso[8]

São muito amplas e variadas as concepções de norma e de uso. Para nossos objetivos, basta enfatizar que, mesmo os que insistem em empregar a expressão "língua culta", em lugar de norma da "língua padrão", procuram definir algum modelo de fala ou de escrita que esteja consagrado pelo uso da comunidade que se quer representar ou prestigiar. Isso significa que há, para cada modalidade de língua, uma norma que se baseia em usos, considerados mais apropriados para aquela situação comunicativa do que outros.

O professor Evanildo Bechara não foi o primeiro a dizer, mas certamente foi ele quem popularizou nos estudos linguísticos a afirmação de que "precisamos ser poliglotas em nossa própria língua". A frase, não exatamente com essas palavras, está no livrinho *Ensino da gramática. Opressão? Liberdade?* Carlos Alberto Faraco e Ana Zilles usam, além da metáfora dos poliglotas, a do "camaleão": "Todo falante é um camaleão linguístico" (2017, p. 37). Se quisermos continuar usando metáforas, diremos que somos todos bailarinos linguísticos, pois dançamos/falamos, no dia a dia, conforme o contexto sociointeracional (a música) que nos circunda/comove.

Poliglotas, camaleões e bailarinos, todos convivemos com a velha polêmica muito importante para nossa vida em sociedade. Afinal, a língua que a escola ensina é a língua culta, a língua da classe dominante? É a língua "de uma nota só"?

Se cada coisa precisa estar em seu devido lugar, diremos que é preciso relativizar tudo, pois a língua que se estuda na escola é apenas uma das modalidades em uso — espera-se que seja a modalidade de prestígio social, interagindo por meio do bom senso docente e discente com outras modalidades julgadas pertinentes por aquela comunidade escolar.

Como demos a entender no primeiro parágrafo, a expressão "língua culta" não é das mais felizes. Melhor seria dizer "língua padrão", pois empregar o adjetivo "culta" pode contribuir para reforçar o preconceito linguístico da sociedade.

---

[8] Retomo aqui algumas ideias que exponho no Capítulo "A Linguagem e a Norma", de A Redação de Trabalhos Acadêmicos (pp. 23–9).

Está no Dicionário Houaiss:

culto: (...) Adj. 7. que se cultivou; cultivado; 8. que alcançou estágio superior de civilização: civilizado, avançado; 9. por metáfora, que tem cultura (cabedal de conhecimento): cultivado, ilustrado, instruído; 10. **Ling, que segue o padrão formal, erudito** – por oposição à corrente; 11. SLing, próprio das pessoas cultas, escolarizadas (...) [Etim. lat. cultus,a,um 'culto, cultivado' (...)] Ant. analfabeto, desculto, desletrado, iletrado, incivilizado, inculto (...). [grifo meu]

Observe então que as pessoas podem achar que essa "norma culta" de que se fala em provas, editais e que se estuda nas salas de aula é uma espécie de sonho de consumo para qualquer indivíduo. Afinal, por que alguém não gostaria de, em um sentido geral, "alcançar um estágio superior de civilização" e de, em uma acepção sociolinguística, usar uma língua que seja "própria das pessoas cultas, escolarizadas"?

Esse raciocínio talvez ajude a explicar a espécie de complexo de inferioridade que campeia em muitas sociedades. No imaginário da nossa, por exemplo, parece predominante a ideia de que as pessoas não sabem português, que a nossa língua é muito difícil, que foi o brasileiro que deturpou a língua portuguesa... — e que a humanidade está perdida!!!

Agora, pense nas pessoas cultas, escolarizadas, que você conhece e se lembre do modo como falam ou escrevem. As palavras e estruturas sintáticas que elas empregam é que caracterizam na prática o que se poderia chamar de "a verdadeira língua culta" da sociedade brasileira contemporânea, um "modelo" que não é levado em conta no ensino da língua portuguesa — e dificilmente poderia ser posto em prática, por motivos que não cabe aqui enumerar.

Isso significa então, de um certo modo, que as pessoas cultas não empregam a chamada "língua culta". Para ilustrar a afirmação, recordemos quantas foram as vezes em que precisamos "tirar uma dúvida de português", consultar uma gramática ou um dicionário, etc. Isso quando não recorremos aos especialistas de plantão, disponíveis em seções especializadas (ou seriam *sessões*?) de jornais, em consultórios gramaticais (e até em lanchonetes), todos se apresentando como suprema autoridade a respeito dos fatos da língua.

Vamos correr atrás do prejuízo? Não, dizem os donos da língua, porque ninguém quer o prejuízo, mas o lucro. E o cidadão pergunta: Por que eu não posso correr atrás do prejuízo do mesmo jeito que posso correr atrás do ladrão: só para pegá-lo/prendê-lo e acabar com ele/entregá-lo à polícia? Ou será que alguém poderia literalmente "correr atrás do lucro"? Isso é apenas um exemplo de como é perigoso acreditar nas afirmações que nos passam. *Os gramatiqueiros anticonotativistas* e *os anarquistas vanguardeiros* estão em toda parte: é preciso ficar alerta e analisar com conhecimento de causa o que nos dizem a respeito dos usos de linguagem — inclusive aqui neste livro.

Agora... Só é possível adquirir esse conhecimento de causa sobre a chamada língua padrão com a continuidade dos estudos de gramática, o hábito da leitura e da interpretação crítica, e com a prática da produção de textos de formatos e gêneros variados. Não é admissível que alguém ainda ache que as pessoas devem escrever do jeito como falam. E também que precisam falar da mesma maneira como deveriam escrever.

Como lembra José Carlos de Azeredo (2018, p. 69), o importante na conceituação de norma é o seu caráter coletivo e sua condição de "modelo de uso", que os membros da comunidade seguem, por escolha ou por força da herança sócio-histórica. Isso não significa que a norma é rígida e invariável. O sistema oferece aos usuários da língua meios de renová-la, embora essa renovação seja lenta, já que as forças sociais de conservação são mais poderosas do que as iniciativas individuais de estilização.[9]

Então, fiquemos com a ideia de que o termo "norma" pode ser entendido, em sentido amplo, como "os usos característicos de uma determinada variedade linguística" e, em sentido restrito, como "o conjunto de usos socialmente mais prestigiados e, por isso mesmo, ensinado nas escolas".

A língua padrão é uma norma como outra qualquer, sendo a forma de expressão praticada pelas pessoas em determinadas situações comunicativas. Aliás, na evolução da língua, é a forma padrão a que mais lentamente se modifica. A definição do *Dicionário Houaiss* diz:

> **padrão**: S.m. 1. base de comparação, algo que o consenso geral ou um determinado órgão oficial consagrou como um modelo aprovado; (...) 5. regra ou princípio usado como base de julgamento; (...) Ling. modelo de uma estrutura da língua; esquema (...) [Etim. lat. patronus,i 'patrono, protetor dos plebeus; advogado, defensor; fig. arrimo, apoio'] (...) Sin./ Var. ver sinonímia de modelo. [grifo meu]

Com a pronúncia das palavras e das frases não poderia ser diferente, já que a fonética e a fonologia integram o que se costuma chamar de prescrição gramatical. Sabemos que as raízes da norma linguística ensinada na escola são portuguesas — mas, se as *raízes* só podiam ser lusitanas, melhor que as *folhas de nossas árvores* sejam brasileiras. Assim, embora as palavras ortográficas continuem representando pronúncias que se vão distanciando da língua em uso praticada por pessoas cultas, é imperioso que continuemos lidando com essa dicotomia, entre tantas outras com que temos de conviver na comunicação, convindo sempre lembrar que essas dicotomias (fala/escrita, norma/uso, prestígio/desprestígio...) são facetas naturais em uma língua de cultura.[10]

---

[9] O parágrafo reproduz, com pequenos retoques estilísticos, um trecho do Capítulo 3.4 da Gramática Houaiss.

[10] Com bastantes exemplos e comentários, o último capítulo do livro O Português da Gente, de Rodolfo Ilari, trata do tema da "estandardização da língua", explicando como ocorreu a fixação da ortografia e como se travaram debates acerca das modalidades padrão da língua escrita e da língua falada.

32 FONÉTICA, FONOLOGIA E ORTOGRAFIA

EXERCÍCIOS

1. Explique a metáfora do "poliglota, camaleão, bailarino" linguístico.

2. Utilizando dois exemplos exclusivamente do campo fonético, comente a seguinte passagem do livro de Faraco & Zilles (2007, p. 44–5):

    > Quando observamos a cultura linguística normativa funcionando, notamos que ela constrói justamente uma representação hierarquizada da heterogeneidade linguística interna. Ela pressupõe que há diferenças qualitativas entre as variedades, ou seja, assume que algumas são melhores, superiores, mais corretas que as demais.
    >
    > Vamos, porém, observar que os critérios dessa hierarquização não são, de fato, linguísticos. Embora o foco esteja aparentemente sobre a forma linguística (uma pronúncia ou uma construção sintática, por exemplo), não é nela em si que se encontra a efetiva razão para os juízos de correção, mas sim nos seus falantes.

3. A compreensão da charge depende de um conhecimento de fonética, de ortografia ou de fono-ortografia? Explique.

Os Inseparáveis...

4. Compare as palavras "mesmo" e "esmo" e explique por que apenas uma delas registra a pronúncia da consoante final da primeira sílaba como [ʀ]. Depois, diga qual a conclusão a que se chega diante desse exemplo.

Norma e Uso   33

5. A charge abaixo retoma o tema de uma avaliação de Língua Portuguesa aplicada a todos os alunos da 5a série da rede pública do Estado de S. Paulo em 1998. Na prova, Chico Bento[11] dizia a mesma frase usada pelo pescador da charge, enquanto o enunciado pedia que se marcasse a alternativa correta a completar o seguinte enunciado: "A fala de Chico Bento mostra que ele..." A resposta correta continha a afirmação **"vive na zona rural e não sabe falar corretamente"**.

Pergunta-se:

a) A fala do balãozinho representa de fato a fala de um habitante da zona rural?

b) Se é incorreta, como deveria ser corrigida?

c) Ela recebeu um tratamento preconceituoso por parte de quem elaborou a questão?

CHAVE DE RESPOSTAS

1. *Sugestão*: essas metáforas trabalham com o conceito de mudança, de adaptação, isto é, levam em consideração a capacidade do falante de alterar sua forma de usar a língua conforme sua necessidade ou intenção.

2. A resposta deve abordar a questão do prestígio sociocultural, algo que, de fato, não é linguístico. Pode, também, reconhecer que, na vida social, o prestígio é um dado inegável e que, portanto, é preciso que os estudantes sejam orientados a esse respeito. Como exemplos do campo fonético, duas sugestões envolvendo a pronúncia do L: (i) em posição final de sílaba – ex.: [sal'gadu] x [saw'gadu]; precedido de consoante – ex.: ['claru] x ['craru].

3. O conhecimento necessário é o de fono-ortografia e se baseia na impossibilidade de escrever a letra Q sem estar acompanhada da letra U, ainda que nem sempre para fazer dígrafo (ex.: querida/quase).

4. Além da neutralização entre [z] e [ʒ], que permite as pronúncias ['mezmu] e ['meʒmu], é normal em algumas regiões brasileiras que a pronúncia da primeira palavra seja ['meʀmu], com um rotacismo (fenômeno que consiste na transformação de um fonema em R), ou ['memu], com o apagamento da consoante. Já a palavra "esmo" só mostra as pronúncias ['ezmu] e ['eʒmu], pois há um impedimento semântico que inibe o rotacismo ou o apagamento. Para essa palavra, a pronúncia com [ʀ] geraria concorrência com "ermo" (deserto), e a pronúncia sem a consoante geraria concorrência com "hemo-" (sangue). A conclusão a que se chega é que o ambiente fonético não é o único fator determinante para as mudanças de pronúncia das palavras.

---

[11] Em https://claudioch3.wixsite.com/website/inicio-1/para-nossas-aulas-1 está disponível a historinha completa de Chico Bento.

34 FONÉTICA, FONOLOGIA E ORTOGRAFIA

5. a+b) A fala "Qué sabê duma coisa? Nesse rio num tem pexe!" pode ser ouvida em muitas regiões urbanas brasileiras, onde é muito comum a supressão do R final precedido de vogal tônica (quer>qué; saber>sabê). O mesmo vale para a monotongação dos ditongos fechados (peixe>pexe) e para a construção "Nesse rio + tem", em lugar de "Esse rio tem" ou "Nesse rio há" – a mesma usada por Drummond no famoso poema "No meio do caminho tinha uma pedra". c) A questão, além de tecnicamente equivocada, é preconceituosa, mas revela como é perigoso se deixar influenciar pelo aspecto ortográfico para se fazer juízo de valor a respeito de alguém.

3

Terminologia Básica

No estudo da fonética e da fonologia[12], são necessários conhecimentos específicos sobre a terminologia linguística. Vejamos, primeiro, o que diz a NGB a respeito desse capítulo dos estudos gramaticais.

> **NOMENCLATURA GRAMATICAL BRASILEIRA**
> Portaria 36 (publicada no Diário Oficial de 11 de maio de 1959)
>
> PRIMEIRA PARTE — *FONÉTICA*
>
> I — A Fonética pode ser: Descritiva, Histórica, Sintática.
> II — Fonemas: vogais, consoantes, semivogais.
>
> 1. Classificação das vogais — Classificam-se as vogais: a) quanto à zona de articulação, em: *anteriores, médias e posteriores*; b) quanto ao timbre, em: *abertas, fechadas e reduzidas*; c) quanto ao papel das cavidades bucal e nasal, em: *orais e nasais*; d) quanto à intensidade, em: *átonas e tônicas*.
> 2. Classificação das consoantes — Classificam-se as consoantes: a) quanto ao modo de articulação, em: *oclusivas, constritivas* (fricativas, laterais, vibrantes); b) quanto ao ponto de articulação, em: *bilabiais, labiodentais, linguodentais, alveolares, palatais, velares*; c) quanto ao papel das cordas vocais, em: *surdas e sonoras*; d) quanto ao papel das cavidades bucal e nasal: *orais e nasais*.

---

[12] Veja-se a "breve notícia sobre a história e o desenvolvimento dos estudos fonológicos" que Bernadete Abaurre expõe no capítulo que escreveu para o livro *A Palavra e a Frase*.

III — 1. Ditongos — Classificam-se os ditongos em: *crescentes e decrescentes; orais e nasais.*
      2. Tritongos — Classificam-se os tritongos em: *orais e nasais.*
      3. Hiatos.

NOTA: Os encontros ia, ie, io, ua, ue, uo finais, átonos, seguidos ou não de s, classificam-se quer como ditongos, quer como hiatos, uma vez que ambas as emissões existem no domínio da Língua Portuguesa: histó-ri-a e histó-ria; sé-ri-e e sé-rie; pá-ti-o e pá-tio: ár-du-a e ár-dua; tê-nu-e e tê-nue; vá-cu-o e vá-cuo.

      4. Encontros consonantais.

IV — Sílaba — Classificam-se os vocábulos, quanto ao número de sílabas, em: monossílabos, dissílabos, trissílabos e polissílabos.
V — Tonicidade:
      1. Acento: principal, secundário.
      2. Silabas: átonas (pretônicas, postônicas), subtônicas, tônicas.
      3. Quanto ao acento tônico, classificam-se os vocábulos em: *oxítonos, paroxítonos, proparoxítonos.*
      4. Classificam-se os monossílabos em: *átonos, tônicos.*
      5. Rizotônico — Arrizotônico.

NOTA: São átonos os vocábulos sem acentuação própria, isto é, os que não têm autonomia fonética, apresentando-se como sílabas átonas do vocábulo seguinte ou do vocábulo anterior. São tônicos os vocábulos com acentuação própria, isto é, os que têm autonomia fonética. Pode ocorrer que, conforme mantenha, ou não, sua autonomia fonética, o mesmo vocábulo seja átono numa frase, porém tônico em outra. Tal pode acontecer também com vocábulos de mais de uma sílaba: serem átonos numa frase, mas tônicos em outra.

      6. Ortoepia.
      7. Prosódia.

Passados sessenta anos de sua elaboração, a NGB continua oficialmente em vigor e se aplica aos âmbitos de ensino fundamental e médio. A despeito disso, muitos conceitos novos foram introduzidos pelos modernos estudos linguísticos, o que recomenda uma atualização (e não uma revolução) nomenclatural — algo que não está nos objetivos deste livro, mas de que tratei em *Nomenclatura Gramatical Brasileira: 50 anos depois* (Henriques, 2009), trabalho mencionado ao final, nas Referências Bibliográficas.

É certo que uma abordagem do tipo estruturalista, como a que foi praticada durante longo tempo no ensino das línguas, já não tem sentido nos dias de hoje. No entanto, o que o ambiente acadêmico oferece em seu lugar é, quase sempre, uma mistura de símbolos e figuras geométricas com novas terminologias (muitas delas não traduzidas ou intraduzíveis). Tantas e tão pretensiosas que às vezes são apresentadas como "ponto de chegada para o estudante e não um ponto de partida" (cf. Cagliari: 2002, p. 157).

Tentemos então avançar um pouco em relação às abordagens estruturalistas antigas, procurando que o assunto aqui apresentado seja, antes de tudo, um ponto de partida. Para tanto, algumas palavras-chave no estudo dos sons da fala, de suas representações e de suas vinculações com os símbolos gráficos, precisam, sim, de uma explicação prévia e específica, que mostre como serão consideradas neste livro.

1. FORMA

Utiliza-se o termo forma para designar o fonema ou a sequência fonológica provida de significação, estabelecendo-se assim a relação entre o significante (a parte fônica) e o significado (a representação que a parte fônica tem na linguagem).

Uma forma linguística tem como possibilidade máxima o texto de comunicação oral ou escrita e tem como possibilidade mínima o componente formal que corresponde a uma significação — este componente é o que se chama forma mínima, ou seja, um morfema, pois é dotado de uma individualidade em seu conjunto significante+significado.

Desse modo, o fonema está em um estágio que antecede a existência das formas mínimas, pois é um elemento linguístico desprovido de significação. Ele é uma unidade mínima, mas não é uma forma mínima.

Tomemos por exemplo como forma máxima (textual) o provérbio "Quem tem boca vai a Roma" e busquemos seus constituintes imediatos até chegarmos a sua forma mínima:

(1) Quem tem boca vai a Roma → 1 forma linguística máxima (frase, neste caso, igual a texto)

(2) Quem tem boca + vai a Roma → 2 formas linguísticas (2 orações)

(3) Quem + tem + boca // vai + a Roma → 5 formas linguísticas (5 termos)

(4) Quem + tem + boca // vai + a + Roma → 6 formas linguísticas (6 vocábulos)

(5) Quem + t+e+m boc+a va+i a Rom+a → 11 formas linguísticas mínimas (11 morfemas)

Nos estágios (1), (2) e (3) estamos no âmbito da sintaxe; no estágio (4) estamos no âmbito da morfossintaxe; no estágio (5) estamos no âmbito da morfologia. Podemos chegar ao estágio (6), o do âmbito da fonologia, mas nele não haverá forma linguística, pois não haverá significação.

(6) /kẽtẽy'boka vaya'roma/ → 17 unidades mínimas desprovidas de significação (17 fonemas)

Considerando-se o emprego que uma forma linguística pode assumir na comunicação, ela será LIVRE se for suficiente para, sozinha, constituir uma frase (exs.: *juiz, Aníbal*). Será PRESA se sua ocorrência estiver condicionada à existência de outra ou outras (ex.: *jant+ar, de*). E será DEPENDENTE se for autônoma, separando-se ou mudando de posição em relação às outras com que se associa na enunciação (ex.: *se leva* & *leva-se*).

2. DUPLA ARTICULAÇÃO DA LINGUAGEM

A análise linguística se faz a partir do exame experiencial das formas mínimas significativas (os morfemas), e estas por sua vez são examinadas em suas unidades distintivas também mínimas e sucessivas (os fonemas). Os morfemas se combinam para formar enunciados providos de sentido; os fonemas se combinam para formar os significantes dos morfemas. Temos então uma primeira articulação (de unidades significativas) e uma segunda articulação (de unidades distintivas de caráter vocal).

A primeira articulação é objeto de estudo da MORFOLOGIA, da SINTAXE, da SEMÂNTICA. A segunda articulação compreende os fatos estudados pela FONOLOGIA.

3. FONAÇÃO

Tomada em seu objetivo significativo, a serviço da comunicação, a FONAÇÃO — que é o ato humano de emitir sons vocais — se constitui como a própria fala. Nesse sentido, a emissão vocal leva em conta apenas seu aspecto articulatório e acústico, indiferente a seu valor como forma linguística dotada de significante e significado.

4. FONÉTICA E FONOLOGIA

A distinção metodológica entre FONÉTICA e FONOLOGIA ocorre na primeira metade do século XX, em decorrência sobretudo das ideias de Saussure (1916), embora outros autores, como Courtenay (1895) e Jespersen (1904), já houvessem se manifestado a respeito dos valores linguísticos distintivos dos elementos fônicos. Vale também o registro do trabalho escrito por Gonçalves Viana em 1883[13], que serviu de base para o estudo científico da fonologia portuguesa.

A FONÉTICA estuda os sons da fala; a FONOLOGIA[14] estuda os sons da língua. A fonética descritiva, aproximando-se das ciências físicas e biológicas, interessa-se pelos efeitos acústicos elementares que a nossa audição apreende como unidades sônicas, produzidos pela articulação dos órgãos fonadores.

---

[13] "Essai de phonétique et de phonologie de la langue portugaise d'après le dialecte actuel de Lisbonne", publicado na revista *Romania*, t. XII.

[14] A escola linguística norte-americana usa a palavra FONÊMICA para o mesmo estudo que a escola linguística de Praga denominou FONOLOGIA.

Para depreender desse contingente de sons da fala o que funciona linguisticamente, a fonologia tem de apoiar-se na fonética, pois é a partir de cada um deles que se depreende o fonema, ou seja, o som vocal dotado de valor linguístico.

O valor linguístico dos sons da fala varia ao longo dos tempos, pois surgem novos fonemas, outros desaparecem ou são substituídos. Essas mudanças podem inclusive afetar o sistema de fonemas de uma língua e, nesse caso, em vez de se falar em fonética histórica, devemos utilizar a denominação FONOLOGIA HISTÓRICA, OU DIACRÔNICA.

As abordagens clássicas nos estudos fonológicos têm recebido as contribuições de muitas teorias. Diríamos que a corrente estruturalista, que propiciou a constituição da disciplina denominada FONOLOGIA, ainda ocupa um espaço importante em nossa bibliografia linguística, mas é recomendável considerar também "as relações morfológicas entre as sequências fonológicas e eventualmente os seus traços sintáticos" (cf. Mateus, 2003: 989), como defende a perspectiva gerativa, que estuda a competência fonológica internalizada pelos falantes. Entre as correntes que também deram ou dão sua contribuição aos estudos fonológicos estão as chamadas "fonologias não lineares"[15] e a Teoria da Otimização, ou da Otimalidade (cf. Prince & Smolensky, 1993).

A TO é a que caracteriza a maior ruptura com as abordagens clássicas, pois opera essencialmente sobre o fenômeno da variação linguística e considera tão-somente os dados linguísticos fornecidos pelo uso comum da língua (output), cuja forma subjacente (input) representa a estrutura da língua na sua forma mais básica. Busca, a partir das propriedades universais da linguagem e do conhecimento linguístico inato compartilhado pelos seres humanos, encontrar evidências para a existência de um padrão universal para descrevê-lo e classificá-lo. Em suas aplicações aos estudos fonológicos, ao verificar por exemplo as propriedades típicas das sílabas, pode examinar casos de paragoge vocálica (SENAC > [seˈnaki]), epêntese consonantal na derivação (bambu > bambuzal), etc.[16]

5. PERTINÊNCIA E COMUTAÇÃO

O princípio de PERTINÊNCIA tem o objetivo de constatar o que é DISTINTIVO em uma língua ou em um uso linguístico, ou seja, o que lhe é essencial. Ao fazer isso, revela também o que é apenas CONTINGENTE, isto é, determinado pelo contexto ou circunstâncias diversas.

---

[15] A saber: "fonologia autossegmental, que propõe representações não lineares em camadas e introduz uma estrutura interna e hierarquia para os segmentos e para as sílabas (cf. Goldsmith, 1990); a fonologia métrica, que se propõe modelar os padrões de acentuação e ritmo (cf. Hayes, 1995); a fonologia lexical, que se ocupa da definição dos estratos lexicais no interior dos quais se aplicam regras morfológicas em interação com as regras morfológicas que associam morfemas flexionais e derivacionais aos radicais (cf. Kiparsky, 1982) e a fonologia prosódica, que busca definir a hierarquia de domínios prosódicos (cf. Nespor e Vogel, 1986)." (Abaurre, 2006: 54)

[16] As obras de Abaurre, Cagliari e Cristófaro Silva (cf. Referências Bibliográficas) apresentam explicações mais específicas acerca dessas correntes de estudos fonológicos. Acrescente-se a esses o livro organizado por Leda Bisol, *Introdução a estudos de fonologia do português brasileiro*. Neste livro, não usamos a TO.

O essencial e o contingente variam muito de uma língua para outra, de um uso para outro. Martinet (1971, p. 38) exemplifica o que é pertinência citando as palavras francesas *kilo* e *courage*, cujos primeiros fonemas articulam-se de maneira muito diferente: o primeiro em direção à parte anterior da boca contra o palato duro; o segundo em direção à parte posterior contra o véu do palato. E explica que, como no francês a escolha de uma ou de outra pronúncia é automaticamente determinada pela vogal que segue, há aí portanto um único fonema /k/, cuja articulação se adapta ao contexto. Mas acrescenta que isso não vale para todas as línguas e cita o caso do idioma esquimó, em que se pode ouvir o [k] de *courage* diante do I e o [k] de *kilo* diante do OU, conforme o que desejem dizer seus falantes.

A explicação mostra que o que é ocasional em francês é distintivo em esquimó. Por isso, o esquimó utiliza dois fonemas (um pré-palatal e outro pós-palatal), enquanto os franceses só utilizam um (palatal).

A pertinência pode ser verificada por meio de procedimentos isolados ou combinados, mas todos se baseiam na formação de pares opositivos, seja por "acréscimo", seja por "mobilidade", seja por "comutação".

No primeiro caso, pela constatação de que o acréscimo de um som pode modificar o significado de uma palavra: o par molar x amolar comprova a pertinência do fonema /a/.

No segundo, pela constatação de que a inversão de um som também pode modificar o significado de uma palavra: o par *jambo x banjo* comprova a pertinência dos fonemas /ʒ/ e /b/.

No terceiro, pela constatação de que a mudança fonética aplicada a uma forma mínima ou a um vocábulo pode igualmente revelar outra forma mínima ou outro vocábulo.

Exemplos:

(1) sent+a+r / vent+a+r / tent+a+r

(2) sent+a+r / sent+i+r

Pela série (1), comprova-se a PERTINÊNCIA dos fonemas /s/, /v/ e /t/; pela série (2), a dos fonemas /a/ e /i/.

A fonologia mostra-nos que há muita diferença entre a realidade física e a realidade representada pelos hábitos linguísticos característicos de cada comunidade. A enumeração de todos os traços físicos utilizados em um determinado estágio da língua nem sempre é o objetivo do estudioso. O que importa, em suma, é reconhecer, dentro do objeto de estudo, o que é efetivamente pertinente àquela língua.

6. FONEMA

Considerado como o conjunto de articulações dos órgãos fonadores, seu efeito acústico estrutura as formas linguísticas e constitui o mínimo segmento distinto em uma enunciação, o que também significa que o fonema é uma subdivisão da sílaba.

A oposição primária entre os fonemas é a que existe entre vogal e consoante.

Uma língua possui um número limitado e fixo de fonemas, que se organizam naturalmente em um paradigma de grupos opositivos (ex.: em português, /f/:/v/, oposição por ausência ou presença de sonoridade) e associativos (em português, /f/-/v/ pela coincidência da articulação labiodental). Chama-se a esse paradigma o SISTEMA FONOLÓGICO da língua.

Como explica Jakobson (1967, p. 115), "os traços distintivos se reúnem em feixes simultâneos chamados fonemas" e estes se concatenam em sequências cujo padrão elementar é a sílaba, não sendo possível a existência de uma forma livre que não contenha "um número inteiro de sílabas" (ex.: *trim, tim, tri* e *ti* são formas livres com um número inteiro de sílabas, uma; mas **tr* não é uma forma livre por não ter uma sílaba inteira). Por isso, vale a definição de Trubetzkoy de que só se deve chamar de fonemas as "unidades fonológicas que, do ponto de vista da respectiva língua, não se podem dividir em unidades lineares menores" (1993, p. 34).

Cada fonema da língua não tem necessariamente uma correspondência gráfica coerente, ou seja: letra e fonema são elementos que não podem ser confundidos, embora em alguns casos haja coincidência entre ambos. Só a TRANSCRIÇÃO FONÉTICA expõe rigorosa e sistematicamente os fonemas empregados na pronúncia de uma palavra ou sintagma.

É pelo método de COMUTAÇÃO que se depreendem os fonemas de uma língua.

Cada fonema reúne um conjunto de articulações, mas nem todas têm valor distintivo simultaneamente. Basta um traço articulatório diferente para que um som da fala tenha a potencialidade de modificar uma forma mínima ou um vocábulo. Essas articulações são os TRAÇOS DISTINTIVOS de um fonema, e por meio delas se distinguem os fonemas da língua uns dos outros.

Vejamos o fonema /p/ em português. Ele se define por três traços distintivos:

(a) uma articulação nos lábios (fonema bilabial) — diferente por exemplo do /t/, cuja articulação se dá com o contato da ponta da língua com a parte interna da arcada dentária superior (fonema linguodental);

(b) uma interrupção momentânea da corrente de ar, determinada pela oclusão da cavidade bucal nesse ponto (consoante oclusiva) — diferente por exemplo do /s/, em que não há essa oclusão;

(c) um abrimento da glote, que impede a vibração das cordas vocais (consoante surda) — diferente por exemplo do /b/, em que há essa vibração (consoante sonora)

Podem-se comprovar essas três situações com a comutação entre penta/tenta/senta /benta.[17]

7. ALOFONE

Os traços distintivos de cada fonema são passíveis de alteração em função de certas circunstâncias da enunciação. É o que se chama ALOFONE (variante do fonema).

Há três possibilidades para a ocorrência de um alofone:

(a) A primeira depende dos diferentes hábitos articulatórios dos falantes da língua — variante livre. Ex.: O /t/ pronunciado com a ponta da língua tocando os alvéolos em vez de a parte interna da arcada dentária superior;

(b) A segunda depende da posição do fonema na enunciação, ou seja, é possível que a contiguidade de outro fonema ou a sua posição na sílaba altere a articulação — variante posicional. Ex.: O /t/ com uma articulação africada em *tijolo* pelo contato com /i/;

(c) A terceira ocorre por intenção comunicativa, enriquecendo a articulação de algum traço inabitual — variante estilística. Ex.: O /o/ da palavra *gol* pronunciado prolongadamente para indicar entusiasmo, emoção, etc.

8. ARQUIFONEMA E DEBORDAMENTO

As alterações por que passam os fonemas em sua articulação podem, em determinadas situações, neutralizar a real oposição que há entre eles. Um dos resultados dessa neutralização é o ARQUIFONEMA.

Assim, embora saibamos que há em português os fonemas /s/, /z/, /ʃ/, /ʒ/ — como prova a comutação *assa/asa/acha/haja* —, há a possibilidade de se neutralizar essa oposição quando esse som ocorre em final de sílaba ou de palavra. A pronúncia do último fonema de *quis* poderá variar, mas qualquer que seja a escolha do falante ela sempre recairá sobre um desses quatro sons que funcionam como fonema do português. Ocorre que, nesse ambiente fonético, a oposição existente ficará anulada, pois em português tais fonemas só ocorrem distintivamente em posição pré-vocálica.

O arquifonema corresponde "acusticamente" a um dos fonemas neutralizados ou é o denominador comum de todos eles, contendo apenas os traços distintivos em comum. No exemplo da palavra *quis*, dizemos que o último som é o arquifonema /S/.

Outro tipo de neutralização é o DEBORDAMENTO, que não deve ser confundido com o arquifonema, já que consiste no emprego "flutuante" de um fonema em lugar de outro. No debordamento, o ambiente fonético só propicia a neutralização em um determinado número de palavras. Não há problema quando um falante diz a primeira

---

[17] O Capítulo 2 do livro *Análise Fonológica*, de Luiz Carlos Cagliari, apresenta minuciosamente "os passos a seguir em uma análise fonológica".

vogal da palavra *menino* como /e/ ou como /i/, ou da palavra *bonito* como /o/ ou como /u/. Mas o mesmo ele não pode fazer com a palavra *deferir*, pois dizer /i/ em vez de /e/ apontará para outra palavra da língua, *diferir*; ou com a palavra *sortida*, em que dizer /u/ em vez de /o/ apontará para *surtida*.

No debordamento, há porém um risco nessa troca de um fonema por outro. Diferentemente do arquifonema, que é paradigmático, o debordamento atua na fronteira entre o aceitável e o discutível (adjetivos motivados muitas vezes por preconceito). Comparemos os exemplos de *menino* e *bonito*, dados acima, com os debordamentos que alguém produza com as palavras *privilégi o* e *fulano*. Repare-se que a mesma alternância entre /e/ e /i/ e entre /o/ e /u/, neste caso, não teria uma repercussão tão pacífica quanto as anteriores. Sejamos mais diretos: dizer "minino" ou "bunito" não tira prestígio de ninguém, mas dizer "previlégio" ou "folano" pode merecer a correção ou o julgamento depreciativo por parte do interlocutor.

Também são exemplos de debordamento[18] as pronúncias "mermo", "papéu", "embrema", "forga" para as palavras mesmo, papel, emblema e folga.

9. GRAFIA

Sistema empregado para registrar a linguagem por escrito, a grafia, quando se vale de um desenho convencional para se reportar às formas da língua, constitui o que chamamos ideogramas; quando se vale dos elementos da fonação, constitui a grafia fônica. Em português, como nas demais línguas ocidentais, a grafia é fônica, representada por letras, diacríticos (cedilha, til, acentos) e sinais de pontuação.

A grafia de uma língua costuma ser fixada convencionalmente em um sistema estrito a que chamamos ORTOGRAFIA (*ortho-* "correto"), segundo critérios que variam de acordo com o tempo e os hábitos da sociedade que o estabelece.

A ortografia portuguesa conheceu ao longo de sua história fases distintas.

No português arcaico, reinava uma absoluta falta de uniformidade em função de muitas inconsistências, especialmente para fonemas que não existiam em latim.

Exemplos:

(a) qu- com valor de /k/ diante de /a/, /o/, e gu- com valor de /g/ nas mesmas condições (*cinquo, amigua*),

(b) g- com valor de /g/ diante de /e/ ou /i/ (*gisa* em vez de *guisa*) e de /ʒ/ diante de /a/, /o/, /u/ (*mangar* em vez de *manjar*);

(c) i- ou y- para /ʒ/ (*iulgar, oye*), u- para /v/ (*auer* para *haver*), j- por /i/ (*ljuro* para *livro*);

(d) -x em vez de -is (*rex, lido* ['reys]);

---

[18] Nos estudos de versificação, o termo "debordamento", sinônimo de "cavalgamento", traduz o que em francês se chama ENJAMBEMENT.

(e) confusão entre m, n e "til" (*camĩho* em vez de *caminho*; *menesmo* para a pronúncia [mẽẽsmu]; *grãde*).

No português clássico, foi adotada uma grafia de cunho etimológico, que pretendia manter no vocábulo português a grafia latina do vocábulo correspondente (latino ou grego). Se lembrarmos que a maioria dos substantivos portugueses resultou de uma evolução do acusativo latino (singular em -m), veremos que nenhum deles foi "corretamente etimologizado". Além disso, muitas vezes as letras empregadas indicavam fonemas que já haviam desaparecido na evolução fonética.

Exemplos:

(f) *fructo* para ['frutu], ao contrário do latim fructum.

(g) *chimica* para ['kimika]

A grafia "etimológica" se manteve até 1911, em Portugal, e 1931, no Brasil, quando se adotou uma ortografia simplificada, na base das propostas de Gonçalves Viana em seu livro *A Ortografia Nacional*, de 1904. Ocorreram muitas modificações desde então, até que em 1990 se assinou um novo Acordo Ortográfico, implementado pelos países de língua portuguesa a partir de 2009.

Se, por um lado, a língua escrita se baseia obviamente na grafia, por outro — em especial no caso de um sistema ortográfico como o do português —, não se pode deixar de ressaltar que a opção por determinada maneira de grafar as palavras tem como razão uma presumida opção fonética. Exemplificando: a grafia *papel*, com L, e a grafia *chapéu*, com U, têm como explicação a realidade sonora dessas duas terminações, uma /εl/, outra /εw/. E isso aproxima (e às vezes explica certas dificuldades ortográficas) a realidade gráfica e a realidade fonética.

Acrescente-se a isso o fato de, nos estudos linguísticos, ser também necessário registrar por escrito a chamada TRANSCRIÇÃO FONÉTICA, técnica que registra visualmente a pronúncia de uma palavra. Nesse tipo de transcrição, cada símbolo corresponde rigorosamente a um fonema ou a uma variante de fonema, o que significa que é preciso aumentar o número de "letras" a utilizar, redesenhando-as ou aplicando diacríticos que indiquem precisamente o "som" que cada uma representa.

A TRANSCRIÇÃO FONÉTICA propriamente dita se assinala entre colchetes, pretendendo traduzir fielmente a pronúncia do falante, independent do que se poderia considerar como o registro exemplar de enunciação de um vocábulo. Por seu turno, a transcrição fonológica se assinala entre barras, reportando-se exclusivamente aos fonemas da língua.

Exemplos:
representação gráfica → bom
representação fonológica → /'bõ/
representações fonéticas → ['bõ] ou ['bõw] ou ['bãw]...

10. LETRA E GRAFEMA

A letra é um sinal gráfico com o qual se constroem na língua escrita os vocábulos. Ao conjunto de letras de uma língua chama-se alfabeto. A ORDEM ALFABÉTICA é um sistema classificatório originário dos episódios da *Odisseia*, nomeados por letras gregas escolhidas aleatoriamente por Homero e cujas citações nessa ordem consagraram a sequência até hoje praticada no mundo ocidental.

A correspondência entre a letra (na língua escrita) e o fonema (na língua oral) nunca é rigorosa e estritamente coerente. Por ter funções específicas na comunicação social e operar segundo condições determinadas, a letra como tal tem valor apenas dentro da língua escrita, não podendo ser tomada como representação dos fonemas da língua oral.

Os gramáticos latinos já haviam focalizado os três aspectos distintos das letras, a saber:

(1) a sua forma gráfica (figura);

(2) seu nome convencional (*eme* é o *nome* da letra M);

(3) o seu valor fonético (potestas)[19];

A escola linguística norte-americana designou de grafemas os "símbolos gráficos constituídos de traços gráficos distintivos" que propiciam o reconhecimento visual das palavras na língua escrita, do mesmo modo que os fonemas propiciam seu reconhecimento auditivo na língua oral: Essa designação, mais rigorosa e mais ampla que letra, enfatiza o caráter opositivo dos símbolos gráficos e engloba como grafemas não apenas as letras, mas também os diacríticos, os ideogramas, os números e os sinais de pontuação.

A imperfeição das letras em equivaler a fonemas — e, consequentemente, a inoperabilidade de se pensar em um sistema ortográfico cem por cento fonético — pode ser resumida em seis situações:

(1) as 26 letras do alfabeto latino (utilizado majoritariamente pela sociedade ocidental) não são suficientes para representar unitariamente os fonemas de nossa língua. Para exemplificar, lembremo-nos de que no português há 5 letras chamadas vogais, mas há 12 fonemas vocálicos (7 orais e 5 nasais).

(2) uma única letra pode indicar fonemas diferentes, como acontece com a letra S nas palavras *sacola* e *casaco*: os fonemas são /s/ e /z/, respectivamente.

(3) um único fonema pode ser indicado por letras diferentes, como acontece com o fonema /s/ nas palavras *sacola* e *acidente*.

(4) uma sequência de letras pode representar um só fonema, como acontece com os DÍGRAFOS QU ou LH nas palavras *aquele* e *piolho*: os fonemas são /k/ e /ʎ/, respectivamente.

---

[19] Como se pode depreender, o desconhecimento da noção de fonema era suprido pela noção de potestas. Uma letra sem *potestas*, como o H inicial em português de hálito /ˈalitu/, é uma letra muda.

(5) uma letra pode representar uma sequência de fonemas: como acontece com a letra DIFÔNICA X indicando o encontro consonantal /ks/ em tóxico.

(6) as letras que em certos contextos representam um mesmo fonema podem, como grafemas, distinguir na língua escrita os homônimos da língua oral (ex.: conserto/concerto).

A escrita à mão deve respeitar o aspecto que distingue com nitidez os grafemas entre si. É nisso que se baseia a "arte de escrever à mão" ou CALIGRAFIA ("bom talhe de letra": kalós — "belo"), que não deve ser confundida com a beleza de talhe, fator secundário.

11. PALAVRA FONOLÓGICA E PALAVRA ORTOGRÁFICA

Uma sequência sonora realizada na emissão de uma frase se decompõe em grupos em que prevalece uma única pauta acentual (com uma sílaba tônica, uma ou mais sílabas átonas pré- ou pós-tônicas e, eventualmente, uma sílaba subtônica). Cada um desses grupos se chama "palavra fonológica", e esta se forma em função da relação sintagmática de seus membros.

Na frase "De repente todos correram", observam-se com nitidez duas palavras fonológicas e quatro palavras ortográficas.
   (a) [deʀe'pẽtʃi] — a sílaba tônica é [pẽ], as demais são átonas;
   (b) [toduʃko'ʀerãw] — a sílaba tônica é [ʀe], a primeira é subtônica, as demais são átonas.

Como se vê, a palavra fonológica é delineada por um contorno prosódico[20] que parte de seu acento primário (no caso, das palavras repente e correram). Ela representa, na hierarquia da prosódia, o primeiro nível de interação entre a fonologia e a morfologia, e ultrapassa os limites da palavra lexical.

12. GRAMATICALIZAÇÃO E FONOLOGIZAÇÃO

Os fonemas de uma língua são seus sons distintivos. Eles se organizam e se combinam em padrões vocálicos e consonantais no interior da sílaba. No entanto, como vimos, nem todo som da fala é um fonema. A passagem de um som da fala a fonema é o que se chama FONOLOGIZAÇÃO, um tipo de processo de GRAMATICALIZAÇÃO que ocorre quando se altera o sistema fonológico de uma língua, seja por acréscimo, desaparecimento ou alteração de algum de seus traços distintivos.

A GRAMATICALIZAÇÃO é um processo de mudança linguística por que passa uma forma linguística (fonema, morfema, palavra ou locução). Há três possibilidades de mudança: em uma, a forma linguística incorpora ou assume novas propriedades sintáticas, morfológicas, fonológicas ou semânticas; em outra, transforma-se em uma forma

---

[20] A *prosódia* é o estudo da variação na altura, intensidade, tom, duração e ritmo da fala, vinculando-se pois à *ortoépia*, que estuda a pronúncia correta das palavras.

presa; e em outra "pode até mesmo desaparecer, como consequência de uma cristalização extrema" (Castilho: 2010, p. 138).

Eis alguns exemplos de FONOLOGIZAÇÃO: o traço da quantidade (vogal longa x vogal breve), que era distintivo no latim, não tem pertinência no português. No latim não havia consoantes palatais: os fonemas portugueses /ʃ/, /ʒ/, /ʎ/ e /ɲ/ são decorrentes de mudanças fonológicas que se processaram na passagem do latim vulgar para o português arcaico. Outro exemplo é o de consoantes que eram fonemas no português arcaico e que desapareceram no português. Algumas delas, hoje, atuam como alofones, como é o caso do [dʒ] e do [tʃ], alofones do /t/ e do /d/[21].

EXERCÍCIOS

1. Faça a correspondência entre as duas colunas.

   ( ) alofone
   ( ) arquifonema
   ( ) debordamento
   ( ) fonema
   ( ) fone
   ( ) grafema
   ( ) pertinência
   ( ) letra

   (A) representação gráfica
   (B) neutralização ocasional de fonemas
   (C) neutralização universal de fonemas
   (D) som da fala
   (E) som da língua
   (F) variante de fonema
   (G) comutação de sons

2. Cite três palavras do português em que a letra X tenha valores fonéticos distintos.

3. Marque se a afirmativa é falsa **(F)** ou verdadeira **(V)**.

   ( ) A oposição /a'pelu/ x /a'pegu/ mostra, pelo processo de comutação, a pertinência dos fonemas /a/ e /u/ no português.

   ( ) O uso de barras inclinadas é restrito às transcrições fonéticas, devendo as transcrições fonológicas serem feitas dentro de barras verticais.

   ( ) Uma das possibilidades de ocorrência de alofones decorre da intenção comunicativa do usuário, que pode interferir na articulação de um traço não habitual por razões estilísticas.

   ( ) Grafemas são símbolos gráficos constituídos de traços gráficos distintivos, englobando além das letras os números, os diacríticos e os sinais de pontuação.

   ( ) A fonologização é um tipo de gramaticalização que ocorre quando se altera o sistema fonológico de uma língua.

   ( ) A fonação é o conjunto de estudos a partir dos sons emitidos pelo ser humano.

4. Como se dá o vínculo entre a prosódia e a ortoépia?

---

[21] O capítulo 2.1. da parte III do livro *Geo-História do Português* (Henriques, 2019) expõe exaustivamente o vocalismo e o consonantismo da história interna do português.

5. Comente a seguinte afirmação de Rocha Lima (1992, p. 14): "Estes dois ramos da ciência linguística não se opõem: antes se coordenam e completam. Porque somente com apoio numa boa descrição fonética é possível depreender-se, com segurança, o quadro dos fonemas de uma língua."

CHAVE DE RESPOSTAS

1. (F), (C), (B), (E), (D), (A), (G), (A).

2. *Sugestão*: xarope (tem o som de xê), exato (tem o som de zê), sintaxe (tem o som de cê).

3. (F) pertinência dos fonemas /l/ e /g/ no português; (F) colchetes para transcrições fonéticas e barras inclinadas para transcrições fonológicas; (V); (V); (F) fonação é o ato humano de emitir sons vocais.

4. A prosódia é o estudo da variação na altura, intensidade, tom, duração e ritmo da fala, vinculando-se pois à ortoépia, que estuda a pronúncia correta das palavras.

5. A resposta deve mencionar a intrínseca relação entre som da fala e som da língua, mas distinguindo os dois campos de estudo, pois a fonética é a ciência geral e a fonologia, a ciência particular. Ambas não se opõem, pois os resultados dos estudos fonéticos interessam à fonologia, e os estudos fonológicos têm aplicação fonética.

Alfabeto Fonético

Os sistemas de transcrição fonética vêm sendo aperfeiçoados desde os finais do séc. XIX, criando alfabetos fonéticos a fim de indicar individualmente todas as nuanças sonoras produzidas pelo aparelho fonador. Um dos mais difundidos é o alfabeto fonético da International Phonetic Association, utilizado em livros e trabalhos de linguística e em muitos dicionários bilíngues para ensinar como se deve pronunciar cada palavra.

Os dois quadros seguintes utilizam uma parcela dos símbolos fonéticos da IPA, e cada um deles corresponde rigorosamente a um som da fala. A Associação Internacional de Fonética, fundada em 1885, utiliza estes e outros símbolos fonéticos e distribui um CD ou oferece a opção de *download* com a reprodução de todos os sons dessas e de outras tabelas fonéticas. O alfabeto internacional de fonética foi revisado em 1993 e atualizado em 1996.[22]

1. VOGAIS

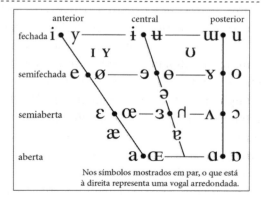

---

[22] Sua página na internet, entre inúmeras informações científicas e acadêmicas, disponibiliza imagens e fontes para digitação. O endereço é: **www.arts.gla.ac.uk/ipa**.

2. CONSOANTES

MECANISMO DE CORRENTE DE AR PULMONAR

	bilabial	labiodental	dental	alveolar	pós-alveolar	retroflexa	palatal	velar	uvular	faríngea	glotal
oclusiva	p b		t d			ʈ ɖ	c ɟ	k g	q ɢ		ʔ
nasal	m	ɱ	n			ɳ	ɲ	ŋ	ɴ		
vibrante	ʙ		r						ʀ		
tepe (ou flepe)			ɾ			ɽ					
fricativa	ɸ β	f v	θ ð	s z	ʃ ʒ	ʂ ʐ	ç ʝ	x ɣ	χ ʁ	ħ ʕ	h ɦ
fricativa lateral			ɬ ɮ								
aproximante		ʋ	ɹ			ɻ	j	ɰ			
aproximante lateral			l			ɭ	ʎ	L			

Nos símbolos mostrados em par, o que está à direita representa uma consoante vozeada (sonora). As áreas sombreadas indicam articulações julgadas impossíveis.

A língua portuguesa possui 33 fonemas, sendo 12 vogais, 19 consoantes e 2 semivogais. Vejamos suas definições e os símbolos adotados neste livro

- VOGAIS: fones em cuja produção a passagem da corrente de ar proveniente dos pulmões é modificada na cavidade oral sem sofrer obstrução.
  ORAIS → / a /   / ɛ /(é)   / e /   / i /   / ɔ /(ó)   / o /   / u /
  NASAIS → / ã /   / ẽ /   / ĩ /   / õ /   / ũ /

- CONSOANTES: fones que acompanham a vogal na sílaba, mas em cuja produção a passagem da corrente de ar proveniente dos pulmões sofre alguma obstrução.
  → / p /   / b /   / t /   / d /   / k /(quê)   / g /(guê)
  → / f /(fê) / v /   / s /(cê)   / z /   / ʃ /(xê)   / ʒ /(jê)
  → / l /(le) / ʎ /(lhê) / r /(rê, de *furo*)   / ʀ /(rrê)
  → / m /(mê) / n /(nê) / ɲ /(nhê)

- SEMIVOGAIS (glides): fones que acompanham a vogal na sílaba, mas em cuja produção a passagem da corrente de ar proveniente dos pulmões **não** sofre obstrução.
  → / y /(i, de pai)   / w /(u, de pau)

NOTAS:

1. Usam-se colchetes para a transcrição de pronúncia (transcrição fonética) e barras inclinadas para a transcrição da pronúncia padrão (transcrição fonológica). Os símbolos devem ser grafados com o mesmo tamanho, pois um símbolo

escrito em formato maiúsculo, dentro das barras inclinadas, indicará que se trata de um ARQUIFONEMA.

Exemplos: ['tawbas] ou ['tabwaʃ] ou ['tabuaʃ] = /'tabwaS/.

2. O apóstrofo indica que a sílaba seguinte é **tônica**: camelo /ka'melU/, camelô /kame'lo/.
3. Para a transcrição fonética, será necessário utilizar outros símbolos, além dos indicados anteriormente:

   a) [tʃ] — pronúncia da consoante inicial de tia (RJ) = ['tʃia] ⎫ também representados
   b) [dʒ] — pronúncia da consoante inicial de dia (RJ) = ['dʒia] ⎬ [tš] e [dž] em alguns livros.
   c) [x] — pronúncia da consoante medial de carro ou da consoante pós-vocálica de carta (RJ) = ['kaxu] e ['kaxta]. O som não é vibrante (é fricativo velar).
   d) [ř] — pronúncia da consoante pós-vocálica de carta (RS) = ['kařta]. O som é vibrante alveolar.
   e) [h] — pronúncia da consoante pós-vocálica de carta (RJ/RS) = ['kahta]. O som não é vibrante (é fricativo faríngeo).
   f) [ɹ] — pronúncia da consoante pós-vocálica de carta (MG, SP) = ['kaɹta]. O som não é vibrante (é retroflexo).

4. Lê-se cada fonema consonantal acrescentando-se o som "ê": /f/ = fê, /g/ = guê, /s/ = sê...
5. A sílaba é uma construção hierárquica com níveis de representação e de estruturação diversos. A sua estrutura interna se organiza a partir de seu elemento nuclear, uma única vogal, e de segmentos periféricos eventuais.
6. Os termos *tepe* (ou *flepe*) são adaptações de *tap/flap*, palavras inglesas usadas nos estudos fonéticos para indicar sons produzidos por um único e rápido contato entre dois órgãos da articulação (como na segunda consoante de *vareta*). Em português, adota-se o nome *vibrante simples*.

EXERCÍCIOS

I - TRANSCRIÇÃO DE PRONÚNCIA

1. Pronuncie as palavras abaixo e faça a transcrição fonética.

   a) jogador - _____   b) máquina - _____
   c) talco - _____   d) telefone - _____
   e) aguaceiro - _____   f) janela - _____
   g) comida - _____   h) pneu - _____

52 FONÉTICA, FONOLOGIA E ORTOGRAFIA

2. Considerando que as pronúncias das palavras revelam características regionais e sociais, escolha duas pronúncias para cada um dos vocábulos abaixo e faça a transcrição fonética de ambas.

Palavras ortográficas	Pronúncia X		Pronúncia Y
a) rádio	[ˈʀadyu]	&	[ ]
b) Brasil	[braˈzil]	&	[ ]
c) nacional	[nasyoˈnal]	&	[ ]
d) repórter	[ʀɛˈpɔʀteʀ]	&	[ ]
e) salgado	[saɪˈgadu]	&	[ ]
f) melhor	[miˈɔɾ]	&	[ ]
g) povo	[ˈpovo]	&	[ ]
h) recursos	[ʀeˈkuɹsos]	&	[ ]
i) violência	[ ]	&	[ ]
j) esperar	[ ]	&	[ ]
l) mesmo	[ ]	&	[ ]
m) garantir	[ ]	&	[ ]
n) terminou	[ ]	&	[ ]
o) consciência	[ ]	&	[ ]
p) mistério	[ ]	&	[ ]
q) morena	[ ]	&	[ ]
r) foguetes	[ ]	&	[ ]
s) interior	[ ]	&	[ ]
t) astral	[ ]	&	[ ]
u) bugiganga	[ ]	&	[buʒĩˈgãga]
v) especial	[ ]	&	[ ]
x) entrou	[ ]	&	[ ]
z) lâmpada	[ ]	&	[ ]

3. Complete os versos das canções brasileiras.

   a) Abacateiro, teu recolhimento é justamente o significado da palavra temporão / Enquanto o tempo _____. (Refazenda: Gilberto Gil)

   b) Quero perder de vez tua cabeça. _____! Minha cabeça perder teu juízo. _____! Quero cheirar fumaça de óleo diesel. _____! Me embriagar até que alguém me esqueça. _____! (Cálice: Chico Buarque e Gilberto Gil)

   c) _____. Sumir desse jeito não tem cabimento. Me conta quem foi, por que foi, e tudo o que você passou. Preciso saber _____, preciso saber _____. (Aparecida: Ivan Lins)

   d) Pode seguir a tua estrela, o teu _____, fantasiando em segredo _____. (Bete Balanço: Cazuza e Frejat)

   e) No escurinho do cinema, chupando _____, longe de qualquer problema, perto de um final feliz. Se a Débora quer que o _____ peque, não vou bancar o santinho. Minha garota é a _____; eu sou o _____. (Flagra: Rita Lee e Roberto de Carvalho)

   f) Rimas fáceis, calafrios, _____, por um segundo mais feliz. (Mais Feliz: Bebel Gilberto, Cazuza e Dé Palmeira)

   g) _____ que vêm de dentro... Tu vens chegando pra brincar no meu quintal. (Anunciação: Alceu Valença)

   h) Aqueles olhos verdes, translúcidos, serenos, _____. (Aqueles Olhos Verdes: vrs. João de Barro)

   i) Somente por amor a gente _____ e somente por amor. (A Miragem: Marcus Viana)

   j) _____ e seus temores. Vida _____ não sabe voltar. Me dá teu calor. (Oceano: Djavan)

Alfabeto Fonético   53

k) O brasileiro quando é do choro é entusiasmado; quando cai não samba _____
quando chega no salão. (*Brasileirinho*: Waldir Azevedo)

l) Você também é responsável! Então me ensine a escrever. Eu _____, eu _____.
(Você Também É Responsável: Dom e Ravel)

m) Eu quis lutar contra o poder do amor. _____ para ser _____.
_____ Mas eu 'tou tão feliz. Dizem que o amor atrai. (Samurai: Djavan)

n) Ela era _____ . Botei seu nome tamborete de forró. Mas quando ela _____ senti
logo _____. Meu coração foi logo dando um nó. (Tamborete de Forró: Santana)

o) Eu sou free, sempre free. Eu _____ demais. (*Eu Sou Free*: Ruban e Patrícia Travassos)

p) Você pode até dizer que eu estou por fora ou então _____, mas é você
_____ e que não vê que _____ sempre vem. (Como Nossos Pais: Belchior)

q) Menino do Rio, calor que provoca arrepio, dragão tatuado no braço, _____.
(Menino do Rio: Caetano Veloso)

r) Se você pensa que meu coração é de papel, não vá pensando, pois não é. Ele é igualzinho ao seu e
_____. Não jogue _____ que não é de papel. (Coração de Papel:
Sérgio Reis)

4. Complete as lacunas com as palavras existentes na canção do grupo Madredeus, intitulada "O Pastor" (tema do seriado Os Maias, exibido em 2001).

Ai, que	Ao largo
Ao que já deixou	A
Ninguém	O meu sonho
Ninguém sabe	Deixa
Ai, que	Ao largo
Nem o que sonhou	A
Aquele	O meu sonho
A cantiga	Acordar-é

5. Com o objetivo de comparar as pronúncias praticadas no Brasil, escolha uma música típica de uma região diferente da sua e faça a transcrição ortográfica da letra. Depois, indique cinco palavras da canção que são pronunciadas de forma típica dessa região, comparando-as com a pronúncia que essas mesmas palavras têm na região em que você mora. [Obs.: Não considere as canções do grupo "Mamonas Assassinas", pois contêm pronúncias não espontâneas.]

II — COMUTAÇÃO e PERTINÊNCIA

6. Complete a dupla de vocábulos que comprova a pertinência em português dos fonemas indicados.

a) / b / **x** / z / = *braba* **x** _____
b) / r / **x** / ʃ / = *arar* **x** _____
c) / e / **x** / ɛ / = _____ **x** *cede*
d) / u / **x** / ɛ / = *curo* **x** _____
e) / y / **x** / w / = _____ **x** *mãos*

54 FONÉTICA, FONOLOGIA E ORTOGRAFIA

7. Reconheça os fonemas cuja pertinência se comprova com a dupla de vocábulos indicados.

   a) / / **x** / / = camarão **x** casarão
   b) / / **x** / / = quintos **x** contos
   c) / / **x** / / = digerir **x** diferir
   d) / / **x** / / = países **x** raízes
   e) / / **x** / / = arremesso **x** arremedo

8. Escreva SIM apenas ao lado do par de pronúncias que gera pertinência fonológica.

   (a) ['pikenu] x [pe'kenu]
   (b) ['somus] x ['semus]
   (c) [saw'dadi] x [so'dadi]
   (d) [a'goʃtu] x [diʃ 'gostu]
   (e) ['kaza] x ['kasa]
   (f) [afa'naʀ] x [afa'nař]
   (g) [ba'nãna] x [bã'cãna]

9. Escreva SIM apenas ao lado do par de pronúncias que **não** gera pertinência fonológica.

   (a) [ʀe'powzu] x [ʀɛ'powzu]
   (b) [sere'bral] x [sele'bral]
   (c) ['sãtus] x ['sãtuʃ]
   (d) [si'ɲo] x [se'ɲo]
   (e) [paʃ 'tiʎa] x [baʃ 'tiʎa]
   (f) ['ʒãti] x ['ʒẽti]
   (g) ['frãku] x ['fraku]

10. Utilizando apenas palavras paroxítonas, comprove a pertinência, na língua portuguesa, das consoantes pedidas em cada grupo, a partir do processo de comutação.

    a) / p / **x** / g / **x** / ʒ / **x** / f /

    /p/ **x** /g/ _____
    /p/ **x** /ʒ/ _____
    /p/ **x** /f/ _____
    /g/ **x** /ʒ/ _____
    /g/ **x** /f/ _____
    /ʒ/ **x** /f/ _____

    b) / s / **x** / t / **x** / k / **x** / ʀ /

    / / **x** / / _____
    / / **x** / / _____
    / / **x** / / _____
    / / **x** / / _____
    / / **x** / / _____
    / / **x** / / _____

    c) / l / **x** / ʎ / **x** / d / **x** / v /

    / l / **x** / ʎ / _____
    / / **x** / / _____
    / / **x** / / _____
    / / **x** / / _____
    / / **x** / / _____
    / / **x** / / _____

    d) / m / **x** / n / **x** / ɲ /

    / / **x** / / _____
    / / **x** / / _____
    / / **x** / / _____

e) / a / **x** / i / **x** / u /

/ / **x** / / _____
/ / **x** / / _____
/ / **x** / / _____

CHAVE DE RESPOSTAS

I — TRANSCRIÇÃO DE PRONÚNCIA

1. *Sugestões* (a partir da pronúncia observada em alunos universitários do RJ):

   a) jogador [ʒoga'do]

   b) máquina ['makina]

   c) talco ['tawku]

   d) telefone [tele'foni]

   e) aguaceiro [agwa'seru]

   f) janela [ʒa'nɛla]

   g) comida [ku'mida]

   h) pneu [pe'new]

2. *Sugestões* (para exemplificar a diversidade de pronúncias nem sempre se registrou a pronúncia padrão):

	Palavras ortográficas	Pronúncia X		Pronúncia Y
a)	rádio	[ˈʀadyu]	&	[ˈřadyu]
b)	Brasil	[braˈzil]	&	[braˈziw]
c)	nacional	[nasyoˈnal]	&	[nasyoˈnaɹ]
d)	repórter	[ʀɛpˈɔʀteʀ]	&	[řepˈɔřteř]
e)	salgado	[saɹˈgadu]	&	[sawˈgadu]
f)	melhor	[miˈɔɹ]	&	[miˈʎɔ]
g)	povo	[ˈpovo]	&	[ˈpovu]
h)	recursos	[ʀeˈkuɹsos]	&	[ʀeˈkuʀsuʃ]
i)	violência	[vioˈlẽsya]	&	[vyoˈlẽsya]
j)	esperar	[eʃpeˈrah]	&	[ispɛˈraʀ]
l)	mesmo	[ˈmehmu]	&	[ˈmeʒmu]
m)	garantir	[garãˈtʃi]	&	[garãtiʀ]
n)	terminou	[teřmiˈnow]	&	[teʀmiˈno]
o)	consciência	[kõsiˈẽsya]	&	[kõˈsẽsya]
p)	mistério	[miʃˈtɛryu]	&	[misˈtɛrlu]
q)	morena	[mɔrẽˈna]	&	[murẽˈna]
r)	foguete	[foˈgetʃi]	&	[fuˈgetʃi]
s)	interior	[ĩtɛriˈoř]	&	[ĩterioʀ]
t)	astral	[asˈtral]	&	[aʃˈtraw]
u)	bugiganga	[buʒiˈgãga]	&	[buʒĩˈgãga]
v)	especial	[eʃpesiˈaw]	&	[iʃpesiˈaw]
x)	entrou	[ĩˈtro]	&	[ẽˈtro]
z)	lâmpada	[ˈlãpada]	&	[ˈlãpida]

56 FONÉTICA, FONOLOGIA E ORTOGRAFIA

3. a) (...) não trouxer teu abacate amanhecerá tomate e anoitecerá mamão.

   b) Cálice! Cálice! Cálice! Cálice!

   c) Diz, Aparecida. (...) Preciso saber seu tormento, preciso saber da aflição.

   d) (...) brinquedo de *star*, (...) o ponto aonde quer chegar.

   e) (...) dropes de anis, (...) Gregory (...) Mae West (...) Sheik Valentino.

   f) (...) fura o dedo, faz um pacto comigo, num segundo teu no meu (...).

   g) Na bruma leve das paixões (...).

   h) (...) parecem dois amenos pedaços do luar.

   i) (...) põe a mão no fogo da paixão e deixa-se queimar (...).

   j) (...) Amar é um deserto (...) que vai na sela dessas dores (...)

   k) (...) não fica abafado, e é um desacato (...).

   l) (...) tenho a minha mão domável, eu sinto a sede do saber.

   m) (...) Caí nos pés do vencedor para ser o serviçal de um samurai.

   n) Ela era miudinha. (...) Mas quando ela me deu uma olhada senti logo uma flechada.

   o) (...) Eu sou *free* demais.

   p) (...) ou então que eu estou enganando, mas é você que ama o passado e que não vê que o novo sempre vem.

   q) calção, corpo aberto no espaço, coração, de eterno flerte, adoro ver-te.

   r) Ele é igualzinho ao seu e sofre como eu. Não jogue, amor, ao léu meu coração que não é de papel.

4. Os versos são completados com "ninguém volta" / "larga a grande roda" / "onde é que andou" / "ninguém lembra" / "Aquele menino canta" / "do pastor" / "ainda arde" / "barca da fantasia" / "acaba tarde" / "a alma de vigia" / "ainda arde" / "barca da fantasia" / "acaba tarde" / "que eu não queria".

5. Resposta livre.

II — COMUTAÇÃO e PERTINÊNCIA

6. a) braba x brasa; b) arar x achar; c) sede x cede; d) caro x quero; e) mães x mãos.

7. a) /m/ x /z/;   b) /ĩ/ x/õ/;   c) /ʒ/ x /f/;   d) /p/ x /ʀ/;   e) /s/ x /d/.

8. SIM apenas em (e) casa x caça & (g) banana x bacana. Na letra (d) o par não é opositivo, pois há dois fonemas a mais em "desgosto". Nos demais, há apenas variação de pronúncia.

9. SIM apenas em (a), (c) & (d). Nos demais casos, há pares opositivos: cerebral x celebral; pastilha x Bastilha; jante x gente; franco x fraco.

10. *Sugestões:*

    a) pata x gata / paca x faca / gato x fato / pato x jato / gago x gajo / juro x furo

    b) santo x tanto / sinta x quinta / peça x pega / trava x crava / tosta x gosta / case x gaze.

    c) fila x filha / lente x dente / cola x cova / calha x cada / molhe x move / damos x vamos

    d) somos x sonos / gamos x ganhos / pino x pinho

    e) vala x vila / mala x mula / bilha x bulha

5

Classificação dos Fonemas do Português

Tomemos como referência a classificação proposta pela NGB, acrescentando algumas observações que podem contribuir para sua descrição, mas antes lembremos que, para o estudo da fonologia, é necessário partir das seguintes premissas:[23]

(1) Os sons tendem a ser modificados pelo ambiente (sonoro) em que se encontram.
(2) Os sistemas sonoros tendem a ser foneticamente simétricos.
(3) Os sons tendem a sofrer flutuações.
(4) Sequências características de sons exercem pressão estrutural na interpretação fonológica de segmentos ou de sequências de segmentos sonoros.

Essas premissas nos levam a três tipos de **processos fonológicos**[24], nome que se dá às alterações a que estão sujeitos os fonemas em virtude das combinações existentes entre eles na cadeia da fala:

(a) mudança de pronúncia;
(b) supressão de fonema;
(c) adição de fonema.

---

[23] O assunto está explicado com mais exemplificações no livro de Thaïs Cristófaro Silva, Fonética e Fonologia do Português (pp. 119–125). Cristófaro também é autora do livro Exercícios de Fonética e Fonologia, em que propõe atividades segundo vários modelos fonológicos.

[24] José Carlos de Azeredo (2000, pp. 65–67) exemplifica esses três tipos fartamente. Citemos apenas: (a) "mordida", pronunciada com [u] pretônico; (b) infinitivos pronunciados sem o **r** final (cantá, vendê); (c) "ritmo", pronunciado com um [i] epentético que desfaz o encontro consonantal.

1. CLASSIFICAÇÃO DAS VOGAIS[25]

As vogais tônicas (orais e nasais), quanto à zona de articulação, classificam-se em:

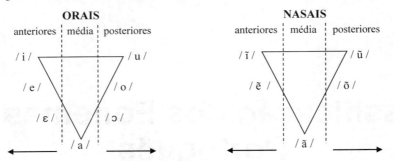

NOTAS:

1. A NGB considera quatro critérios para classificar as vogais: a zona de articulação, o timbre, o papel das cavidades bucal e nasal, e a intensidade. Um quinto critério, porém, o da elevação da língua, distingue a classificação das vogais fechadas anteriores /e/, /i / e posteriores /o/, /u/.

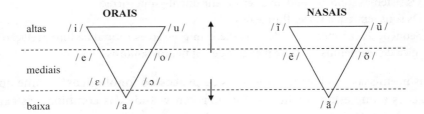

2. Em posição átona pretônica (e também em posição átona postônica medial), as vogais orais reduzem-se a cinco: /a/, /e/, /i /, /o/, /u/.

3. Quanto ao timbre, o termo *reduzidas* é impróprio, embora seja aplicado, por tradição didática, na classificação das vogais átonas finais (as orais /a/, /i /, /u/ e as nasais). São abertas as vogais /a/, /ɛ/, /ɔ/; são fechadas as orais restantes e todas as nasais. Sobre essa denominação, cabem ainda duas observações:

   (1) O termo reduzida, aplicado às vogais orais, só ocorre quando elas são terminais de vocábulo, seguidas ou não de /s/. Na verdade, a utilização desse termo na descrição da língua tem algo a ver com a grafia e & o das "vogais reduzidas" /i / e /u/ — óbvio

---

[25] A classificação das vogais está constituída segundo o que Trubetzkoy (1939) chamou de "sistema vocálico triangular". O primeiro a apresentar as vogais sob a forma de triângulo foi o médico e físico alemão Christoph Friedrich Hellwag (1754–1835), em sua tese "De Formatione Loquelae" (1781).

que isso não se aplica ao a. Reduzida é a intensidade da sílaba em que essas vogais ocorrem, e não o seu timbre.[26]

(2) Na edição de 2015 de sua *Moderna Gramática Portuguesa*, Evanildo Bechara retirou o termo "reduzidas" do capítulo de fonética e fonologia.

4. Em posição átona postônica final, as vogais orais reduzem-se a três: /a/, /i/, /u/. As vogais orais postônicas finais de palavras como *vôlei, aceitável, éter, flúor, álcool* são fechadas.

5. Mattoso Câmara Jr. (1977 e 1980) argumenta que as vogais nasais do português consistem da combinação de uma vogal oral com o arquifonema nasal /N/. Para ele, a transcrição fonológica das nasais não utiliza o *til*, mas é feita /aN/, /eN/, /iN/, /oN/ ou /uN/. Essa classificação representa a não aceitação de que existem em português vogais nasais, mas apenas vogais orais, que podem estar seguidas de consoantes nasais pós-vocálicas. A descrição esbarra, segundo os que dela discordam, na articulação dessas nasais pós-vocálicas, que só teriam um traço fonético (o da nasalidade) e teriam neutralizado todos os demais (o modo e o ponto de articulação e a sonoridade). Mattoso, ao comentar a relutância de muitos em admitir a nasal de travamento, explica que se trata de um "som de transição consonântico, desprovido nestas condições de valor distintivo" (1977, p. 68). Com razão, reconhece Ricardo Cavaliere (2005, p. 84) que "dentre os temas mais polêmicos dos estudos fonológicos do português certamente situa-se o das denominadas vogais nasais", e a isso acrescenta: Sequer na órbita ortográfica, é pacífica a vida das vogais nasais, já que enquanto o traço de nasalidade é assinalado pelas letras m ou n em certos casos (cumpro, vinte, pente) em outros é mediante uso do til (caso de clã). A palavra cancã, que designa o conhecido tipo de dança dos cabarés parisienses, registra o a nasal mediante o uso de an e ã tendo em vista sua mera posição silábica. Trata-se aqui, enfim, de distinções que somente a arbitrariedade das regras ortográficas pode explicar (p. 85).

6. As denominações *vogal medial* e *vogal média*, a rigor, não são apropriadas aos critérios em que se enquadram. Celso Cunha afirma que seria mais preciso "se às vogais *médias* chamássemos *centrais*" (*GLP*, p. 48).

---

[26] Há autores que falam em dez vogais orais, incluindo as três "reduzidas" como fonemas (cf. Ilari e Basso, 2006: 98). Entretanto, só é possível comprovar o caráter opositivo de sete delas, e em posição tônica.

7. No português europeu e no africano, há ainda o /ɐ/, vogal média fechada medial (Ex.: "cantámos" pret. perf. x "cantɐmos" pres. ind.). Na pronúncia brasileira, é alofone do /a/: cama, cana...

8. A classificação da NGB revela uma superposição de critérios (acústicos e articulatórios). A prevalecer apenas o que é pertinente na descrição das vogais, poderíamos ficar com a classificação proposta por Mattoso Câmara Jr. em *Estrutura da Língua Portuguesa* (pp. 41–44).

	VOGAIS		
	anteriores	central	posteriores
altas	/i/		/u/
médias	/e/ /ɛ/		/o/ /ɔ/
baixa		/a/	
	não arredondadas		arredondadas

2. CLASSIFICAÇÃO DAS SEMIVOGAIS (OU GLIDES OU VOGAIS ASSILÁBICAS)

/ y / - semivogal anterior (palatal)
/ w / - semivogal posterior (velar)

NOTAS:

1. Chama-se IODE ao símbolo /y/ adotado para representar o som "i" semivocálico. O símbolo /w/ para o som "u" é chamado UAU ou VAU.

2. O termo GLIDE (< *glide*) tem sido empregado para denominar o que as gramáticas tradicionais chamavam *semivogais*. Também é correto usar a denominação *semiconsoantes* para esses fonemas. David Crystal diz que o GLIDE indica "um som de transposição quando os órgãos da fala se movimentam em direção a uma articulação ou se afastam dela" (1988: p. 126).

3. CLASSIFICAÇÃO DAS CONSOANTES

	ORAIS								NASAIS	
	OCLUSIVAS		CONSTRITIVAS						"semioclusivas"	
			FRICATIVAS		LATERAIS		VIBRANTES			
	surda	sonora	surda	sonora	surda	sonora	surda	sonora	surda	sonora
bilabiais	/p/	/b/								/m/
labiodentais			/f/	/v/						
linguodentais	/t/	/d/								/n/
alveolares			/s/	/z/		/l/		/r/*		
palatais			/ʃ/	/ʒ/		/ʎ/				/ɲ/
velares	/k/	/g/						/R/**		

* simples // ** múltipla

NOTAS:

1. As consoantes orais que têm a mesma articulação e se distinguem apenas pelo papel das cordas vocais chamam-se homorgânicas (surdas x sonoras ou não vozeadas x vozeadas): /p/ x /b/; /t/ x /d/; /k/ x /g/; /f/ x /v/; /s/ x /z/; /ʃ/ x /ʒ/.

2. Recebem o nome genérico de CONSOANTES LÍQUIDAS os fonemas *laterais* e *vibrantes*. "O nome, que é tradicional, decorre da impressão de fluidez que apresenta a articulação e o efeito acústico (...)." (Câmara Jr.: DLG, pp. 160–161)

3. As consoantes que se seguem à vogal silábica (núcleo da sílaba) são chamadas implosivas. Em português, há três: / l /, / R / e / S /.

4. Em português, somente em posição intervocálica o "r" fraco e o "r" forte têm contraste fonológico (ou seja, formam pares mínimos): caro/carro; muro/murro; fera/ferra. O "r" fraco manifesta-se foneticamente como uma consoante vibrante simples alveolar em qualquer dialeto do português: /r/. Já o "r" forte ocorre em início de sílaba, mas com variações que envolvem sua articulação não só como alveolar, palatal, velar ou até gutural, mas também como um fonema que pode passar de vibrante a aspirado. E há, ainda, em português, o "r" forte pós-vocálico (o que ocorre em posição final de sílaba). Neste caso, suas realizações são muito variadas, podendo repetir todas as possibilidades do "r" forte pré-vocálico e acrescentar outras "pronúncias", em especial a do chamado "r" retroflexo: ca**r**ta (de MG, SP). Como se vê, o "r" forte admite múltiplas realizações, exceto a que se identifica com a do "r" fraco. Por isso, não é pacífica a afirmação de que em português há um arquifonema /R/. O que existe é uma grande quantidade de alofones para o "r" forte e nenhuma para o "r" fraco. Ambos, porém, jamais se neutralizam.

62 FONÉTICA, FONOLOGIA E ORTOGRAFIA

5. O "r" fraco é univibracional, já que o ápice da língua bate leve e rapidamente uma única vez em seu contato com os alvéolos.

6. A classificação da NGB revela uma superposição de critérios (acústicos e articulatórios). A prevalecer apenas o que é pertinente na descrição das consoantes, poderíamos ficar com a classificação proposta por Mattoso Câmara (1980: 47-50).[27]

	plosivas		fricativas		nasais	laterais	vibrantes
	surdas	sonoras	surdas	sonoras	sonoras	sonoras	sonoras
labiais	/p/	/b/	/f/	/v/	/m/		
ântero-linguais	/t/	/d/	/s/	/z/	/n/	/l/	/r/
póstero-linguais	/k/	/g/	/ʃ/	/ʒ/	/ɲ/	/ʎ/	/ʀ/

E X E R C Í C I O S

1. Sem utilizar as noções de arquifonema, faça a TRANSCRIÇÃO FONOLÓGICA dos vocábulos abaixo, classificando todos os fonemas: as vogais, segundo **cinco critérios**; as consoantes, segundo **quatro critérios**.

   a) arqueiro - / a ʀ ' k e y r u /

   / a / - vogal média átona pretônica aberta oral baixa

   / ʀ / - consoante oral constritiva vibrante múltipla velar sonora

   / k / - _____

   / e / - _____

   / y / - semivogal anterior

   / r / - _____

   / u / - _____

   b) viagem - / v i ' a ʒ ẽ y /

   / v / - _____

   / i / - _____

   / a / - _____

   / ʒ / - _____

   / ẽ / - _____

   / y / - _____

   c) garrafinha - / g a ʀ a ' f ĩ ɲ a /

   / g / - _____

   / a / - _____

---

[27] O quadro de M. Câmara Jr. praticamente reproduz o que Sousa da Silveira (1988, p. 67) fizera para as consoantes latinas. Distinguem-nos os termos *oclusivas, dentais e guturais* (usados por SS), substituídos por *plosivas, ântero--linguais e póstero-linguais*.

Classificação dos Fonemas do Português   63

/ R / - _____

/ a / - _____

/ f / - _____

/ ĩ / - _____

/ ɲ / - _____

/ a / - _____

d) hindu - / ĩ 'd u /

/ ĩ / - _____

/ d / - _____

/ u / - _____

e) louça - / 'l o w s a /

/ l / - _____

/ o / - _____

/ w / - _____

/ s / - _____

/ a / - _____

2. Escreva o vocábulo resultante da(s) substituição(ões) proposta(s)

a) TREVAS: a vogal anterior por uma posterior = TROVAS

b) ASSIM: o 2º fonema por uma consoante labiodental = AFIM

c) AGIMOS: a vogal tônica por uma média = _____

d) FRIO: a consoante fricativa por uma oclusiva = _____

e) DROGA: as duas consoantes oclusivas pelas respectivas homorgânicas = _____

f) CANTADA: a consoante não homorgânica por uma consoante surda; o 3o fonema por uma consoante bilabial = _____

g) VASILHA: a 1ª consoante por uma oclusiva bilabial; a 2a consoante por uma vibrante; a 3a consoante por uma velar = _____

h) CARAJÁ: a 1ª consoante por uma bilabial; a vogal tônica por uma posterior aberta =

i) FAXINA: a 1ª consoante por uma oclusiva surda; a vogal fechada por uma vogal baixa; a consoante linguodental por uma alveolar surda = _____

j) BORDAS: o 1º fonema por seu homorgânico; o 3o fonema por uma consoante lateral; o 4o fonema por uma consoante oclusiva velar =

k) RITMO: o 1º fonema por uma consoante linguodental; a consoante surda por uma consoante sonora oclusiva; o fonema nasal por outro fonema nasal = _____

l) TELEFONE: o 1º fonema por uma consoante alveolar; a 2ª vogal por uma vogal posterior; a 3ª vogal por uma vogal média = _____

3. Sem utilizar as noções de arquifonema, TRANSCREVA FONOLOGICAMENTE os vocábulos abaixo, identifique o número de grafemas e de fonemas, e, depois, classifique apenas os fonemas indicados, observando **cinco critérios** para as vogais e **quatro critérios** para as consoantes.

64 FONÉTICA, FONOLOGIA E ORTOGRAFIA

	palavra ortográfica	transcrição fonológica	grafemas	fonemas
a)	LUCRO	/ˈlukru/	5	5

1º fonema: / l / - consoante oral constritiva lateral alveolar sonora

4º fonema: / r / - consoante oral constritiva vibrante simples alveolar sonora

b)	SOFRÍVEL		8	

3º fonema: /   / -

7º fonema: /   / -

c)	QUANDO		6	

1º fonema: / k / - consoante oral oclusiva

5º fonema: /   / -

d)	EMPRESA			

2º fonema: /   / -

5º fonema: /   / -

e)	ANTERIOR			

3º fonema: /   / -

6º fonema: /   / -

f)	ACHAVAM		7	

2º fonema: /   / -

4º fonema: / v / - consoante oral constritiva fricativa

g)	HUMILDE			

2º fonema: /   / -

6º fonema: /   / -

h)	GENTILEZA			

1º fonema: /   / -

5º fonema: /   / -

i)	REPUGNANTE		10	9

1º fonema: /   / -

5º fonema: /   / -

j)	CHIMARRÃO			

2º fonema: / i / - vogal

7º fonema: /   / -

4. Reconheça se o par de pronúncias transcrito representa exemplo de alofone, arquifonema ou debordamento.

	palavra ortográfica	pronúncia Y		pronúncia Z	o que é?
a)	CORAGEM	[kɔˈraʒẽy]	x	[koˈraʒẽy]	arquifonema
b)	DIABO	[dʒiˈabu]	x	[diˈabu]	alofone
c)	MACARRÃO	[makaˈʀãw]	x	[makaˈr̃ãw]	_____
d)	ALMA	[ˈalma]	x	[ˈawma]	debordamento
e)	ENGANO	[ẽˈgãnu]	x	[ĩˈgãnu]	_____

Classificação dos Fonemas do Português 65

f)	FLAMENGO	[fla'mẽgu]	x	[fra'mẽgu]	_____
g)	TERRÍVEL	[te'ʀivew]	x	[tɛ'ʀivew]	_____
h)	TERRÍVEL	[te'ʀivel]	x	[te'xivel]	_____
i)	SALSICHA	[sal'siʃa]	x	[sal'ʃiʃa]	debordamento
j)	SALSICHA	[sal'siʃa]	x	[saw'siʃa]	_____
k)	SALSICHA	[sař'siʃa]	x	[sah'siʃa]	_____
l)	SALSICHA	[saw'siʃa]	x	[saɹ'siʃa]	debordamento
m)	MESMO	['mezmu]	x	['meʒmu]	_____
n)	MESMO	['meʒmu]	x	['mehmu]	_____
o)	MESMO	['mehmu]	x	['meɹmu]	_____
p)	DEVAGAR	[deva'gaɹ]	x	[diva'gaɹ]	_____
q)	DEVAGAR	[dʒiva'gax]	x	[dʒiva'ga]	_____
r)	DEVAGAR	[deva'gaʀ]	x	[dva'gaʀ]	_____
s)	DEVAGAR	[deva'ga]	x	[dɛva'ga]	_____
t)	RORAIMA	[ʀo'rayma]	x	[ʀo'rãyma]	_____
u)	COMPANHIA	[kõpã'ɲia]	x	[kõpã'nia]	_____
v)	VERDURA	[veɹ'dura]	x	[veɹ'dʒura]	_____
w)	CAVERNA	[ka'vɛřna]	x	[ka'bɛřna]	_____
x)	VALSA	['vaxsa]	x	['vaɹsa]	_____
y)	VOLUME	[vo'lumi]	x	[vo'lume]	_____
z)	CORAÇÃO	[kora'sãw]	x	[kura'sãw]	_____

5. Faça a TRANSCRIÇÃO FONOLÓGICA dos vocábulos abaixo, representando os ARQUIFONEMAS com os símbolos adequados e explicando as neutralizações ocorridas.

	ortografia	fonologia	neutraliza o quê?	neutraliza o quê?
a)	VEXAME	/vE'ʃãmI/	/E/ - neutraliza /e/ ~ /ɛ/	/I/ - neutraliza /i/ ~ /e/ ~ /ɛ/
b)	CANTIGAS	/kã'tigaS/	/S/ - neutraliza _____	
c)	SALGADO	/sal'gadU/	/U/ - _____	
d)	ESVAZIAR		_____ &	_____
e)	HONESTA		_____ &	_____

CHAVE DE RESPOSTAS

1. a) arqueiro - /a/ - vogal média átona pretônica aberta oral baixa; /ʀ/ - consoante oral constritiva vibrante múltipla velar sonora; /k/ - consoante oral oclusiva velar surda; /e/ - vogal anterior tônica fechada oral medial; /y/ - semivogal anterior; /r/ - consoante oral constritiva vibrante simples alveolar sonora; /u/ - vogal posterior átona postônica "reduzida" oral alta.

b) viagem - /v/ - consoante oral constritiva fricativa labiodental sonora; /i/ - vogal anterior átona pretônica fechada oral alta; /a/ - vogal média tônica aberta oral baixa; /ʒ/ - consoante oral constritiva fricativa palatal sonora; /ẽ/ - vogal anterior átona postônica fechada nasal medial; /y/ - semivogal anterior.

66 FONÉTICA, FONOLOGIA E ORTOGRAFIA

c) garrafinha - /g/ - consoante oral oclusiva velar sonora; /a/ - vogal média átona pretônica aberta oral baixa; /ʀ/ - consoante oral constritiva vibrante múltipla velar sonora; /a/ - vogal média átona pretônica aberta oral baixa; /f/ - consoante oral constritiva fricativa labiodental surda; /ĩ/ - vogal anterior tônica fechada nasal alta; /ɲ/ - consoante nasal palatal sonora; /a/ - vogal média átona postônica "reduzida" oral baixa.

d) hindu - /ĩ/ - vogal anterior átona pretônica fechada nasal alta; /d/ - consoante oral oclusiva linguodental sonora; /u/ - vogal posterior tônica fechada oral alta.

e) louça - / l / - consoante oral constritiva lateral alveolar sonora; /o/ - vogal posterior tônica fechada oral medial; /w/ - semivogal posterior; /s/ - consoante oral constritiva fricativa alveolar surda; /a/ - vogal média átona postônica "reduzida" oral baixa.

2. a) TROVAS b) AFIM c) AJAMOS
   d) BRIO, CRIO ou TRIO e) TROCA f) TAMPADA ou SAMBADA
   g) BARRIGA ou BARRICA h) MARAJÓ i) CACHAÇA
   j) POLCAS k) DIGNO l) CELOFANE

3. a) LUCRO / 'l u k r u / 5g e 5f: /l/ - consoante oral constritiva lateral alveolar sonora; /r/ - consoante oral constritiva vibrante simples alveolar sonora.

   b) SOFRÍVEL / s o 'f r i v e l / 8g e 8f: /f/ - consoante oral constritiva fricativa labiodental surda; /e/ - vogal anterior átona postônica fechada oral medial.

   c) QUANDO / 'k w ã d u / 6g e 5f: /k/ - consoante oral oclusiva velar surda; /u/ - vogal posterior átona postônica "reduzida" oral alta.

   d) EMPRESA / ẽ 'p r e z a / 7g e 6f: /p/ - consoante oral oclusiva bilabial surda; /z/ - consoante oral constritiva fricativa alveolar sonora.

   e) ANTERIOR / ã t e r i 'o ʀ /. 8g e 7f: /e/ - vogal anterior átona pretônica fechada oral medial; /o/ - vogal posterior tônica fechada oral medial.

   f) ACHAVAM / a 'ʃ a v ã w / 7g e 6f: /ʃ/ - consoante oral constritiva fricativa palatal surda; /v/ - consoante oral constritiva fricativa labiodental sonora.

   g) HUMILDE / u 'm i l d i / 7g e 6f: /m/ - consoante nasal bilabial sonora; /d/ - consoante oclusiva linguodental sonora oral.

   h) GENTILEZA / ʒ ẽ t i 'l e z a / 9g e 8f: /ʒ/ - consoante oral constritiva fricativa palatal sonora; /l/ - consoante oral constritiva lateral alveolar sonora.

   i) REPUGNANTE / ʀ e p u g 'n ã t i / 10g e 9f: /ʀ/ - consoante oral constritiva vibrante múltipla sonora; /g/ consoante oral oclusiva velar sonora.

   j) CHIMARRÃO / ʃ i m a 'ʀ ã w / 9g e 7f: /i/ - vogal anterior átona pretônica fechada oral alta; /w/ - semivogal posterior.

4. São exemplos de ALOFONE as letras B, C, H, K, V; são exemplos de ARQUIFONEMA as letras A, G, M, S, Y; são exemplos de DEBORDAMENTO as letras D, E, F, I, J, L, N, O, P, Q, R, T, U, W, X, Z.

5. a) VEXAME / v E 'ʃ ã m I / = /E/ - neutraliza /e/ ~ /ɛ/; / I / - neutraliza /i/ ~ /e/ ~ /ɛ/.

   b) CANTIGAS / k ã 't i g a S / = /S/ - neutraliza /s/ ~ /ʃ/ (antes de silêncio).

   c) SALGADO / s a l 'g a d U / = /U/ - neutraliza /u/ ~ /o/ ~ /ɔ/.

   d) ESVAZIAR / E S v a z i 'a ʀ / = /E/ - neutraliza /e/ ~ /ɛ/;/ S / - neutraliza /z/ ~/ʒ/ (antes de cons. sonora).

   e) HONESTA / O 'n ɛ S t a / = /O/ - neutraliza /o/ ~ /ɔ/; / S / - neutraliza /s/ ~ /ʃ/ (antes de cons. surda).

Encontros Vocálicos, Dígrafos e Encontros Consonantais

Dígrafos e encontros vocálicos ou consonantais são questões de fonética que repercutem em questões ortográficas, pois resultam sempre em adaptações que se cristalizaram na convenção em vigor.

1. ENCONTROS VOCÁLICOS

Assim se denominam os encontros entre vogais ou entre vogais e semivogais. Nem sempre esses encontros estão representados graficamente por letras que, no alfabeto, se chamam vogais.

$$\text{ENCONTROS VOCÁLICOS} \begin{cases} \text{ditongos} \begin{cases} \text{crescentes (SV+VG)} \\ \text{decrescentes (VG +SV)} \end{cases} \\ \text{tritongos (SV+VG+SV)} \\ \text{hiatos (VG+VG)} \end{cases} \begin{matrix} \text{orais} \\ \text{ou} \\ \text{nasais} \end{matrix}$$

NOTAS:

1. Os ditongos e os tritongos nasais podem ser representados graficamente com o auxílio de M ou N. Isso só ocorre fonologicamente em sílaba terminal e ao lado de A ou E.

    Exs.:   for**am** /ãw/ - vint**ém** /ẽy/ - híf**en** /ẽy/

    enxá**guam** /wãw/ - enxá**guem** /wẽy/

    Mas: ta**m**pa /ã/ — te**m**po /ẽ/ — sa**n**ta /ã/ — se**n**ta /ẽ/ → sem ditongo (com dígrafo)

2. Palavras como praia, sereia, rodeio, passeio, goleie têm uma combinação vocálica gráfica que não corresponde a sua realidade fonética. A separação silábica mostra uma artificialidade de pronúncia: prai-a, serei-a, rodei-o, passei-o, golei-e. Não há hiato entre a semivogal (que termina a penúltima sílaba) e a vogal final. Na verdade, a pronúncia dessas palavras mostra que há dois ditongos contíguos, um decrescente e outro crescente, ambos com a semivogal /y/. Assim, do ponto de vista fonético, o que temos é um hiato de dois ditongos, como mostram as transcrições ['pray-ya], [se'rey-ya], [ʀo'dey-yu], [pa'sey-yu], [go'ley-ye].[28]

2. DÍGRAFOS

Assim se denominam os encontros gráficos em que duas letras representam, juntas, um único fonema, seja vocálico, seja consonantal. São também chamados de DIGRAMAS. Uma das letras do dígrafo é chamada LETRA-BASE; a outra (auxiliar na formação do dígrafo) é chamada LETRA DIACRÍTICA.

DÍGRAFOS { consonantais (2 letras equivalendo a 1 fonema consonantal)
vocálicos (2 letras equivalendo a 1 fonema vocálico)

Exemplos de LETRAS DIACRÍTICAS:
c**h**uveiro — fol**h**agem — fron**h**as → letra diacrítica: **h**
fog**u**eira — q**u**erida → letra diacrítica: **u**
carro**ç**a — va**ss**oura — na**sc**er — e**x**ceto → letra diacrítica: **a 1ª**
a**m**bos — ve**n**tania — pi**n**tor — bo**m**bas — fu**n**da → letra diacrítica: **m** ou **n**
as**s**im — nêut**r**on — algum → letra diacrítica: **m** ou **n**

> Atenção! Os casos de dígrafos vocálicos (com M/N) não devem ser confundidos com os de ditongo (com M/N).

3. ENCONTROS CONSONANTAIS

Assim se denominam os encontros entre fonemas consonantais. Nem sempre há correspondência exata entre o que a grafia e a pronúncia mostram. Por isso, sua realização deve ser analisada do ponto de vista gráfico e do ponto de vista fonético.

---

[28] A última palavra da série, se pronunciada [go'le-i], realiza um hiato, explicável pela superposição da semivogal /y/ com a pronúncia /i/ para a vogal átona final ("reduzida").

ENCONTROS CONSONANTAIS
{
separáveis x inseparáveis
→ leva-se em consideração o aspecto gráfico-silábico

perfeitos x imperfeitos (disjuntos)
→ leva-se em consideração o aspecto fonético
}

Exemplos:
per-cevejo & các-tus X co-fre & gno-mo   separáveis X inseparáveis
per-cevejo & co-fre X các-tus & gno-mo   perfeitos X imperfeitos (disjuntos)

NOTAS:

1. No português há uma pequena quantidade de palavras que registram encontros de 3 ou 4 consoantes. Para efeito de classificação, porém, esses encontros se desmembram em pares.

    Exs.: pers-pi-caz (rs — perfeito, inseparável // sp — perfeito, separável)

    sols-tí-cio (ls — perfeito, inseparável // st — perfeito, separável)

    su-pers-tra-to (rs — perfeito, inseparável // st — perfeito, separável // tr — perfeito, inseparável)

    pers-cru-tar (rs — perfeito, inseparável // sc — perfeito, separável // cr — perfeito, inseparável)

- Para desfazer a complexidade, os falantes adotam soluções mais compatíveis com os padrões silábicos do português e pronunciam, por exemplo:

    [peʀpi'kaʃ] ou [peʃpi'kaʃ] — com síncope de uma consoante

    [soliʃ'tisyu] — com epêntese de vogal

    [supereʃ'tratu] — com epêntese de vogal

    [peʃkru'taʀ] — com síncope de uma consoante

2. A palavra *am-né-sia*, que contém encontro consonantal disjunto separável, serve como único exemplo em português de uso da letra M em final de sílaba como fonema consonantal (e não como sinal de nasalidade) /m/.

3. Chamam-se encontros instáveis os que terminam palavras como crânio (crâ-nio ou crâ-ni-o), férrea (fér-rea ou fér-re-a), mistério (mis-té-rio ou mis-té-ri-o).

4. Como temos visto até aqui, não se pode confundir "a realidade oral da língua e sua representação gráfica e visual". É também o que lembra José Carlos de Azeredo (2009: 386). Portanto, o fato de se escrever uma palavra como **ritmo**, com as consoantes T e M, juntas não garante que se ouvirá uma pronúncia igual à da palavra **ótimo**, na qual está escrita a mesma vogal I que se ouve quando alguém pronuncia "rí-ti-mo" — já que ambas são *foneticamente proparoxítonas*.

FONÉTICA, FONOLOGIA E ORTOGRAFIA

No entanto, ressalvamos que, do ponto de vista puramente gráfico, **ritmo** tem um encontro consonantal (e é *paroxítona*). Devemos mostrar esse EC como artificial, mas seu reconhecimento é necessário para o domínio das regras da convenção ortográfica.

5. O X é uma letra que equivale a [ks] em palavras como *anexo, sufixo, fênix, táxi*. *É o único caso em que um encontro consonantal fonético não tem correspondência gráfica. Na língua* turca, que não usa a letra X, a solução para a grafia da palavra "táxi" (empréstimo do inglês) é a que está registrada na foto abaixo: TAKSI

Táxi Turco

Se em português não houvesse o emprego do X com valor fonético duplo, a solução para o anglicismo *taxi* teria de ser TÁCSI. Não seria TÁKSI, por não usarmos K em palavras aportuguesadas, nem TÁQSI, por não praticarmos a grafia QS.

EXERCÍCIOS

1. Preencha os parênteses conforme a relação abaixo:

    (1) ditongo nasal crescente   (2) ditongo nasal decrescente
    (3) ditongo oral crescente   (4) ditongo oral decrescente
    (5) tritongo oral   (6) tritongo nasal   (7) hiato

    ( ) Paraguai   ( ) muito   ( ) delinquente   ( ) aquarela   ( ) sumiram
    ( ) dançarias   ( ) faixa   ( ) anúncio   ( ) aguenta   ( ) abençoe
    ( ) saguão   ( ) assovio   ( ) qualquer   ( ) cãibra
    ( ) léguas   ( ) sumirão   ( ) anuncio   ( ) lembrem

2. Preencha os parênteses conforme a relação abaixo:

    (1) dígrafo consonantal   (2) dígrafo vocálico
    (3) encontro consonantal: (a) separável ou (b) inseparável & (c) perfeito ou (d) disjunto

    ( ) psicólogo   ( ) optativo   ( ) marcadores   ( ) sintaxe
    ( ) exceção   ( ) mentira   ( ) fichário   ( ) fixação
    ( ) sonho   ( ) verdadeiro   ( ) castelo   ( ) arguiram
    ( ) nascido   ( ) olhavam   ( ) vestimenta   ( ) graveto
    ( ) perfume   ( ) sunga   ( ) tóxico   ( ) banha

Encontros Vocálicos, Dígrafos e Encontros Consonantais 71

3. A monotongação é um fenômeno fonético que consiste na redução de um ditongo pela eliminação da semivogal. Considerando apenas as palavras abaixo, todas paroxítonas, assinale os casos em que são possíveis as duas pronúncias (com e sem monotongação). Depois, descreva que tipos de ditongo do português admitem monotongação.

AI	( ) bailarino	( ) baixinho	( ) caixote	( ) jamaicano
AU	( ) audacioso	( ) brontossauro	( ) flautista	( ) paulada
EI	( ) beirada	( ) cadeira	( ) manteiga	( ) reinado
EU	( ) celeuma	( ) eucalipto	( ) neurose	( ) pasteurizado
OI	( ) açoite	( ) biscoito	( ) coitado	( ) noitinha
OU	( ) dourado	( ) mourisco	( ) outono	( ) rouquidão

4. A fala de uma criança em fase de aquisição da linguagem foi assim reproduzida numa pesquisa linguística:

    A princesa quebrou o prato = A pincesa quebô o pato.

    A criança mora perto da escola = A quiança mora peto da icola.

    Considerando apenas esses exemplos, descreva o que ocorre com os encontros consonantais.

5. O sistema ortográfico atual registra um encontro consonantal na palavra ADAPTAR, mas não em ADOTAR. Por sua vez, a ortografia oficial lusitana, antes da unificação, consignava as duas com o encontro consonantal: ADAPTAR e ADOPTAR.

    Considerando que esses dois verbos provêm das formas latinas ADAPTARE e ADOPTARE, e que a grafia com o encontro consonantal PT esteve em uso no Brasil até 1943, interprete por que motivo as evoluções "adaptare > adaptar > adatar" e "adoptare > adoptar > adotar" não se deram completamente.

CHAVE DE RESPOSTAS

1. (5) Paraguai; (2) muito; (7) dançarias; (4) faixa; (6) saguão; (7) assovio; (3) léguas; (2) sumirão; (7) abençoe; (2) sumiram; (1) delinquente; (3 é mais praticado do que 7) anúncio; (3) qualquer; (7) anuncio; (2) lembrem; (2) cãibra; (1) aguenta; (3) aquarela.

2. (3bd) psicólogo; (3ad) optativo; (1) exceção; (2) mentira; (1) sonho; (3ac) verdadeiro; (1) nascido; (1) olhavam; (3ac) perfume; (2) sunga; (2) sintaxe; (3ac) marcadores; (3d – com letra difônica) fixação; (1) fichário; (3ac) arguiram; (3ac) castelo; (3bc) graveto; (3ac) vestimenta; (1) banha; (3d – com letra difônica) tóxico.

3. Com o ditongo AI (baixinho e caixote); com o ditongo EI (beirada, cadeira e manteiga); com o ditongo OU (dourado, mourisco, outono, rouquidão). Pelos exemplos apresentados, não admitem monotongação os ditongos decrescentes AU, EU e OI.

4. Os encontros consonantais são reduzidos a uma única consoante: os intrassilábicos perdem a consoante 2; os heterossilábicos perdem a consoante 1.

5. A resposta deveria considerar, em primeiro lugar, que o sistema ortográfico do português tem fundamentação fonética, o que explica a presença da letra P em "adaptar" nos dois países e em "adoptar" apenas em Portugal, de vez que no Brasil a pronúncia do P só acontece em "adaptar". A síncope do P primeira consoante de um encontro disjunto é comum no português brasileiro, mas não é uma obrigatoriedade e sua ocorrência segue a lógica dos usuários, nem sempre completamente simétrica e coerente. É o que acontece também com as palavras "Egito" (e não *Egipto) e "egípcio" (e não *egício), entre outros casos similares.

PARA CONHECER MAIS A FONÉTICA E A FONOLOGIA DO PORTUGUÊS

(1) *Para o Estudo da Fonêmica Portuguesa*, de Mattoso Câmara Jr. Rio de Janeiro: Padrão, 1977 — a 1ª ed. é de 1953.
Originalmente escrito em 1949, como tese de doutoramento em Letras, o livro preserva sua importância, que se comprova nas citações incluídas em obras recentes. Após explicar os conceitos de fonética e fonêmica (este como substituto de fonologia, termo com acepções distintas conforme a orientação científica), o autor concentra sua atenção nos fonemas do português. O terceiro capítulo, intitulado "A Rima na Poesia Brasileira" mostra uma aplicação literária da fonêmica.

(2) *Fonema e Fonologia*, de Roman Jakobson. Rio de Janeiro: Acadêmica, 1967.
A obra é resultado de uma seleção e tradução feita por Mattoso Câmara Jr., acrescida de suas notas pessoais, a partir de um livro publicado em Paris (1962) reunindo os trabalhos de Jakobson sobre assuntos fonológicos. As ideias do linguista russo, um dos fundadores do Círculo Linguístico de Praga, ao lado de N. Trubetzkoy, são uma referência obrigatória.

(3) *Fonologia do Português*, de José Rebouças Macambira. Fortaleza: Imprensa Universitária, 1987 — a 1ª ed. é de 1985.
Obra tradicional nos estudos fonológicos, seus oito capítulos estão dispostos de modo progressivo na apresentação dos assuntos, começando pelo aparelho fonador e terminando pela fonoestilística.

(4) *Introdução a Estudos de Fonologia do Português Brasileiro*, organizado por Leda Bisol. Porto Alegre: EDIPUCRS, 1999 — a 1ª edição é de 1996.
O livro contém seis capítulos, dos quais se destacam os que falam da sílaba (2º), do acento (3º), do sistema vocálico (4º) e das consoantes (5º). Exercícios (sem chave de resposta) colocados ao final de cada um deles — exceto o último — ajudam na fixação dos conteúdos.

(5) *Fonética e Fonologia do Português*, de Thaïs Cristófaro Silva. São Paulo: Contexto, 2001 — a 1ª ed. é de 1998.
O trabalho expõe aspectos teóricos e oferece uma boa quantidade de exercícios (com chave de respostas). Recomendam-se as duas partes principais do livro (a segunda delas usa o título FONÊMICA, em lugar de FONOLOGIA), nas quais há uma extensa e pormenorizada descrição e análise dos temas. A edição de 2001 inclui um CD com exercícios. Em 2003, a autora publicou pela mesma editora o livro *Exercícios de Fonética e Fonologia*, que propõe mais atividades sobre variação sonora do português, fonoaudiologia e fonologia do inglês.

(6) *Análise Fonológica*, de Luiz Carlos Cagliari. Campinas-SP: Mercado das Letras, 2002.
Os fenômenos da língua falada no Brasil são descritos pelo autor, que reinterpreta processos fonológicos como a nasalização e a palatalização, e explica algumas das novas tendências da fonologia atual, o que inclui a abordagem da teoria da otimalidade. No final do livro, há um suplemento com 50 exercícios (sem chave de resposta).

(7) *A Face Exposta da Língua Portuguesa*, de Maria Helena Mira Mateus. Lisboa: Imprensa Nacional-Casa da Moeda, 2002.
Coletânea de artigos que tem quase 500 páginas dedicadas apenas aos temas da fonologia e da prosódia. São 14 textos abordando variados especificidades da área, servindo como uma rica experiência de leitura técnica e amena para os estudiosos.

(8) *Pontos Essenciais em Fonética e Fonologia*, de Ricardo Cavaliere. Rio de Janeiro: Lucerna, 2005.
O autor apresenta os princípios elementares da fonética e da fonologia, o sistema fonológico e a prosódia, mas dedica também capítulos à fonética sintática e à fonoestilística. Ao final, uma ampla galeria de exercícios, acrescida de sua chave de respostas, ajuda a sedimentar as lições fornecidas.

(9) *Introdução à Fonologia da Língua Portuguesa*, de Waldemar Ferreira Netto. São Paulo: Paulistana, 2011 — a 1ª edição é de 2001.
O autor faz uma descrição minuciosa das questões atinentes à fonologia, precedidas de algumas páginas dedicadas à representação dos sons na escrita tradicional. Quatro dos cinco capítulos são encerrados com exercícios, para os quais ao final o autor oferece uma chave de respostas.

(10) *Para Conhecer Fonética e Fonologia do Português Brasileiro*, de Izabel Christine Seara, Vanessa Gonzaga Nunes e Cristiane Lazzarotto-Volcão. São Paulo: Contexto, 2015.
Livro organizado de maneira didática, com exercícios ao final de cada capítulo (sem chave de respostas). Na parte final, as autoras fazem uma importante incursão na área de ensino.

Exercícios Finais (I)

1. Corrija as afirmações que apresentem ERRO.
   (a) Na palavra **âmbar**, a letra M é diacrítica porque forma dígrafo com a vogal contígua.
   (b) Substituindo-se os fonemas consonantais da palavra **vaso** pelos homorgânicos, obtém-se **bafo**.
   (c) Todo encontro consonantal disjunto necessita de uma vogal de apoio para poder ser articulado.
   (d) As consoantes sonoras caracterizam-se por serem realizadas sem que a cavidade bucal obstrua a passagem do ar.
   (e) As vogais do português, em posição pretônica, são predominantemente abertas.
   (f) A intensidade é traço distintivo na língua portuguesa.
   (g) Alofones e arquifonemas são fenômenos que envolvem possibilidades diversas de pronúncia, embora tenham características diferentes.
   (h) A denominação "vogal reduzida", que a NGB utiliza na classificação do timbre, na verdade se refere à intensidade.
   (i) A pertinência é um traço exclusivamente fonético.
   (j) Nem todos os sons da fala têm valor distintivo.

2. Por que se afirma que a vogal é o CENTRO SILÁBICO?

3. Distinga LETRA e FONEMA.

4. Quanto à classificação dos FONEMAS NASAIS, a Nomenclatura Gramatical Brasileira deixa em aberto sua inclusão entre as OCLUSIVAS ou entre as CONSTRITIVAS. Por isso mesmo, conforme o autor, esses fonemas têm uma classificação diferente, havendo até quem os coloque em um grupo à parte. Comente, à luz dessas informações, quais os critérios que justificam as três classificações.

5. Que considerações fonológicas podem ser feitas em relação ao grafema **X** em posição pré-vocálica?

6. Identifique, nas palavras seguintes, os casos de DÍGRAFOS, ENCONTROS CONSONANTAIS e encontros vocálicos, classificando-os.
   a) grampinhos   b) quermesse   c) hexágono   d) coldre

7. Complete as lacunas
   a) Nos dígrafos vocálicos, a letra ____ ou ____ é sempre um sinal de nasalidade.
   b) Na realização das consoantes surdas, não há _____ das cordas vocais.
   c) Substituindo-se as consoantes da palavra "toga" pelas respectivas _____, obtém-se "doca".
   d) No vocábulo "complexo", existem _____ grafemas e _____ fonemas.
   e) No início de palavra, o grafema S sempre representa o mesmo fonema: o / /.
   f) O vocábulo resultante da troca da consoante labiodental de "fiz" por outra, velar, é _____.
   g) Costuma-se dizer que os fonemas chamados vibrantes múltiplos são os de realização mais ampla no português, porque _____.
   h) O fonema /s/ pode ter variadas representações gráficas, como comprova a seguinte frase: "O a ____ e ____ or que participou da __ e ___ão com os requerentes é quem permite o a____ e ___ o à __ e ____ão que recebe pedidos de ____ e __ ão de terras."
   i) Os _____ são as formas mínimas de significação, enquanto os ____ são as unidades mínimas distintivas.
   j) O objetivo do princípio da _____ é verificar o que é distintivo numa língua ou num uso linguístico.

8. A placa abaixo ilustra a propaganda do lançamento de um condomínio de alto luxo em uma região paradisíaca de Portugal. Tendo em vista os elementos visuais que ilustram a placa e considerando aspectos típicos da língua falada da modalidade lusitana, interprete a identidade dada ao condomínio.

9. A pessoa toma um café espresso, mas a nota fiscal registra a grafia "expresso". Explique os fatores fonéticos e semânticos que podem levar a casos como esse.

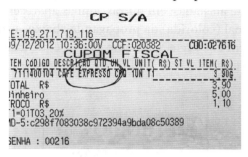

10. A palavra "companhia" é pronunciada em muitas áreas com a troca do fonema /ɲ/ pelo fonema /n/: [kõpaˈnia]. O mesmo, porém, não ocorre com outras palavras que têm também o dígrafo NH: *campanha, bainha, ganhei, roufenho, medonho, empunhar*. Existe algum fator fonético que explica esse debordamento?

11. A notícia publicada no Jornal MAIS, em 7 de julho de 2012, comete o mesmo "cochilo" ortográfico duas vezes. A que fatores fonéticos se pode atribuir essa confusão entre /l/ e /ʎ/?

VISITA

Crianças das escolhinhas de SP na área

Cerca de 30 crianças que fazem parte de uma das escolhinhas do Flamengo em São Paulo puderam assistir ao treinamento de ontem. Eles tietaram os jogadores rubro-negros após o treino e estarão no jogo de amanhã, contra o Fluminense, no Engenhão.

12. WORTEN é o nome de uma empresa portuguesa de eletrodomésticos e entretenimento com mais de 180 lojas espalhadas por todo o país. O slogan da rede está presente na maioria de suas propagandas, como a que está reproduzido abaixo. Comente os aspectos fono-ortográficos utilizados na construção do texto publicitário.

13. METRÔRIO é o nome do sistema de metrô que opera no município do Rio de Janeiro. Em algumas peças de publicidade, as palavras METRÔ e RIO aparecem ligeiramente afastadas; em outras, ambas aparecem com cores diferentes. Na versão original (colorida) da propaganda abaixo, as duas palavras estão escritas juntas e em cor preta. Comente as consequências fono-ortográficas decorrentes dessa grafia.

14. Retire do texto abaixo, extraído do *Jornal do Commercio*, de 4 de abril de 2016, as grafias que realizam o fonema /m/.

    O Ministério do Turismo apresentou um projeto para a criação de Áreas Especiais de Interesse Turístico. A meta é que estas regiões sejam beneficiadas por incentivos fiscais para atrair investimentos e a geração de novos negócios. As localidades que serão contempladas deverão ter, preferencialmente, áreas de orla e patrimônio histórico-cultural material ou imaterial reconhecido.

15. Leia atentamente a crônica linguística de Fernanda Lessa Pereira[29]:

    O apagamento do R final nos verbos

    Aula de Fonética e Fonologia é espaço aberto para análises e para um olhar mais atento e respaldado por teóricos que estudam o assunto. Por isso, escrever uma crônica que aborde um assunto de fonética é uma tarefa proveitosa, em especial para os que ganham a vida lecionando e que, em sua labuta, deparam-se com textos em que há exemplos díspares de uso de nossa "inculta e bela Flor do Lácio". O caso que selecionei se refere ao apagamento do R final em verbos, algo bem presente na linguagem do dia a dia.

    Descobri, para minha própria surpresa, que essa eliminação do R final não é, como pensam muitos usuários do português brasileiro, exclusividade das redes sociais. Trata-se de um fenômeno antigo no português, estando presente em textos antigos como marca de falares incultos. Gil Vicente, poeta e dramaturgo português, fez uso desse traço em suas peças para singularizar o linguajar dos escravos. Infere-se que esse fenômeno é antiquíssimo, já que me refiro a peças do século XVI. Não é, pois, algo da modernidade, praticado trivialmente na fala e na escrita de várias camadas da população. Logo, o que era restrito

---

[29] A crônica linguística de Fernanda Lessa Pereira foi produzida especialmente para a disciplina de Fonética e Ortografia, turma de 2018/1, do curso de Especialização do Liceu Literário Português (convênio com o Instituto de Letras da UERJ).

a um estrato social não o é mais. Alguém duvida de que é prova de que a língua está em constante mudança?

Reflexões à parte, suprimir a letra R, cuja realização fonética varia de região para região, é algo que acontece com extrema frequência. Outro dia, o texto de um amigo no *zape* me dizia: "Desculpe, não posso atendê agora!" Trata-se, portanto, de um feixe de registros em que é possível perceber o que os usuários do português brasileiro fazem com o R final de verbos no infinitivo. Apenas à guisa de exemplificação, tome-se a palavra "amor". Nela, o chamado "R forte" pode ser realizado com uma grande quantidade de alofones, indo desde o R retroflexo, típico de um falante do interior de Minas e São Paulo, até a ausência desse fone [R] no falar carioca.

Uma pesquisa em textos que tratam dessa supressão do R final mostra algumas constatações: (i) as formas verbais infinitivas estão apoiadas na oralidade; (ii) independentemente da faixa etária e do grau de escolaridade, há o apagamento do R nas formas verbais infinitivas na escrita de pessoas de ambos os sexos; (iii) os usuários do PB empregam um acento gráfico a fim de indicar o prolongamento da vogal nos verbos, agudo na 1ª conjugação, circunflexo na 2ª e agudo (ou nenhum) na 3ª. Por fim, vale salientar que o apagamento do R final tem sido considerado um caso de mudança de baixo para cima, que, ao que tudo indica, já atingiu seu limite, e é hoje uma variação estável, sem marca de classe social.

No português europeu, o R final não tem o mesmo tratamento, havendo geralmente o acréscimo de um E paragógico, o que gera pronúncias como "vendere" e "dormire". Mas isso já é assunto para uma próxima crônica.

O texto de Fernanda Lessa Pereira é um exemplo de crônica linguística sobre um assunto de fonética. Tomando-o como modelo, produza uma crônica linguística nos mesmos moldes e sobre um outro assunto de fonética, com as seguintes especificações de formatação: (a) folha A4, margens de 3cm x 3cm x 3cm x 3cm; (b) parágrafo com espaçamento simples; (c) fonte Times New Roman, tamanho 12.

CHAVE DE RESPOSTAS

1. Há erro nas afirmações (b) vaso x faço; (d) nas consoantes sonoras há vibração das cordas vocais; (e) predominam as fechadas; (i) é um traço fonológico.
2. Porque, em português, não há sílaba sem vogal (e apenas uma).
3. Letra é a "vestimenta" gráfica do fonema, que é o som da fala com valor idiomático.
4. As consoantes nasais, quanto ao modo de articulação, não são oclusivas – a não ser que se queira entender a oclusão apenas do ponto de vista da cavidade bucal. Elas também não são constritivas – pelo motivo contrário, isto é, entender-se que a corrente de ar se comprime fora da cavidade bucal. Colocá-las num grupo à parte é negar-lhes a classificação quanto ao modo de articulação, talvez por considerá-las semioclusivas.

78 FONÉTICA, FONOLOGIA E ORTOGRAFIA

5. Em posição pré-vocálica, o X pode representar os fonemas /ʃ/ (lixa), /z/ (exame) e /s/ (sintaxe) ou ser uma letra difônica, com o valor de /ks/ (óxido) ou /kz/ (hexacampeão).

6. a) encontro consonantal inseparável e perfeito GR; dígrafo vocálico AM; dígrafo consonantal NH; b) dígrafo consonantal QU; encontro consonantal separável e perfeito RM; dígrafo consonantal SS; c) encontro consonantal disjunto X /kz/; d) encontro consonantal separável perfeito LD; encontro consonantal inseparável perfeito DR.

7. a) M ou N; b) vibração; c) homorgânicas; d) 8g e 8f; e) /s/; f) QUIS; g) admitem uma grande quantidade de alofones; h) O aSSeSSor que participou da SeSSão com os requerentes é quem permite o aCeSSo à SeÇão que recebe pedidos de CeSSão de terras; i) morfemas, fonemas; j) pertinência.

8. A imagem de uma "baleia" na placa indica que o nome dado ao condomínio reproduz um hábito de pronúncia dos portugueses, que dizem [ɐy] em vez de [ey]. Ou seja, não ocorre um ditongo com A aberto, mas com A fechado.

9. O fator fonético repousa na homofonia das duas palavras, cujas pronúncias, dependendo da região, podem ser [es'presu] ou [eʃ 'presu]. Qualquer dessas duas pronúncias pode ser grafada com S ou com X. O fator semântico aponta para dois significados diferentes para o adjetivo que acompanha o substantivo "café": ele é "expresso" quando é feito rapidamente, e é "espresso" quando é feito sob pressão. A forma com S é um italianismo e não consta do VOLP.

10. Em todos os exemplos em que há a manutenção da pronúncia do /ɲ/, não há /i/ na sua sílaba. Pode-se atribuir o debordamento de "companhia" à presença do /i, que/é um fator palatalizador, à direita do /ɲ/, fonema palatal.

11. Os dois fonemas são laterais, sonoros e orais: o /l/ é alveolar; o /ʎ/ é palatal. Como a vogal /i/ é fator palatalizador, há a tendência em algumas regiões de pronunciar a sequência L+I como se fosse LH.

12. O slogan "WORTEN SEMPRE" se vale da proximidade fonética entre o nome da empresa, que se pronuncia ['vɔřtãy], e a flexão do verbo voltar, que se pronuncia ["vɔltãy], pressupondo que os consumidores conhecem muito bem a saudação "Voltem sempre!" Como se vê, houve apenas a troca do [l] pelo [ř], fenômeno conhecido como ROTACISMO, também muito comum no português brasileiro.

13. Escrever METRÔRIO sem separar as duas palavras e sem fazer nenhuma indicação visual distintiva pode gerar a pronúncia de uma palavra paroxítona terminada em ditongo (como hormônio, trinômio – também paroxítonas em ditongo). Além disso, o fonema inicial da palavra Rio é a vibrante múltipla /ʀ/, mas da forma como a palavra está escrita parece que é para se pronunciar a vibrante simples /r/. Porém, como os usuários do metrô são capazes de reconhecer o significado da palavra, porque, afinal, sabem em que cidade estão, não há maiores consequências para o uso, que, rigorosamente, é um equívoco.

14. As palavras com o fonema /m/ são: Ministério / meta / investimentos / preferencialmente / patrimônio / material / imaterial.

15. Resposta livre.

PARTE II

Ortografia

Nos estudos gramaticais do português — sobretudo em seus primeiros tempos (durante o século XVI) —, a ortografia foi um tema de grande destaque. Nos séculos seguintes cultivou-se uma longa tradição filológico-gramatical, na qual a ortografia sempre ocupou lugar relevante, até que, na virada do século XIX para o século XX, o assunto se voltou sobretudo para o desejo de estabelecer alguma convenção que consolidasse o uso escrito de nossa língua. Foi a partir de então que se sucederam vários capítulos, tumultuados alguns, em busca de uma ortografia unificada.

"Na Thezouraria do Banco se pagará ao portador..."

Pero Meogo – séc. XIII:
Por muy fremosa que sanhuda estou
a meu amigo, que me demandou
que o foss'eu veer
a la font' u os cervos vam bever.

Fernão Lopes – séc. XV:
Entom começarom damdar, e passada a ponmte chegamdo aa coyraça, chamou o Iffamte huum dos seus, e disse: "Vos sabees esta çidade, e as emtradas e sahidas della.

Bocage – séc. XVIII:
Em veneno lethifero nadando
No roto peito o coração me arqueja;
Ante meus olhos horrido negreja
De mortaes afflicções o espesso bando.

Machado de Assis – 1886:
A distancia não tira a memoria dos amigos. O seu telegrama de hontem chegou a tempo de ser lido pelos que cá estavam commigo, e pensavam no ausente. Muito obrigado pelas suas boas palavras, e um cordial aperto de mão. Adeus, caro poeta; saudades do velho amigo e companheiro. [*carta a Raymundo Correa*]

Maximino Maciel – 1931:
De facto, a orientação e o methodo que nos norteavam no aprendizado das línguas, nol-os dictavam os antigos grammaticos portuguezes Soares Barbosa, Bento de Oliveira, Lage e outros.

José Luís Fiorin – 1990:
Um texto ganha mais peso quando, direta ou indiretamente, apóia-se em outros textos que trataram do mesmo tema. Onomatopéia é a figura em que o plano da expressão (o som) de uma palavra ou seqüência de palavras lembra aquilo que elas representam.

Evanildo Bechara – 2009:
Os quatro princípios pelos quais desde cedo se procurou ordenar o sistema ortográfico dos idiomas como o português traziam no seu bojo os germes da incompatibilidade: a pronúncia, a etimologia, o uso e o traço de distinção.

Os sete fragmentos acima ilustram realidades distintas de uma história que nunca foi bem resolvida pelas comunidades que praticam o português. Nem sempre as nossas escolhas ortográficas se pautaram por critérios fonológicos, ou mesmo exclusivamente fonéticos. Foi no século XX que começamos a contar com um sistema que, dentro da amplitude fonológica que o caracteriza, pode-se dizer que atende à maior parte das necessidades dos usuários.

Muitas obras trataram dessas questões, mas recomendo neste início da segunda parte do livro duas publicações que ajudarão a ampliar o conhecimento e a reflexão sobre o assunto: *A Demanda da Ortografia Portuguesa*, organizada por Ivo Castro, Inês Duarte e Isabel Leiria, e *Ortografia da Língua Portuguesa*, organizada por Maurício Silva.

8

Periodização da História da Ortografia Portuguesa

Costuma-se dividir a história da ortografia portuguesa em três períodos:
   a) o FONÉTICO, que coincide com a fase arcaica da Língua.
   → estende-se desde 1196 (data provável de uma cantiga de maldizer de João Soares de Paiva contra o rei de Navarra: *Ora faz ost' o senhor de Navarra*, primeiro texto datado e escrito em língua portuguesa) até o final do século XV;
   b) o PSEUDOETIMOLÓGICO, inaugurado no Renascimento.
   → inicia-se em 1489 (data do primeiro documento impresso em língua portuguesa, o *Tratado de Confissom*, que já mostra as características que predominariam a partir do século XVI) e vai até os primeiros anos do século XX;
   c) o REFORMISTA (ou HISTÓRICO-CIENTÍFICO), que se inicia com a adoção da chamada "nova ortografia".
   → começa em 1904, ano da publicação de *Ortografia Nacional*, de Gonçalves Viana.

1. PERÍODO FONÉTICO

Tem como característica principal o fato de não haver a preocupação de escrever de acordo com a origem das palavras, fazendo prevalecer unicamente a maneira de pronunciá-las. No entanto, por absoluta falta de sistematização e de coerência, o mesmo sinal gráfico podia ser empregado com valores diversos e não raro contraditórios, às vezes no mesmo texto.

O **h**, por exemplo, podia indicar a tonicidade da vogal (he = é), podia marcar a existência de um hiato (*trahedor* = traidor), podia representar o fonema /i/ (sabha = sabia) ou ainda figurar sem função definida (hua = uma; hidade = idade). Além disso, conforme os hábitos do escrivão, uma palavra podia ser grafada com h ou sem ele: havia e avia; hoje e oje; homem, omem ou ome.

A despeito dessas vacilações, o que caracterizava a grafia do português arcaico era a **simplicidade** e, principalmente, o **sentimento fonético**.

82 FONÉTICA, FONOLOGIA E ORTOGRAFIA

Algumas particularidades de representação:

Grafemas	Sons	Contextos	Exemplos
c	[s]	antes de o, u	particon (-çom)
c	[ts]	antes de z	peczo, faczo
c	vocalização: [y]	antes de t	derecto, octubro
ç	[s]	antes de e, i	reçebi, açendido, conçiença
c, ç	[z]	inicial, medial	donçela, fecerom
ch	[k]	antes de e, i, a	cerchal, nuncha, parrochial
ff	[f]	antes de o, u, a	fficar, ffreima
g, gu	[g]	antes de n	agiar, Guabriel
g, gi	[[ ]	inicial (ou ø)	fugo, beigio
g	[y]	medial em hiato	regno
h	- -	antes de vogal	homees, hobra, husurpar
h	[vogal aberta]	antes de vogal	he
h	[monossílabo tônico]	antes de vogal	hi, hir
h	- -	medial em hiato	cahir, sahir, reprehendē
h	[y], [ĩ]	meio de palavra	sabhã, camho
j	[ʒ]	substitui o g	jente, bafeiou
j, y	[i]	- - - - - -	y, mjnas, jrmaão
ll	[l]	medial ou final	ella, mall
ll, li	[ʎ]	antes de e, i	vallam, filia
m	nasalidade	antes de consoante	emsinar, aquemtar, comfissom
n	nasalidade	antes de consoante	linpo
ni, n, nn	[ɲ]	inicial, medial	teno, vena, aranna
p	- -	antes de vogal nasal ou n	solepne, dãpno
q	[k]	antes de e ou i	aqela, qẽ
qu	[k]	antes de a ou o	quada, riquo
r	[ʀ]	inicial, medial	tera, recorer
rr	[ʀ]	inicial, medial	rraina, omrrado
rr	[r]	medial	parrochial
s	[s]	inicial, medial	sima, composisom
ss	[s]	inicial, medial	sseu, levantou-sse
s	[s]	inicial, sem e-	star, screver
ss	[z]	medial	cassado, messa
u	[v]	medial	liurar, acalētaua
v	[u]	- - - - - -	ovuir
x	[s]	- - - - - -	dixe
x	[ys]	final	sex (= seis)
y, i	[ʒ]	- - - - - -	oye (= hoje), aia (= haja)
y	[i]	inicial, medial	ydoneo, dyscreto
z	[ts], [s]	inicial, medial	zapateiro, lanzar
~, ´ ˆ, m, n , ø	[ã], [ẽ], [ĩ], [õ], [ũ]	inicial, medial	mááos, senpre, sabẽça

2. PERÍODO PSEUDOETIMOLÓGICO

A floração dos estudos humanísticos trouxe o eruditismo, a pretensão de imitar os clássicos latinos e gregos. Uma consequência natural dessa preocupação era fazer com que a grafia portuguesa se aproximasse da latina.

Os séculos XVI, XVII e XVIII registram grande quantidade de estudos a respeito do assunto. Não eram dos mais sólidos, porém, os conhecimentos linguísticos de seus autores (Duarte Nunes de Leão, Álvaro Ferreira de Vera, João Franco Barreto, Madureira Feijó, Luís do Monte Carmelo, entre outros), que propunham uma ortografia pretensiosa e cheia de complicações inúteis, contrária aos princípios de evolução do idioma.

A transcrição de palavras de origem grega, por exemplo, encontrava campo fecundo para demonstrações eruditas: o PH (*philosophia, nympha, typho*), o TH (*theatro, Athenas, estheta*), o RH (*rhombo, rheumatismo*), o CH com som de [k] (*chimica, cherubim, technico*), o Y (*martyr, pyramide, hydrophobia*) passaram a assolar a escrita portuguesa. O mesmo ocorreu com a duplicação de consoantes intervocálicas (*approximar, abbade, gatto, bocca*, etc.), que já haviam se reduzido na evolução do idioma.

Sob o pretexto de ser etimológica, tal ortografia estava repleta de formas equivocadas, contrariando a etimologia e a evolução da língua.

Algumas particularidades de representação:

Grafemas	Contextos
a, e, o	timbre relacionado à quantidade latina
c, qu	c antes de a, o, u; qu antes de e, i: representam a consoante velar surda [k]
g, j	observam a etimologia grega e latina
gu	antes de e, i: representa consoante velar sonora [g]
h	observa a etimologia grega e latina (aspiração ociosa)
l, lh, ll	observam a etimologia grega e latina: representam consoantes diferentes
m, n	antes de consoantes de articulação labial e dental
mn	observa a etimologia grega e latina
ph	observa a etimologia grega e latina: representa a cons. fricativa labiodental [f]
r	inicial [r]; medial [R] depois de consoante ou [r] em travamento silábico
rr	medial [R] intervocálico
rh	observa a etimologia grega e latina
s	inicial [s]; medial [s] depois de consoante ou em travamento silábico; medial [z]
ss	medial [s] intervocálico
th	observa a etimologia grega e latina
x	representa [l] (ou [k] etimológico)
y	observa a etimologia grega e tupi
z	desfaz confusão entre s e ç
til	observa a etimologia; indica nasalidade de ditongo
i, u / j, v	representam, respectivamente, vogais e consoantes
dobrados	observam a etimologia

3. PERÍODO REFORMISTA (OU HISTÓRICO-CIENTÍFICO)

Na história da ortografia portuguesa, Adolfo Coelho pode ser considerado o pioneiro dos estudos com base científica. Graças aos trabalhos por ele realizados a partir de 1868 é que se tornou possível o estabelecimento de uma nova visão a respeito do assunto. Mas o grande renovador foi Aniceto do Reis Gonçalves Viana, que em 1904 publicou sua *Ortografia Nacional*, ponto de partida para todos os passos posteriores.

Os princípios de Gonçalves Viana, originalmente propostos em 1885, eram:

(1) Proscrição absoluta e incondicional de todos os símbolos de etimologia grega: *th, ph, ch* (= [k]), *rh* e *y*.
(2) Redução das consoantes dobradas a singelas, com exceção de *rr, ss* mediais, que têm valores peculiares.
(3) Eliminação de consoantes nulas que não influam na pronúncia da vogal precedente.
(4) Regularização da acentuação gráfica.

Diante da repercussão desse trabalho, o governo português nomeou em 1911 uma Comissão para estudar as bases da reforma ortográfica. Integraram-na alguns dos maiores filólogos de Portugal (José Leite de Vasconcelos, Carolina Michaëlis de Vasconcelos, Adolfo Coelho, Epifânio Dias, Júlio Moreira, José Joaquim Nunes e outros), que propuseram a adoção do sistema de Gonçalves Viana, com pequenas alterações.

Em 1911 o governo português oficializou a "nova ortografia", estendida ao Brasil em 1931 por um Acordo firmado entre a Academia das Ciências de Lisboa e a Academia Brasileira de Letras, com a aprovação de ambos os governos. Integraram a comissão de unificação e contribuíram para essa unificação alguns ilustres filólogos brasileiros, entre os quais Antenor Nascentes, Jacques Raimundo, Mário Barreto, Silva Ramos e Sousa da Silveira.

O contexto político brasileiro não permitiu que o Acordo durasse muito tempo. Era a época da primeira presidência de Getúlio Vargas, que assumiu o poder em 1930, após comandar a Revolução que destituiu Washington Luís. Seus quinze anos de governo caracterizaram-se pelo nacionalismo e populismo, e sob seu poder foi promulgada a Constituição de 1934, que determinou a volta ao sistema anterior.

Novo entendimento entre os dois países produziu a Convenção Luso-Brasileira de 1943, que revigorou o Acordo de 1931. Dois anos depois, a fim de esclarecer pequenas divergências que surgiram na interpretação de algumas regras, os delegados das duas Academias reuniram-se em Lisboa, de julho a outubro de 1945. Surgiram desse terceiro encontro as "Conclusões Complementares do Acordo de 1931", cujas modificações foram tantas que quase equivaliam a uma nova reforma. Essas "Conclusões" geraram protestos inflamados de prestigiosos professores brasileiros, especialmente Clóvis Monteiro e Júlio Nogueira, e acabaram promovendo uma cisão na questão ortográfica do português.

A "ortografia de 1945" entrou em vigor em Portugal no dia 1º de janeiro de 1946, **mas nunca esteve em uso no Brasil**, onde continuou valendo a "ortografia de 1943", consubstanciada no *PVOLP* (*Pequeno Vocabulário Ortográfico da Língua Portuguesa*. Imprensa Nacional, 1943), da Academia Brasileira de Letras.

Em fins de 1971, o Congresso Nacional aprovou pequenas alterações no capítulo da acentuação gráfica — de conformidade com parecer conjunto da Academia Brasileira de Letras e da Academia das Ciências de Lisboa, segundo o disposto no art. III da Convenção Ortográfica celebrada a 29 de dezembro de 1943 entre Brasil e Portugal.

As simplificações aprovadas pela Lei 5.765, de 18 de dezembro de 1971, sancionada pelo Presidente da República, eram:

(1) Abolir os acentos diferenciais nas vogais Ê e Ô dos homógrafos, à exceção de *pôde/pode* (exs.: *dôce, côrte, êsse, pilôto*);
(2) Abolir as indicações de acento secundário nas palavras derivadas com -*mente* ou sufixo iniciado por -*z* (exs.: *sòmente, cômodamente, cafèzal, pèzinho*);
(3) Abolir o trema que, facultativamente, se usava para indicar hiatos verdadeiros (exs.: *moïnho, gaüchismo*) ou criados por razões poéticas (exs.: *maïsena, loüvação*).

Essa Lei estabelecia que os membros da ABL ficariam encarregados da preparação da "atualização do *Vocabulário Comum*, a organização do *Vocabulário Onomástico* e da republicação do *Pequeno Vocabulário Ortográfico da Língua Portuguesa*". Em 1981, com a publicação do *VOLP*, pela Editora Bloch, a Academia cumpriu a primeira tarefa; em 1999, cumpriu as restantes (e reeditou o *VOLP*).

Nesse meio tempo, em 1986, representantes de sete nações independentes da comunidade lusofônica (Portugal, Brasil, Angola, Moçambique, Guiné-Bissau, Cabo Verde, São Tomé e Príncipe) reuniram-se em Salvador e firmaram um acordo inicial, que abrangia outros aspectos da ortografia além da simples acentuação gráfica. Aprovado em 1990 pelas delegações dos sete países, em reunião realizada em Lisboa, o acordo ficou muito tempo em estado de *hibernação*.

Entre 1990 e hoje, em meio aos fatos significativos relativos à Reforma Ortográfica, cite-se a inclusão de dois novos membros na comunidade dos povos de língua portuguesa, o Timor-Leste, que se tornou independente em 1999, e a Guiné Equatorial, antiga colônia portuguesa entre os séculos XV e XVIII, admitida em 2014. Além disso, decidiu-se também, em 2004, implementar as mudanças tão logo três países ratificassem o Acordo — em 2008, já eram quatro as assinaturas.

Assim, hoje, a iniciativa de se unificar por completo a ortografia de nossa língua, a sétima mais falada entre as centenas de idiomas existentes no mundo inteiro, alcançou um novo capítulo... decisivo.

Cronograma do período reformista:

Datas	Fatos
1901	Medeiros e Albuquerque propõem em sessão da ABL que se nomeie comissão para fixar a ortografia oficial da Academia. O presidente Machado de Assis nomeia Medeiros e Albuquerque, José Veríssimo e Silva Ramos.
1904	Gonçalves Viana publica A ortografia nacional, contendo as bases de sua proposta de reforma ortográfica.
1907	A Academia Brasileira de Letras aprova um sistema ortográfico simplificado.
1/9/1911	O governo português aprova a proposta da Academia das Ciências de Lisboa e ordena que a ortografia nela proposta seja adotada oficialmente.
1912	A ABL é convidada pela ACL a tratar da uniformização ortográfica.
1915	A ABL aprova proposta de Silva Ramos de que se harmonizem as reformas de 1907 (brasileira) e 1911 (portuguesa).
1919	A ABL aprova proposta de Osório Duque Estrada de que se revogue a adesão à ortografia portuguesa.
15/7/1931	Brasil: Decreto nº 20.108 — admissão de uso da ortografia aprovada pelas duas Academias em repartições públicas e estabelecimentos de ensino.
2/8/1933	Brasil: Decreto nº 23.028 — obrigatoriedade de uso da nova ortografia.
23/2/1938	Brasil: Decreto-Lei nº 292 — ratificação do acordo de 1931
1940	A ACL publica o Vocabulário Ortográfico da Língua Portuguesa.
8/12/1943	A ABL publica o pequeno Vocabulário Ortográfico da Língua Portuguesa.
De 12/7 a 6/10/1945	Conferência Interacadêmica de Lisboa: modifica radicalmente as bases do acordo de 1931.
5 e 8/12/1945	Brasil: Decreto-Lei no 8.286 — aprova o Acordo da Conferência Interacadêmica Portugal: Decreto-Lei no 35.228 — também aprova o Acordo.
14/7/1948 a 21/10/955	Brasil: tramitação de mensagens de revogação do Decreto-Lei de 1945; Decreto-Lei nº 2.623: restabelecimento do sistema de 1943.
18/12/1971	Brasil: Lei nº 5.765 — simplificação ortográfica.
1981	Publicação do VOLP.
12/5/1986	Salvador: reunião da Comissão Negociadora das Bases do Acordo Ortográfico entre países de Língua Portuguesa.
1990	Lisboa: assinatura do Acordo (por representantes dos sete países da Comunidade dos Países de Língua Portuguesa, CPLP).
2002	Brasília: a IV Conferência dos Países de Língua Portuguesa (com oito países, já incluído o Timor Leste) retoma os debates sobre o Acordo Ortográfico.
29/9/2008	Assinatura no Brasil do decreto no 6.583, que promulga o Acordo Ortográfico de 1990.
2016	Fim da fase de transição no Brasil (em 1º janeiro) e abertura do portal do VOC (Vocabulário Ortográfico Comum).

O Acordo Ortográfico determinou menos de 3% de alterações nas 110 mil palavras mais usuais da língua portuguesa. Cerca de 600 palavras perderam as consoantes "mudas" *c* e *p*, que eram grafadas — apenas em Portugal — em vocábulos como *acção, afectivo, direcção, adopção, exacto*. O mesmo acontece com *actor, correcção, factura, optimo* e com as palavras de grafia dupla — *terno* em Portugal é *fato*, mas *fato*, no sentido de *acontecimento*, é *facto*. Já *compacto, ficção, adepto, aptidão* e *núpcias*, pronunciadas e grafadas da mesma maneira em todo o espaço lusófono, ficaram como estavam.

Os acentos grave e circunflexo que diferenciam o *incómodo* português do *incômodo* brasileiro não foram alterados. Da mesma forma, *bebé António* lá e *bebê Antônio* aqui. O hífen permaneceu quando o segundo elemento começa por h (anti-higiênico) ou pela mesma vogal ou consoante que termina o prefixo (contra-almirante, super-requintado). Caiu o trema (até então só praticado no Brasil). Reabilitaram-se as letras *k, w, y*. O uso do *h*, das vogais, dos ditongos, das minúsculas e das maiúsculas está regulamentado nas 25 páginas do Acordo.

É provável que os brasileiros sintam as reformas bem menos do que os portugueses. Esse dado fez levantarem muitas vozes irmãs para falar em "usurpação de direitos" e em "propriedade ilegítima" da língua.

A despeito disso, há quem ache que essa unificação ajudará no fortalecimento do português, embora também haja quem ainda se oponha a ela. Os motivos dos opositores nem sempre são técnicos e repetem o que ocorre em toda sociedade que pretende fazer uma reforma ortográfica: oferecer resistência contra qualquer mudança ou manifestar um apego a grafias como se fizessem parte da carga semântica das palavras.

O Acordo também prevê a organização de um dicionário técnico-científico, o estabelecimento de uma política linguística de bases comuns e sugere que, após sua implementação, todos nos entenderemos melhor. A última data oficial para a entrada em vigor do Acordo Ortográfico era 1º de janeiro de 1994. Mas a lei caducou porque muitos países da Comunidade Lusófona não o ratificaram.

Em artigo escrito em 1991, Evanildo Bechara discorria sobre um pouco da história dos acordos ortográficos do português e dava conta de que, em 4 de julho daquele ano, a Assembleia da República Portuguesa aprovara as Bases do Acordo Ortográfico.

E esclarecia:

> A iniciativa da aprovação do Governo de Portugal demonstra inequivocamente o interesse de fomentar a crescente integração dos países lusófonos na medida em que os portugueses terão de abrir mão de mais hábitos ortográficos do que os que já vinham praticados pelos brasileiros. E a razão – é bom que mais uma vez seja repetida – não se deve, como alguns têm dito no outro lado do Atlântico, a uma capitulação de Portugal ao Brasil, mas sim ao fato de, depois do insucesso das tentativas de unificação ortográfica de 1943 e do Acordo de 1945, nunca as instituições oficiais de lá [a Academia das Ciências de Lisboa] e de cá [a Academia Brasileira de Letras] terem deixado de estudar a questão e aplainar as divergências.

Passaram-se mais alguns anos e nada de novo aconteceu. Em 2002, o tema novamente mereceu algum destaque na imprensa brasileira, em virtude de uma importante reunião havida em Brasília. Porém, como dissemos, a implementação dependia da assinatura de pelo menos três dos oito países que usam a língua portuguesa como língua oficial. O retrospecto não era favorável, se considerarmos que, quando as negociações ocorriam apenas entre duas nações (Brasil e Portugal), nunca se chegou a um acordo efetivo. No entanto, nos últimos anos da primeira década deste século, Brasil, Portugal, Cabo Verde e São Tomé e Príncipe homologaram o Acordo. Com essas quatro assinaturas, o passo decisivo estava dado, renovando-se as esperanças de que tudo se estabilize em um futuro próximo.

Em Portugal, o período de transição da aplicação do Acordo durou seis anos, contados a partir de sua entrada em vigor oficialmente (13 de maio de 2009), o que significa que sua obrigatoriedade, como lei, deu-se a partir de 13 de maio de 2015. O Acordo passou a ser aplicado nas escolas do ensino básico e secundário a partir de setembro de 2011. Os demais organismos e publicações do Estado português o adotaram em janeiro de 2012.

No Brasil, o Acordo começou a ser aplicado em janeiro de 2009, e seu período de transição terminaria inicialmente previsto em 31 de dezembro de 2012, mas foi prolongado por mais três anos e entrou definitivamente em vigor em 1º de janeiro de 2016.

4. VOCABULÁRIO ORTOGRÁFICO COMUM – VOC (2016)

O Vocabulário Ortográfico Comum (VOC) é a plataforma que abriga os instrumentos que determinam legalmente a ortografia da língua portuguesa. Foi oficialmente reconhecido pelos estados-membros da Comunidade dos Países de Língua Portuguesa (CPLP) e na Conferência de Díli[30] (2014). No documento intitulado "Conclusões Finais da X Conferência", consta como meta a produção "em formato eletrônico" de um Vocabulário Comum da Língua Portuguesa, "que consolide tanto o léxico comum quanto as especificidades de cada país".

Vocabulário Ortográfico Comum

O VOC é desenvolvido sob a coordenação do Instituto Internacional da Língua Portuguesa (IILP), instituição da CPLP para a política linguística. Essa incumbência lhe foi atribuída em 2010, quando o IILP passou a contar com orientações específicas para uma política multilateral da língua, expressas no Plano de Ação de Brasília para a

---
[30] A X Conferência de Chefes de Estado e de Governo teve lugar na capital do Timor-Leste em julho de 2014.

promoção, difusão e projeção da língua portuguesa, documento produzido na I Conferência Internacional sobre o Futuro do Português no Sistema Mundial, realizada na capital brasileira em março de 2010.

O Corpo Internacional de Consultores do VOC é formado por representantes de seis países. Não há representante da Guiné Bissau por conta dos problemas políticos e socisis lá enfrentados. E também não há representantes de Angola, que ainda não ratificou o acordo. Embora exista uma equipe desenvolvendo o vocabulário ortográfico nacional angolano, a Academia Angolana de Letras se manifestou, em 10/10/2018, desfavorável à ratificação do Acordo Ortográfico[31]. O nono país-membro da CPLP é a Guiné Equatorial, que tem o português como sua terceira língua oficial. O idioma, embora importante na história do país, não é falado pela população. Entretanto, na Ilha de Ano Bom, pratica-se uma língua crioula de base portuguesa, o *fá d'ambô*.

O VOC vem integrando gradualmente o Vocabulário Ortográfico Nacional (VON) de cada país da CPLP, após validação política e conformação com uma metodologia comum. Até meados de 2018, já haviam sido transferidos ao IILP, para integração no VOC, os VON do Brasil, de Cabo Verde, de Moçambique, de Portugal e do Timor-Leste, estando em fase de incorporação à plataforma o VON de São Tomé e Príncipe, concluído no final de 2017.

Dois desses VON foram lançados sob a forma impressa:

- O *Vocabulário Ortográfico da Língua Portuguesa* (*VOLP* 2009), preparado pela Comissão de Lexicografia e Lexicologia da Academia Brasileira de Letras, sob a coordenação de Evanildo Bechara, com 976p. e 390 mil palavras;

- E o *Vocabulário Ortográfico Atualizado de Língua Portuguesa* (*VOALP* 2012), organizado pelo Instituto de Lexicologia e Lexicografia da Academia das Ciências de Lisboa, sob a coordenação de Maria Helena da Rocha Pereira, Aníbal Pinto de Castro e Telmo Verdelho. A obra dá sequência às edições anteriores de 1940, 1947 e 1970, mas foi elaborada inteiramente de novo, tendo 1.100 p. e um *corpus* de 70 mil entradas. O *VOALP* integra o

---

[31] cf. http://www.consuladogeral-angola.pt/declaracao-da-aal-academia-angolana-de-letras-sobre-o-acordo-ortografico-de-1990

Vocabulário Ortográfico Português (VOP), que tomou como base o Vocabulário da Língua Portuguesa, de Rebelo Gonçalves, e é composto por cerca de 210 mil entradas.

O *VOP* serviu de ponto de partida para a criação da base de dados do *Vocabulário Ortográfico Comum da Língua Portuguesa*, obra que integra formalmente desde fevereiro de 2015.

A plataforma do *Vocabulário Ortográfico Comum* esteve aberta para consulta pública de abril a julho de 2014. Em prosseguimento à aprovação política, começou em julho de 2014 o processo de integração no *VOC* dos dados entregues e aprovados pelos países-membros da CPLP. A equipe técnica do *VOC* está elaborando a integração desses dados a partir dos instrumentos existentes em âmbito nacional nos países participantes. Em breve, todos os falantes e estudantes da língua portuguesa terão acesso livre às informações oficiais comuns para a aplicação das regras ortográficas.

A construção do portal com o *Vocabulário Comum* representa a constituição de uma base lexical para a língua portuguesa e é o passo mais representativo dessa etapa de consolidação do Acordo Ortográfico. O grupo de trabalho constituído pelo IILP (formado pelos lexicógrafos Gladis Maria de Barcellos Almeida, José Pedro Ferreira, Margarita Correia e Gilvan Müller de Oliveira) foi encarregado de elaborar a metodologia a ser adotada. No documento produzido, a comissão destaca a necessidade de se corrigirem os três principais problemas das obras lexicográficas de referência do português, em face das outras línguas de relevância mundial:

(a) a falta de recursos lexicais normalizadores disponíveis que permitam o processamento computacional da língua portuguesa;
(b) a falta de recursos feitos com base ou tendo em conta a informação obtida a partir de corpora;
(c) a falta de recursos representativos da diversidade do português, que possam agir nacionalmente como normalizadores em países que não dispõem neste momento de recursos próprios.

Em síntese, a comissão do IILP decidiu adotar o seguinte planejamento:

O VOC constituir-se-á numa grande base lexical online, que contemplará as variedades dos oito países lusófonos (Angola, Brasil, Cabo Verde, Guiné-Bissau, Moçambique, Portugal, São Tomé e Príncipe e Timor-Leste). Esse projeto está dividido em duas fases: 1) a junção de vocabulários já existentes em Portugal e Brasil, evidenciando a tradição lexicográfica portuguesa; 2) a elaboração de *corpora* para a constituição dos vocabulários nacionais dos demais países. Assim, nesta oportunidade, pretende-se detalhar os aspectos metodológicos que subjazem às tarefas envolvidas no referido projeto.

Nota do Autor: O documento foi produzido em 2013, quando a Guiné Equatorial ainda não havia sido oficialmente admitida na CPLP (são nove países hoje). Esse país, porém, não tem, na prática, nenhum falante de português como primeira língua.

Periodização da História da Ortografia Portuguesa   91

O endereço eletrônico do portal do VOC é http://www.iilp.cplp.org/voc/

> **RECOMENDAÇÃO AOS USUÁRIOS DA LÍNGUA PORTUGUESA NO BRASIL**[32]:
> CONSULTAR O **VOLP** DA ABL (por razões legais, pois é a obra reconhecida pelo Ministério de Educação, ou porque a ABL, por tradição, é a nossa referência ortográfica), MAS UTILIZAR TAMBÉM O **VOC**. Afinal, o **VOLP** está integrado ao **VOC**.
> ESPERA-SE QUE AMBOS COINCIDAM NA ORTOGRAFIA,
> EMBORA SEJA NATURAL QUE HAJA MUITAS PALAVRAS NO **VOC** QUE
> NÃO CONSTAM DO **VOLP**, POR RAZÕES ÓBVIAS.
> BASTA LEMBRAR QUE O **VOLP** ESTÁ VOLTADO SOBRETUDO PARA
> OS HÁBITOS VOCABULARES BRASILEIROS.

EXERCÍCIOS

1. Observe a propaganda abaixo:

PHARMACIA POPULAR
CASA FUNDADA EM 1883

Para se convencerem da superior qualidade do preço baratissimo de drogas e preparados, quer nacionaes quer extrangeiros, procurem sempre esta antiga **Pharmacia Popular** sob a direcção technica do conhecidissimo profissional Claudio Costaw, que, mesmo a qualquer hora da noite, está ás ordens da freguezia para o aviamento de receitas. Verifiquem es preços desta pharmacia, onde é garantido o maximo escrupulo nas manipulações.

**Rua Prudente de Moraes,
98, esquina da Alferes José
Caetano**

Transcreva todas as palavras que representam exemplos de ortografia do período pseudoetimológico.

2. A Lei 5.765, de 18 de dezembro de 1971, aboliu três itens do sistema de acentuação do português. Qual desses itens representava um emprego praticamente abandonado?

   (A) O acento agudo dos ditongos abertos EI, EU e OI.

   (B) Os acentos longo e breve das palavras escritas em latim.

   (C) O trema que se usava para indicar hiatos, como em *Thaïs, saüdade*.

   (D) Os acentos diferenciais de homógrafos nas vogais Ê e Ô, exceto em *pôde*.

---

[32] Para nós, brasileiros, a ortografia oficial em vigor está publicada em três livros da Academia Brasileira de Letras: o *Vocabulário Ortográfico da Língua Portuguesa* (1ª ed. em 1988; última edição em 2009), o *Pequeno Vocabulário Ortográfico da Língua Portuguesa* (2011) e o Vocabulário Onomástico da Língua Portuguesa (1999, contém a grafia oficial de todos os nomes próprios de nossa língua). Este último ainda não foi republicado com as novas normas. A Academia Brasileira de Letras disponibilizou em 2014 um aplicativo para uso em celulares e tablets, que dá acesso ao conteúdo do *VOLP*: é gratuito.

92 FONÉTICA, FONOLOGIA E ORTOGRAFIA

(E) As indicações de acento secundário nas palavras derivadas com -mente ou com sufixo iniciado pela letra Z, como em *sòmente* e *pèzinho*.

3. Relacione as duas colunas conforme o período da história de nossa ortografia.

(A) omem / hidade ( ) período pseudoetimológico

(B) hidrophobia, rheumatismo ( ) ortografia de 1946, pré-Acordo

(C) qüinqüênio / lingüiça ( ) ortografia de 2009

(D) autorrecreação / prosopopeia ( ) período fonético

4. Marque se a afirmativa é falsa **(F)** ou verdadeira **(V)**.

( ) Brasil e Portugal nunca conviveram com ortografias divergentes.

( ) No período fonético de nossa ortografia não havia a preocupação de escrever as palavras segundo sua origem.

( ) O terceiro período da história de nossa ortografia é chamado REFORMISTA.

( ) O *Vocabulário Ortográfico Comum* (*VOC*) é uma plataforma que pretende reunir em formato eletrônico os *Vocabulários Ortográficos* (*VON*) dos países da CPLP, exceto a Guiné Equatorial.

( ) A fase de transição para que a nova ortografia fosse adotada definitivamente terminou, primeiro, no Brasil; depois, em Portugal.

( ) No Brasil, além do *VOC*, também é fonte de referência obrigatória para consultas ortográficas o *VOLP*.

5. O texto do aviso colocado ao lado da porta da igreja exemplifica que período da história de nossa ortografia?

CHAVE DE RESPOSTAS

1. Pharmacia / extrangeiros / direcção / technica / freguezia/telephone.
2. C.
3. (B), (C), (D), (A).
4. (F) Desde 1911, quando Portugal adotou a ortografia simplificada, até 1990, quando se aprovou o Acordo hoje em vigor, os dois países adotaram convenções diferentes, apesar das assinaturas conjuntas em 1931, 1943 e 1945; (V); (V); (V); (F) Terminou em Portugal em 13 de maio de 2015; (V).
5. pseudoetimológico.

Acentuação Gráfica

As regras de acentuação se baseiam em critérios bastante práticos, que partem da verificação do quantitativo existente no léxico da língua de cada um dos grupos de tonicidade, com os objetivos de: 1) acentuar o menor número possível de palavras; 2) empregar o acento com a finalidade de garantir uma única pronúncia para a palavra.

Assim, como o menor contingente de palavras portuguesas é de PROPAROXÍTONAS, a regra determina que todas sejam acentuadas. A seguir, opondo-se os outros dois contingentes, a regra examina quais as terminações com a menor incidência entre as OXÍTONAS e as PAROXÍTONAS, e determina o emprego de acento nos grupos minoritários. Por fim, como as questões envolvendo ditongos e hiatos não ficam resolvidas pelas regras básicas, novamente se tomam as ocorrências desses encontros vocálicos para se determinar o emprego de acento nos grupos de menor frequência. Isso explica, por exemplo, por que nos ditongos abertos a regra só menciona ÉI, ÉU e ÓI, que têm menor ocorrência dos que seus correspondentes fechados: não há em português o ditongo aberto ÓU (existe a pronúncia brasileira [ɔw], mas a grafia é com L: sol [ɔl]).

1. CLASSIFICAÇÃO DOS VOCÁBULOS QUANTO À SÍLABA TÔNICA

a) OXÍTONOS — a sílaba tônica é a ÚLTIMA.
Exemplos: carre**TEL**, fe**LIZ**, machu**CAR**, sa**IU**.
b) PAROXÍTONOS — a sílaba tônica é a PENÚLTIMA.
Exemplos: bici**CLE**ta, gra**MA**do, **LON**ge, **TU**do.
c) PROPAROXÍTONOS — a sílaba tônica é a ANTEPENÚLTIMA.
Exemplos: gra**MÁ**tica, **LÂM**pada, sim**BÓ**lico, tera**PÊU**tico.

2. REGRAS DE ACENTUAÇÃO

2.1 Regras Gerais

1. MONOSSÍLABOS — só recebem acento os monossílabos tônicos terminados em A(s), E(s), O(s).
   Exemplos: lá, gás (ele) vá, (tu) dás;
   fé, (ele) vê, pés, (tu) dês;
   só, pó, nós, (ele) pôs.

2. OXÍTONOS — só recebem acento os terminados em A(s), E(s), O(s); EM, ENS.
   Exemplos: sofá, manhã, (tu) dirás, cajás;
   maré, você, cafés, francês;
   cipó, avô, jilós, (ele) compôs;
   armazém, porém, também;
   vinténs, parabéns, (tu) deténs.

   NOTA: Seguem esta mesma regra as formas verbais com pronome enclítico ou mesoclítico.
   Exemplos: pegá-lo, vendê-las, propôs-lhe;
   mantê-la-ás, dispô-lo-á, cantá-la-emos.

   Atenção: Para efeito de acentuação, essas formas verbais são consideradas como se fossem duas ou três palavras, respectivamente. Revendo alguns dos exemplos, diremos:

   pegá-lo: oxítona em A + monossílabo átono;
   propôs-lhe: oxítona em OS + monossílabo átono;
   mantê-la-ás: oxítona em E + monossílabo átono + monossílabo tônico em AS;
   cantá-la-emos: oxítona em A + monossílabo átono + paroxítona em OS.

3. PAROXÍTONOS — só **NÃO** recebem acento os terminados em A(s), E(s), O(s); EM, ENS; AM.
   Exemplos: vida, casas, rude, peles, solo, bisnetos;
   jovem; itens; cantam, sonhavam.

   Portanto, recebem acento as palavras paroxítonas que tiverem qualquer outra terminação.
   Exemplos: táxi, júri, lápis, tênis;
   vírus, bônus, ânus, Vênus;
   álbum, álbuns, fórum, fóruns;
   íons, prótons, nêutrons;
   bíceps, tríceps, fórceps;
   éter, mártir, açúcar, júnior;
   cálix, ônix, látex, Fênix;

hífen, pólen, próton, elétron;
túnel, móvel, nível, amável;

NOTA: As terminações de que trata esta regra **EXCLUEM** os casos em que essas letras fazem parte de ditongo (ou tritongo) ou são nasais.

Assim, **RECEBEM ACENTO** palavras:
- paroxítonas em Ã ou ÃS: ímã, órfãs;
- paroxítonas em ditongo: água, mágoa, espécie, órgão, bênçãos, sótão;
- paroxítonas em ditongo ou em ditongo+M: averíguo, averíguas, averígua, averíguam; averígue, averígues, averígue, averíguem; enxáguo, enxáguas, enxágua, enxáguam; enxágue, enxágues, enxágue, enxáguem; apropínquo, apropínquas, apropínqua, apropínquam; apropínque, apropínques, apropínque, apropínquem.[33]

4. PROPAROXÍTONOS — todos são acentuados.

Exemplos: enfático, lâmina; tétrico, helênico,
invólucro, tragicômico; límpido,
único, farmacêutico, metalóidico.

NOTA: Em algumas palavras, há flutuação entre a pronúncia brasileira e a portuguesa das vogais tônicas E e O, seguidas de M ou N. O acento será AGUDO ou CIRCUNFLEXO conforme o timbre for, respectivamente, aberto (Portugal) ou fechado (Brasil) nas pronúncias cultas da língua:
- académico/acadêmico, cénico/cênico;
- atónito/atônito, fenómeno/fenômeno;
- blasfémia/blasfêmia, ténue/tênue;
- manicómio/manicômio, António/Antônio.

2.2. Regras Especiais

1. DITONGOS — recebem acento os ditongos ÉI, ÉU e ÓI das palavras oxítonas e monossilábicas.

    Exemplos: papéis, réis, céu, réus, herói.

    MAS: ideia, europeia, joia, epopeico, heroico.

2. HIATOS — recebem acento o I ou U tônicos, segunda vogal de hiato, sozinhos na sílaba (ou acompanhados de S), não seguidos de NH ou não precedidos de ditongo em palavras paroxítonas.

---

33 Veja-se, neste ponto, a transcrição do item 7º da Base X: "Os verbos do tipo de *aguar, apaniguar, apaziguar, apropinquar, averiguar, desaguar, enxaguar, obliquar, delinquir* e afins, **por oferecerem dois paradigmas**, ou têm as formas rizotônicas igualmente acentuadas no *u*, mas sem marca gráfica (a exemplo de *averiguo, averiguas, averigua, averiguam; averigue, averigues, averigue, averiguem; enxaguo, enxaguas, enxagua, enxaguam; enxague, enxagues, enxague, enxaguem*, etc.; *delinquo, delinquis, delinqui, delinquem;* mas d*elinquimos, delinquis*) **ou têm as formas rizotônicas acentuadas fônica e graficamente nas vogais a ou i radicais** (a exemplo de *averíguo, averíguas, averígua, averíguam; averígue, averígues, averígue, averíguem; enxáguo, enxáguas, enxágua, enxáguam; enxágue, enxágues, enxágue, enxáguem; delínquo, delínques, delínque, delínquem; delínqua, delínquas, delínqua, delínquam*)." [grifos meus] No VOC, no D. Houaiss e no Aurélio só está registrado o primeiro paradigma.

| 1ª vogal (em ditongo, só em palavras oxítonas) | Í(s) Ú(s) | ~~NH~~ |

Exemplos: Andaraí, baía, faísca, juízes, atraí-la, caístes;
Grajaú, baú, balaústre, graúdos, conteúdo;
Piauí, teiú, teiús, tuiuiú, tuiuiús.

MAS: juiz, raiz, caiu, saindo, descair, ruim;
Raul, diurno, oriundo;
moinho, rainha;
auiba [aw-iba], janauira [ʒanaw-ira];
Bocaiuva [bocay-uva], feiura [fey-ura];
"zoiuda" [zoy-uda].

Glossário:
auiba — espécie de planta
janauira — figura da mitologia amazônica

NOTA: Palavras como XIITA, VADIISMO não têm acento, pois o encontro i+i só pode ser hiato.

2.3. Acento Diferencial

É aquele que NÃO pode ser explicado por nenhuma regra de acentuação.

1. DE TIMBRE (fechado X aberto): abolido pela Lei nº 5.765, de 18 de dezembro de 1971, exceção feita à forma **PÔDE** (pretérito perfeito), que continua acentuada por oposição a PODE (presente do indicativo), e ao substantivo FÔRMA(s) (FACULTATIVAMENTE, pelo Acordo de 16 de dezembro de 1990) para distingui-lo de FORMA(s), que tem timbre aberto.

NOTA: É também facultativo assinalar com acento agudo a P4 do pretérito perfeito do indicativo dos verbos da primeira conjugação (exs.: eu cantei x nós CANTÁMOS, eu louvei x nós LOUVÁMOS) e a P4 do presente do subjuntivo do verbo *dar* (que nós DÊMOS), que se distinguem dos homógrafos do presente do indicativo (eu canto x nós CANTAMOS, eu louvo x nós LOUVAMOS) e de pretérito perfeito (eu dei x nós DEMOS).

2. DE TONICIDADE (vocábulo tônico X átono): abolido pelo Acordo de 1990, exceção feita à forma verbal **PÔR** (monossílabo tônico), em oposição à preposição POR (monossílabo átono).

3. DE NÚMERO (as formas verbais de P6 terminadas em EM, em oposição às da P3 de igual terminação: verbos TER, VIR e derivados no presente do indicativo).

P6 (3ª p. pl.)	x	P3 (3ª p. sg.)
(eles) têm	x	(ele) tem
(eles) vêm	x	(ele) vem
(eles) detêm, contêm...	x	(ele) detém, contém...
(eles) intervêm, advêm...	x	(ele) intervém, advém...

2.4. Trema

O Acordo Ortográfico de 1990 aboliu o trema das palavras portuguesas, admitindo seu uso apenas em palavras derivadas de nomes próprios estrangeiros: *hübneriano*, *mülleriano*, etc. O desaparecimento do trema gera a obrigatoriedade de se saber distinguir as séries /ge/, /gi/ X /gwe,gu-e/, /gwi, gu-i/ & /ke/, /ki/ X /kwe, ku-e/, /kwi, ku-i/, sem o auxílio gráfico, como em *banguense* e *caguete* (ambos com hiato *u+e*), *Anhanguera* (com ditongo *ue*), *equino* (ouriço, com dígrafo), etc.

2.5. Estrangeirismos

Palavras grafadas em língua estrangeira NÃO recebem acento da língua portuguesa. Quando aportuguesadas, oficial ou oficiosamente, recebem o tratamento da convenção em vigor. Exemplos: jóquei, táxi, *bróder, copirraite, talibã...*

O caso mais especial entre os estrangeirismos é o que envolve os LATINISMOS empregados em nosso léxico. O *VOLP* de 2009 manteve o tratamento quanto aos latinismos: **ACENTUA** *álibi, fórum, harmônium, memorândum, múndi, superávit* e *tônus*. No *PVOLP*, de 1943, à exceção de *múndi* (citado no composto *mapa-múndi*), todos esses vocábulos estavam sem acento. Temos de convir que é até possível considerar que a acentuação atesta o aportuguesamento gráfico de todas essas palavras, exceto obviamente o caso de *superávit*, cuja terminação em T não é vernácula, fato que se comprova com a presença de *deficit* e *habitat* no apêndice do **VOLP** como latinismos.

Para exemplificar como a questão ortográfica é tratada sem uniformidade até pelos lexicógrafos, vejamos algumas acentuações discrepantes encontradas no *Dicionário Aurélio* (versão 7.0, 2010):

COM ACENTO, com o mesmo tratamento das palavras portuguesas: *álibi, déficit* (não registra *défice*, presente no VOLP), *fórum, hábitat, incontinênti, memorândum* (com plural *memorânduns*), *múndi* (no composto *mapa-múndi*), *superávit* e *tônus*.[34]

SEM ACENTO, ainda indicadas como latinismos: *campus* (vinda pelo inglês americano, mas com o plural latino *campi*), *caput, curriculum* (no sintagma *curriculum vitae*, com o plural *curricula vitae*), *deficit* (que remete a *déficit*), *habitat* (que remete a *hábitat*), *magnificat, superavit* (que remete a *superávit*).

---

[34] Seria o caso de perguntar se todas essas palavras têm mesmo a feição portuguesa. Certamente responderíamos que **não** no caso das palavras em T (não são vernáculas) e na forma *múndi*, improdutiva (só ocorre em *mapa-múndi*). O *VOLP* de 2004 colocava *superavit* com acento. No atual, a palavra não é citada.

Quanto à acentuação dessas palavras, o que se observa é a adoção dos novos procedimentos no *VOLP* (tanto na edição de 1981 como na de 1999 e sucessivas). Das palavras citadas acima, estão acentuadas no *VOLP* atual as seguintes: álibi, fórum, memorândum. múndi e tônus. Estão como latinismos (sem acento): *campus, caput, curriculum, deficit, habitat, incontinenti, magnificat*.[35]

Conclui-se que, apesar de a Lei 5.765, de 18 de dezembro de 1971, não ter determinado nenhuma alteração ortográfica em torno dos latinismos em uso no português, isso não foi forte o suficiente para desabonar essas mudanças, oficialmente em vigor. Acrescente-se ainda que o Acordo de 1990, acertadamente, também nada fala sobre a acentuação dos estrangeirismos comuns, referindo-se apenas aos antropônimos e topônimos estrangeiros.

FICHA PRÁTICA DE CONSULTA
PARA ACENTUAÇÃO DAS PALAVRAS DO PORTUGUÊS

ACENTUAÇÃO GRÁFICA Regras Gerais		
	terminados(as) em:	têm acento?
monossíl. tônicos	A(s), E(s), O(s)	SIM
oxítonas	A(s), E(s), O(s); EM, ENS	SIM
paroxítonas	A*(s), E*(s), O*(s); EM, ENS; AM	NÃO*
proparoxítonas	qualquer letra	SIM

* essas terminações não **fazem parte de ditongo (+M)** nem **são nasais.**

ACENTUAÇÃO GRÁFICA Regras Especiais	
1. **Ditongos: éi, éu, ói** (apenas em oxítonas e em monossílabos) 2. **Hiatos:** 1a vg (em ditongo, só nas oxít.) + **Í**(s), **Ú**(s) [sem NH]	3. **Acentos Diferenciais:** a) de timbre: pôde [e fôrma(s), opc.] b) de tonicidade: pôr c) de número: eles (pref.+) têm eles (pref.+) vêm

LATINISMOS: *álibi — fórum — harmônium — memorândum — múndi e tônus.*

EXERCÍCIOS

1. Examine um texto publicado em qualquer jornal ou revista e contabilize as palavras acentuadas e não acentuadas. Depois, divida-as em dois grupos, o das palavras acentuadas porque são proparoxítonas,

---

[35] Os dois plurais latinos (*campi e curricula*) não constam da edição do *VOLP*. No *PVOLP*, de 1943, à exceção de *múndi* (citado no composto *mapa-múndi*), todos os latinismos estavam sem acento.

paroxítonas e oxítonas, e o das palavras não acentuadas. Contabilize os monossílabos tônicos no grupo das oxítonas. Informe, por fim, se há palavras acentuadas que não ficaram agrupadas, identificando a regra em que se enquadram

2. Acentue quando necessário e justifique a presença ou ausência do acento.

1. dor	monossílabo tônico em R.	
2. Belem	_____ em EM.	
3. orfão	paroxítona em _____ .	
4. saindo	hiato: há letra diferente de _____ na sílaba do _____ .	
5. sos	monossílabo _____ em ___ .	
6. eloquente	paroxítona em _____ .	
7. fisico	_____	
8. fenix	paroxítona em _____ .	
9. voo	paroxítona em _____ .	
10. protons	paroxítona em _____ .	
11. revolver (subst.)	_____ em R.	
12. revolver (verbo)	_____ em R.	
13. album	_____ em UM.	
14. algum	_____ em UM.	
15. (eles) vem	acento _____ de número (P6).	
16. caju	_____ em U.	
17. puni-lo	puni: _____ em I + lo: monossílabo átono.	
18. vintens	_____ em ENS.	
19. hifens	_____ em ENS.	
20. volei	_____ em ditongo.	
21. assembleia	ditongo EI aberto em palavra _____ .	
22. por (verbo)	acento diferencial de _____ .	
23. nivel	paroxítona em _____ .	
24. enjoa	paroxítona em _____ .	
25. enjoa-la	enjoa: oxítona em ____ + la: monossílabo átono.	
26. hipopotamo	_____	
27. pode (pret. perf.)	acento _____ de _____ .	
28. antena	_____ em ___ .	
29. pier	_____ em ___ .	
30. chapeu	_____ EU aberto em palavra _____ .	
31. triunfo	hiato: _____ .	
32. giz	monossílabo _____ em ___ .	
33. amor	_____ em ___ .	
34. torax	_____ em ___ .	
35. Coimbra	hiato: _____ .	
36. emporio	_____ em ___ .	
37. favor	_____ em ___ .	
38. virus	_____ em ___ .	
39. ruina	hiato: _____ .	
40. nu	_____ em ___ .	
41. trai-los	trai: hiato: _____ + los: monossílabo átono.	
42. calor	_____ em ___ .	
43. taxi	_____ em ___ .	
44. ruiu	hiato: _____ OU ditongo _____ .	
45. vi	_____ em ___ .	

100 FONÉTICA, FONOLOGIA E ORTOGRAFIA

46. quiosque _____ em ___.
47. gas _____ em ___.
48. jilo _____ em ___.
49. juri _____ em ___.
50. odio _____ em ___.
51. coroo paroxítona em ___.
52. som _____ em ___.
53. anzol oxítona em L.
54. sotão _____ em ___.
55. enjoa _____ em ___.
56. mundi latinismo acentuado.
57. Jau (SP) hiato: _____.
58. jacaranda _____ em ___.
59. surdez _____ em ___.
60. fregues _____ em ___.
61. alvara _____ em ___.
62. cascavel _____ em ___.
63. descreem _____ em EM.
64. o caos _____ em ___.
65. saci _____ em ___.
66. historia _____ em ___.
67. pudico _____ em ___.
68. animais _____ AI.
69. martir _____ em ___.
70. quinquenio paroxítona em ___.
71. salva-las salva: _____ em ___ + las: monossílabo átono.
72. Marajo _____ em ___.
73. quimica _____
74. benção _____ em ___.
75. cafe _____ em ___.
76. manda-lo-a manda: oxítona em ___ + lo: monos. átono + a: monos. tônico em A.
77. distinguir oxítona em _____.
78. sozinho _____ em O.
79. requiem _____.
80. ponei _____ em ___.
81. extinguir _____ em R.
82. forceps _____ em ___.
83. linguiça _____ em A.
84. bombons _____ em ___.
85. ha _____ em ___.
86. portugues _____ em ___.
87. amaveis _____ em ___.
88. pinguim _____ em IM.
89. joquei _____ em ditongo.
90. semen _____ em ___.
91. reu ditongo ___ aberto em monossílabo.
92. mingau ditongo ___.
93. atraves _____ em ___.
94. o cla _____ em ___.

Acentuação Gráfica   101

95. (ele) compos	_____	em	.
96. campos	_____	em	.
97. campus	latinismo		.
98. amavamos	_____		.
99. desagua	_____	em	.
100. refem	_____	em	.
101. Lucia	_____	em	.
102. Tais	hiato: o	está acompanhado de	.
103. Meier	_____	em	.
104. Nelson	_____	em	.
105. Cesar	_____	em	.
106. Rubens	_____	em	.
107. Antonio	_____	em	.
108. Vera	_____	em	.
109. Hipolito	_____		.
110. Raul	hiato: há letra diferente de	na sílaba do	.

3. Assinale as alternativas em que a oposição apresentada caracteriza o **1º vocábulo** como exemplo de acento diferencial.

   a. ( ) **está**   X   esta.
   b. ( ) **pôr**   X   por.
   c. ( ) **nós**   X   nos.
   d. ( ) **Pará**   X   para
   e. ( ) **dó**   X   do.
   f. ( ) **têm**   X   tem.
   g. ( ) **é**   X   e.
   h. ( ) **intervêm**   X   intervém.
   i. ( ) **sabiá**   X   sábia.
   j. ( ) **pôde**   X   pode.

4. Em 2001, o caderno Ataque do jornal *O Dia*, do Rio de Janeiro, publicou no dia seguinte ao da terceira vitória de Gustavo Kuerten numa final do torneio de Roland Garros, na França, esta manchete:

Interprete a grafia acentuada no nome do nosso tenista.

5. Identifique, dentre as afirmações abaixo, a(s) que apresenta(m) erro, corrigindo-a(s).

   (a) Os acentos diferenciais só têm razão de ser em virtude da HOMONÍMIA.

   (b) O trema dos grupos QÜE/QÜI e GÜE/GÜI foi abolido na reforma ortográfica de 1990.

   (c) O acordo ortográfico suprimiu o acento diferencial de PÁRA e de PÔR, dois verbos homônimos de preposições.

102 FONÉTICA, FONOLOGIA E ORTOGRAFIA

(d) O acento GRAVE é empregado apenas nas indicações de CRASE, ao passo que o TIL, indicador de NASALIDADE, eventualmente marca a TONICIDADE.

(e) Para que seja possível acentuar ou não um vocábulo é indispensável saber, além de seu significado, sua correta pronúncia.

(f) Na língua portuguesa, se um vocábulo recebe acento em sua forma singular, recebê-lo-á igualmente em sua forma plural. Exemplos: álbum>álbuns, mocotó/mocotós.

(g) As formas CONVÊM (verbo CONVIR) e REVÊ (verbo REVER) são exemplos de acento diferencial.

(h) O acento diferencial é aquele que não pode ser explicado por nenhuma regra de acentuação.

(i) O acento GRAVE indicador de sílaba subtônica (em palavras derivadas com –*mente* ou com sufixo iniciado por –z) foi abolido pela Lei no 5.765, de 18 de dezembro de 1971.

(j) O Decreto que promulgou o Acordo de uniformização ortográfica previa, inicialmente, uma fase de transição até 31 de dezembro de 2012, para os oito países signatários.

6. Agrupe os vocábulos abaixo conforme a regra de acentuação, expondo-a.

   a. ônibus.   b. coronéis.   c. chapéus.   d. graúna.
   e. Rosângela.   f. venderíamos.   g. fôrma (do bolo) h. aí.
   i. nêutron.   j. norueguês.   l. rapé.   m. Camboriú.
   n. ônix   o. bíceps.   p. Paquetá.   q. fórum.
   r. Niterói.   s. caíssemos.   t. influí.   u. (eles) detêm.

7. Escreva as frases abaixo no plural:

   a. O juiz sofreu novo revés na corte.
   b. O papel encomendado contém erro.
   c. Eu perguntei quando você para com esse serviço.
   d. A vendedora não crê que é ele que vem ali com o anzol.
   e. O pé do menino não aparecerá no pôster.

8. A palavra que precisa ser acentuada graficamente para estar correta quanto às normas em vigor está destacada na seguinte frase:

   (A) Todo pesquisador **tem** o desejo de conseguir uma bolsa.
   (B) Os universitários **veem** as bibliotecas como uma ótima fonte de apoio.
   (C) Alguns professores gostam de **superpor** temas sociais com temas literários.
   (D) Para revisar o texto antes de publicar, cada autor o **rele** várias vezes.
   (E) Alguns setores da sociedade **constroem** seus conceitos sem fazer reflexões.

9. O personagem da novela diz: "Eu ainda me lembro de quando demos o braço e saímos andando por este mundo." A única palavra acentuada desse trecho é "saímos", cujo acento é aplicado pela mesma regra ortográfica que nos obriga a acentuar as seguintes palavras:

   (A) açaí – baú – traíssem.
   (B) babalaô – iaiá – tiê.
   (C) beleléu – caubói – decibéis.

Acentuação Gráfica   103

(D) álcool – fêmur – ônix.

(E) clínico – sofrível – íbis.

10. Observe os cinco primeiros versos da letra de "Rosa dos Ventos", canção de Chico Buarque: "E do amor gritou-se o escândalo/Do medo criou-se o trágico/No rosto pintou-se o pálido/E não rolou uma lágrima/ Nem uma lástima para socorrer." Para terminar seus versos, o autor deu preferência a palavras:

(A) átonas.

(B) oxítonas.

(C) paroxítonas.

(D) proparoxítonas.

(E) sem tonicidade.

CHAVE DE RESPOSTAS

1. Embora os números sejam variáveis, os percentuais a serem encontrados devem colocar as palavras oxítonas e paroxítonas bem à frente das proparoxítonas e das que têm acento por outro motivo.

2. 1. dor = monossílabo tônico em R; 2. Belém = oxítona em EM; 3. órfão = paroxítona em ditongo; 4. saindo = hiato: há letra diferente de S na sílaba do I; 5. sós = monossílabo tônico em O(s); 6. eloquente = paroxítona em E; 7. físico = proparoxítona; 8. fênix = paroxítona em X; 9. voo = paroxítona em O; 10. prótons = paroxítona em ONS; 11. revólver (subst.) = paroxítona em R; 12. revolver (verbo) = oxítona em R; 13. álbum = paroxítona em UM; 14. algum = oxítona em UM; 15. (eles) vêm = acento diferencial de número (P6); 16. caju = oxítona em U; 17. puni-lo = puni: oxítona em I + lo: monossílabo átono; 18. vinténs = oxítona em ENS; 19. hifens = paroxítona em ENS; 20. vôlei = paroxítona em ditongo; 21. assembleia = ditongo EI aberto em palavra paroxítona; 22. pôr (verbo) = acento diferencial de tonicidade; 23. nível = paroxítona em L; 24. enjoa = paroxítona em A; 25. enjoa-la = enjoá: oxítona em A + la: monossílabo átono; 26. hipopótamo = proparoxítona; 27. pôde (pret. perf.) = acento diferencial de timbre; 28. antena = paroxítona em A; 29. píer = paroxítona em R; 30. chapéu = ditongo EU aberto; 31. triunfo = hiato: há letra diferente de S na sílaba do U; 32. giz = monossílabo tônico em Z; 33. amor = oxítona em R; 34. tórax = paroxítona em X; 35. Coimbra = hiato: há letra diferente de S na sílaba do I; 36. empório = paroxítona em ditongo; 37. favor = oxítona em R; 38. vírus = paroxítona em US; 39. ruína = hiato: o I está sozinho na sílaba; 40. nu = monossílabo tônico em U; 41. traí-los = trai: hiato: o I está sozinho na sílaba + los: monossílabo átono; 42. calor = oxítona em R; 43. táxi = paroxítona em I; 44. ruiu = hiato: há letra diferente de S na sílaba do I / OU ditongo IU; 45. vi = monossílabo tônico em I; 46. quiosque paroxítona em E (o U dos grupos não é pronunciado); 47. gás = monossílabo tônico em AS; 48. jiló = oxítona em O; 49. júri = paroxítona em I; 50. ódio = paroxítona em ditongo; 51. coroo = paroxítona em O; 52. som = monossílabo tônico em M; 53. anzol = oxítona em L; 54. sótão = paroxítona em ditongo; 55. enjoa = paroxítona em A; 56. múndi = latinismo acentuado; 57. Jaú (cidade de SP) = hiato: o U está sozinho na sílaba; 58. jacarandá = oxítona em A; 59. surdez = oxítona em Z; 60. freguês = oxítona em ES; 61. alvará = oxítona em A; 62. cascavel = oxítona em L; 63. descreem = paroxítona em EM; 64. o caos = paroxítona em OS; 65. saci = oxítona em I; 66. história = paroxítona em ditongo; 67. pudico = paroxítona em O; 68. animais = ditongo AI; 69. mártir = paroxítona em R; 70. quinquenio = paroxítona em ditongo; 71. salvá-las = salvá: oxítona em A + las: monossílabo átono; 72. Marajó = oxítona em O; 73. química = proparoxítona; 74. bênção = paroxítona em ditongo; 75. café = oxítona em A; 76. mandá-lo-á = mandá: oxítona

em A + lo: monossílabo átono + á: monossílabo tônico em A; 77. distinguir = oxítona em R; 78. sozinho = paroxítona em O; 79. réquiem = proparoxítona; 80. pônei = paroxítona em ditongo; 81. extinguir = oxítona em R; 82. fórceps = paroxítona em PS; 83. linguiça = paroxítona em A; 84. bombons = oxítona em NOS; 85. há = monossílabo tônico em A; 86. português = oxítona em ES; 87. amáveis = paroxítona em ditongo; 88. pinguim = oxítona em IM; 89. jóquei = paroxítona em ditongo; 90. sêmen = paroxítona em EN; 91. réu = ditongo EU aberto em monossílabo; 92. mingau = ditongo AU; 93. através = oxítona em ES; 94. o clã = monossílabo tônico em A (nasal); 95. (ele) compôs = oxítona em OS; 96. campos = paroxítona em OS; 97. campus = latinismo não acentuado; 98. amávamos = proparoxítona; 99. deságua = paroxítona em ditongo; 100. refém = oxítona em EM; 101. Lúcia = paroxítona em ditongo; 102. Taís = hiato: o I está acompanhado de S; 103. Méier = paroxítona em R; 104. Nélson = paroxítona em N; 105. César = paroxítona em R; 106. Rubens = paroxítona em ENS; 107. Antônio = paroxítona em ditongo; 108. Vera = paroxítona em A; 109. Hipólito = proparoxítona; 110. Raul = hiato: há letra diferente de S na sílaba do U.

3. São exemplos de acento diferencial: b (pôr), f (têm), h (intervêm) e j (pôde).

4. O apelido do tenista é GUGA (palavra paroxítona – a sílaba tônica é GU), mas o jornal colocou um acento agudo para mudar a posição da sílaba tônica da palavra, que deve ser lida como oxítona (agora, a sílaba tônica é GA). A manchete começa com uma interjeição tipicamente francesa (ulalah!), para reforçar a intenção do jornalista de valorizar a conquista do nosso tenista em quadras francesas. Daí, sua ideia de "afrancesar" a palavra GUGA. Como, em francês, as palavras são predominantemente oxítonas, a solução foi transformar a palavra paroxítona de nossa língua em oxítona. Ela ficou com "jeito" de palavra francesa. Conclusão: Guga, bicampeão de um torneio na França, já pode se considerar "cidadão honorário de Paris" (ou algo assim). Tanto que até seu nome já tem uma pronúncia francesa... Mas... para fazer com que o leitor brasileiro pudesse entender todos os significados implícitos dessa manchete, o jornalista teve de seguir uma velha regrinha de acentuação gráfica do português: *acentuam-se as palavras oxítonas terminadas em A.*

5. Há erro nas afirmações C (o acento de *pôr* não foi suprimido), E (só é indispensável saber sua pronúncia), F (é irrelevante a palavra estar no singular ou no plural: *caracol-caracóis, hífen-hifens*), G (o acento de REVÊ não é diferencial, mas ocorre por ser palavra oxítona em E) e J (a fase de transição citada só era válida para o Brasil).

6. Grupo das proparoxítonas: A, E, F e S; Grupo dos ditongos abertos: B, C e R; Grupo dos hiatos com I ou U: D, H, M e T; Grupo dos acentos diferenciais: G e U; Grupo das paroxítonas: I, N, O e Q; Grupo das oxítonas: J, L e P.

7. (a) Os juízes sofreram novos reveses nas cortes; (b) Os papéis encomendados contêm erros; (c) Nós perguntamos quando vocês param com esses serviços; (d) As vendedoras não creem que são eles que vêm ali com os anzóis; (e) Os pés dos meninos não aparecerão nos pôsteres.

8. D

9. A

10. D

Emprego do Acento Grave (Indicativo de Crase)[36]

A crase é um fenômeno fonético caracterizado pela contração de duas vogais iguais. Em português, o ACENTO GRAVE indica que houve contração de duas vogais A:

o 1º A é sempre uma preposição

o 2º A { ou é um artigo
ou é um pronome demonstrativo
ou é a letra inicial do pronome "aquele, a(s)/aquilo"

1. REGRA GERAL

Caso exista a preposição (a mais relevante das duas vogais A em contração), basta substituí-la por outra preposição para verificar se ocorre ou não a crase.
Exemplos:

(a) *Pedi ajuda* às pessoas de bem.

- Existe preposição? **Sim**, porque quem pede, pede algo A alguém.

- Existe crase? **Sim**, porque podemos, usando outra preposição, verificar que existe um segundo A (artigo): Por exemplo, o verbo **contar** (contar COM AS pessoas de bem).

OU podemos, usando um masculino no lugar do feminino, verificar que existe um segundo A (artigo): Por exemplo: **cidadãos** (Pedi ajuda AOS cidadãos de bem).

---

[36] O acento grave é um sinal gráfico que indica a crase, fenômeno fonético resultante da ação da regência verbal ou nominal. Em suma, o assunto reúne ortografia, fonética, morfologia e sintaxe.

(b) *Não irei* à Paraíba, pois tenho *de dirigir-me a São Paulo.*

- Existe preposição? **Sim**, depois do verbo **ir** (quem vai, vai A algum lugar) e depois do verbo **dirigir-se** (quem se dirige, dirige-se A algum lugar).

- Existe crase? Apenas na 1º oração (porque existe um segundo A: **cf**. voltei DA Paraíba), já que na 2º oração só existe um A (**cf**. voltei DE São Paulo).

(c) *São duas cabines: ignore a da direita e se encaminhe* à da esquerda.

- Existe preposição? **Sim**, mas apenas depois do verbo **encaminhar-se** (quem se encaminha, se encaminha A algum lugar), pois quem ignora, ignora algo (sem preposição).

- Existe crase? Apenas na última oração (porque existe um segundo A: **cf**. se encaminhe A+ESSA da esquerda), já que na anterior só existe um A (**cf**. ignore ESSA da direita OU pensei NA da direita).

(d) *Informei o fato àquelas* autoridades.

- Existe preposição? **Sim**, porque quem informa, informa algo A alguém.

- Existe crase? **Sim**, porque temos A (prep.) + Aquelas (= A estas/essas autoridades).

2. CASOS ESPECIAIS

a) Nas locuções adverbiais propriamente ditas (ou desviadas de função), o acento grave:

→ é **recomendável** (pois evitará qualquer possibilidade de ambiguidade) — se houver palavra feminina no singular (à tarde, à espreita, à noite);

→ é **obrigatório** — se houver palavra feminina no plural (às escondidas, às vezes) ou masculina com sentido de "à moda de" (à Luís XV, à Camões, à Bangu).

b) Também é **obrigatório** o uso do acento grave:

→ diante dos relativos "a qual, as quais", se houver preposição.

Exemplo: Visitei as atletas brasileiras, às quais tudo era oferecido (porque existe preposição: **cf**. algo é oferecido A alguém).

→ diante dos pronomes de tratamento "senhora, madame, dona", se houver preposição.

Exemplo: Pedi ajuda à madame (porque existe preposição: cf. pedir algo A alguém)

→ diante do pronome relativo "que" antecedido de A(s), se o A indicar feminino e houver preposição.

Exemplo: Doarei o livro às que se destacaram (porque existe preposição: cf. uma pessoa doa algo A alguém / e porque o A também indica feminino = aquelas)

→ com a palavra "hora" nos adjuntos adverbiais de tempo, mas só se houver uma indicação de "hora certa".

Emprego do Acento Grave (Indicativo de Crase) 107

Exemplos: Estarei lá às duas horas. → "hora certa"

Só viajarei daqui a duas horas. → "hora não identificada"

c) É **proibitivo** o uso de acento grave:

→ diante do relativo *cuja(s)*.

Exemplo: Serão sorteados os alunos a cujas famílias doaremos uma cesta de Natal.

→ diante das palavras casa (= o próprio lar) e terra (em oposição a bordo)

Exemplos:

Após o almoço vou a casa buscar uma pasta e volto. → o próprio lar

Após o almoço vou à casa do chefe buscar uma pasta e volto. → casa de outrem

Marinheiros finalmente descem a terra depois de longa expedição. → X bordo

Marinheiros poderão voltar à terra natal para rever seus parentes. → ~~X bordo~~

→ diante de pronomes de tratamento (não confundir com outras formas de tratamento).

Exemplos:

Pediremos a Vossa Senhoria que expulse os jogadores violentos.

Darei à senhora as devidas explicações. → não é pronome de tratamento

NOTAS:

a) Na correlação "de... a....", só haverá acento grave se a preposição "de" estiver combinada a artigo.
Exemplos:
Visitas apenas das (de+as) dez às (a+as) doze horas.
Leia no máximo de vinte a trinta páginas por dia.
Entendi da (de+a) primeira à (a+as) última linha.

b) Sobre o acento grave antes da palavra DISTÂNCIA, há controvérsias. Muitos livros dizem que (quando sozinha, sem delimitação) "distância" não tem artigo. Os mesmos autores, porém, recomendam que se use o acento em locuções femininas para evitar ambiguidade (o que poderia nos levar a escrever "ensino à distância", MAS "educação a distância").

Note-se que os cursos oferecidos online têm sido chamados de EaD (ou EAD — não se vê EàD como sigla), embora se possa encontrar a grafia "ensino à distância".

Optamos aqui por recomendar o uso do acento na locução "**à distância**" para garantir que nunca haverá ambiguidade — ainda amparado pelos ensinamentos gramaticais de que em "locução feminina no singular" é facultativo o uso de tal acento.

Lembrando que em matéria de acento grave não cabe nenhuma lei ortográfica (o assunto é de acento, mas é também de regência, e aí vale tanto a opinião de um

108 FONÉTICA, FONOLOGIA E ORTOGRAFIA

gramático que fala que DISTÂNCIA sem delimitação não tem acento, mas também a de outro, que acha que DISTÂNCIA tem de ter o mesmo tratamento de qualquer palavra feminina, pois admite artigo). Acrescento, por fim, que no caso dessas locuções femininas não cabe a troca de feminino por masculino (andar a esmo x andar à solta).

c) A preposição ATÉ pode, opcionalmente, estar seguida da preposição A. Assim, é correto escrever "Vou até **o** banheiro (ou **ao** banheiro)" e, consequentemente, "Vou até **a** cozinha (ou **à** cozinha)".

Sintetizando

ACENTO INDICATIVO DE CRASE

Para saber se há ou não **acento de crase**, é preciso ser capaz de responder às seguintes perguntas:

→ EXISTE PREPOSIÇÃO? Se a resposta for **NÃO**, é porque não há crase.
Mas, se a resposta for SIM, então continue respondendo, de acordo com as hipóteses:
1a) EXISTEM ARTIGO E SUBSTANTIVO FEMININO?
   Resp.: **Sim**, como em "Entreguei o livro **à(s)** professora(s)" ← SG+SG ou PL+PL
2ª) EXISTE NOME DE LUGAR COM ARTIGO?
   Resp.: **Sim**, como em "Dirijo-me **à** Suíça" ← dirijo-me A... = volto DA...
3ª) EXISTE PRONOME DEMONSTRATIVO FEMININO?
   Resp.: **Sim**, como em "Dei o livro **à(s)** que eu conheço" ← à(s) = a + essa(s)
4ª) EXISTE PRONOME DEMONSTRATIVO DA SÉRIE "aquele,a(s), aquilo"?
   Resp.: **Sim**, como em "Dei o livro **àqueles** que eu conheço" ← àqueles = a + estes

Particularidades:
- Coloca-se acento de crase em *locuções adverbiais femininas* (incluindo "moda" subentendida, "hora" certa e "distância");
- Não se coloca acento de crase antes de "casa" (= lar), de "terra" (x bordo) e de pronomes de tratamento com "vossa" e "sua";
- A preposição "até" pode ser acompanhada da preposição A, o que resulta no uso facultativo de acento de crase, p. ex., em "até a/à praia".

E X E R C Í C I O S

1. Empregue, quando necessário, o acento da crase diante dos TOPÔNIMOS (nomes de lugares).

   a) Nas férias, irei a Portugal, a Inglaterra e a Itália.

   b) Para aperfeiçoar seus estudos, dirigiu-se a Alemanha e a Porto Rico.

   c) Sempre me refiro a Atenas dos deuses mitológicos.

   d) Fizemos alusão a Paris, a Roma e a Atenas.

   e) Visitarei a França e a Austrália, mas antes irei a Bulgária e a Dinamarca.

2. Empregue o acento da crase quando necessário.

   a) Diante dos adjuntos adverbiais.

      - Não vendemos a prazo; só a vista.

Emprego do Acento Grave (Indicativo de Crase) 109

- As vezes, alguns precisam viver as custas dos pais.
- A guisa de experiência, navegaram a mercê das ondas.
- Escrevo a lápis textos a Machado de Assis.
- Sempre ando a cavalo quando estou a toa.

b) Diante de "quem", "cujo", "a qual", as quais".

- Responderei a quem desejar explicação mais minuciosa.
- Encontrei a conta do aluno a cujo pai enviaste a cobrança.
- As leis as quais obedecemos são iguais para todos.
- Refiro-me a você, e não as que foram citadas anteriormente.

c) Diante de formas de tratamento.

- Fizeram ótimas referências a V. Exª.
- Ofereci minha mão a senhora, com todo o respeito.
- Já pedi a V. Rev^{ma} que devolvesse os documentos dos paroquianos.

d) Diante de "casa", "terra".

- Voltarei, um dia, a casa dos meus sonhos.
- Espere-me que irei a casa falar com meus pais.
- Os astronautas regressaram a Terra com muitos registros científicos.
- Os marinheiros foram a terra durante sua folga.

3. Coloque o acento da crase, quando necessário.

a) *Iremos* a cidade.
   as cidades históricas.
   aquelas lojas.
   a este teatro.
   a uma festa.
   a outras cavernas.

b) *Dirijo-me* a ti.
   a esta turma.
   a alunas atentas.
   a quem saiu.
   a que saiu.
   aquilo.

c) *Comecei* a escrever
   a explicação.
   as cinco horas.
   a viagem.

d) *Perdoei* a falta a este jovem.
   aquela garota.
   a todas as alunas.
   tudo as pressas.

e) *Dei* o livro a João.
   a querida professora.
   as colegas.
   a colegas inteligentes.

f) *Voltarei* a força de muito sacrifício.
   a terra natal.
   a casa para almoçar.
   as carreiras.

4. Um funcionário digitou o texto abaixo supondo que a reforma ortográfica aboliu todos os acentos de nossa língua, exceto o til. Como sua suposição foi errônea, cabe agora consertá-lo.

   A tranquilidade e um tema de incrivel importancia em epoca como a que vivemos. So a custa de varias e meritorias campanhas, porem, poderiamos trazer a tona algumas ideias sobre o sossego e a paz da humanidade.
   E muito frequente vermos pessoas que almejam a liberdade do voo dos passaros ou que buscam o enlevo dos orgãos das capelas medievais. Cabe aqueles que sofrem contaminar as outras criaturas

110 FONÉTICA, FONOLOGIA E ORTOGRAFIA

de suas ansias, pois quando cada um argui seu semelhante acerca de suas responsabilidades, todos lucram. Precisamos tirar o veu da inoperancia e ver se contribuimos ou não para por ordem neste caos.

Uma tenue e debil pelicula de amor as vezes reune as ultimas forças de um individuo impedindo-o de se transformar num cadaver ambulante e fazendo-o aguentar os polos mais negativos de sua existencia. Se ele se entregasse a sorte, provavelmente sucumbiria a mingua.

Nos deveriamos nos referir mais as nossas raizes e menos as de outros povos; talvez conseguissemos atacar o problema mais a fundo. Todavia, a força de inumeros conflitos socioeconomicos, acabamos sendo levados a constrangedoras situações, a que a bem da verdade nos expusemos.

Uma bola de neve não para a não ser apos percorrer toda a caminhada. Um jacare fora de seu habitat certamente não sobrevive. Os cajus e os abacaxis são frutas otimas, mas podem causar problemas a pele. Um reu sem alibi pode acabar condenado, mesmo inocente. Assim, o homem precisa deixar de lado sua ambição irresistivel e se dedicar a vida e a preservação da especie. Ele precisa distinguir seu papel na natureza, passo a passo, agindo as claras, e nunca as cegas.

Não importa que estejamos a leguas ou a centimetros de distancia. Agir a esmo não da certo. A solução, caso queiramos encontra-la para possui-la, esta no dia a dia, no amor a vida e na vitoria da paz.

Afundar no pantano e a outra opção, a qual muitos se encaminham, inexoravelmente. Lutemos a plenos pulmões para salva-los, precisamos bani-los da escalada da violencia a fim de que a coletividade prevaleça solida e resolutamente. Ainda ha tempo, a partir de agora, ate a hora do Juizo Final. Não se trata de sermos panfletarios; muito pelo contrario, somos a favor da tradição apaziguadora do homem.

Todas estas palavras vem a mente e a boca, hoje, enaltecendo a tranquilidade, na esperança de que todos os que leem estas linhas sejam solidarios. E, quando no amanha nos encontrarmos definitivamente, poderemos assistir a gloria da raça humana.

5. Compare o texto da questão 4 com o texto de jornal ou revista utilizado no primeiro exercício do capítulo anterior e comente suas características discursivas à luz dos mesmos dados numéricos sobre a presença de acentos de tonicidade. Comente também as consequências da retirada dos acentos de crase.

6. Qual o nome do acento gráfico que indica, na língua portuguesa, a existência de crase entre dois AA?

7. Um colecionador de cartazes fotografou cinco placas, todas com a indicação do acento de crase, mas uma delas estava com erro nesse acento. Assinale-a.

   (A) ANGU À MINEIRA (cardápio de restaurante)

   (B) PEIXE À MODA DA CASA (cardápio de restaurante)

   (C) SUJEITO À GUINCHO (mensagem aos motoristas)

   (D) OBRAS À FRENTE (mensagem aos motoristas)

   (E) BEM-VINDO À BAHIA (mensagem aos passageiros)

8. Um estudante distraído ouviu dizer que o acento grave só se coloca na vogal A, e concluiu apressadamente que todo A deveria receber acento de crase. O resultado de sua suposição errônea está reproduzido nas cinco frases abaixo, em que apenas uma opção está totalmente correta quanto ao uso do acento de crase. Assinale-a.

   (A) Irei à estação para assistir à chegada das pessoas que vêm para cá à procura de sossego.

   (B) Elas saíram à rua e viram à força das águas transbordantes derrubando às cercas.

   (C) Coloquei à venda para andar às cegas em meio às bolas de gás que enfeitavam o quintal.

   (D) De terça à sexta, acorriam turistas à beça à fábrica de charutos, à única atração da cidade.

   (E) À espera de nós estava um pão à metro ou uma posta de bacalhau, à critério de cada um.

Emprego do Acento Grave (Indicativo de Crase)

9. Corrija os erros no emprego do acento grave.

   a) Solicito à todos a observância deste regulamento.

   b) Somos obrigados à comparecer à cerimônia a partir dos dez anos.

   c) À uma hora, iremos à Tijuca assistir à chegada de nossos primos.

   d) Aqui vendemos comida à quilo, mas não é preciso comer à jato.

   e) À fim de evitar à fraude, a diretora é a pessoa indicada a assinar às carteiras, mas à mão.

10. Uma canção de Roberto Carlos e Erasmo Carlos utiliza, no título, a palavra "distância" precedida de um A. Examine sua letra e explique se é correto o entendimento de que o A é um artigo ou é uma preposição (aqui, caberia o emprego do acento de crase).

CHAVE DE RESPOSTAS

1. a) ... irei a Portugal, à Inglaterra e à Itália; b) ... dirigiu-se à Alemanha e a Porto Rico; c) ... me refiro à Atenas dos deuses mitológicos; d) ... alusão a Paris, a Roma e a Atenas; e) Visitarei a França e a Austrália, mas antes irei à Bulgária e à Dinamarca.

2. Há acento de crase em (a) à vista; às vezes, às custas dos pais; à guisa de experiência, à mercê das ondas; à (maneira de) Machado de Assis; à toa; (b) às quais obedecemos; e não às que foram citadas; (c) ofereci à senhora; (d) à casa dos meus sonhos, regressaram à Terra.

3. Há acento de crase em (a) iremos: à cidade, às cidades históricas, àquelas lojas; (b) Refiro-me à que saiu, àquilo; (c) Comecei às duas horas; (d) Perdoei a falta àquela garota, às pressas; (e) Dei o livro à querida professora, às colegas; (f) Voltarei à noite, à terra natal, às carreiras.

4. A tranquilidade é um tema de incrível importância em época como a que vivemos. Só à custa de várias e meritórias campanhas, porém, poderíamos trazer à tona algumas ideias sobre o sossego e a paz da humanidade.

   É muito frequente vermos pessoas que almejam a liberdade do voo dos pássaros ou que buscam o enlevo dos órgãos das capelas medievais. Cabe àqueles que sofrem contaminar as outras criaturas de suas ânsias, pois quando cada um argui seu semelhante acerca de suas responsabilidades, todos lucram. Precisamos tirar o véu da inoperância e ver se contribuímos ou não para pôr ordem neste caos.

   Uma tênue e débil película de amor às vezes reúne as últimas forças de um indivíduo impedindo-o de se transformar num cadáver ambulante e fazendo-o aguentar os polos mais negativos de sua existência. Se ele se entregasse à sorte, provavelmente sucumbiria à míngua.

   Nós deveríamos nos referir mais às nossas raízes e menos às de outros povos; talvez conseguíssemos atacar o problema mais a fundo. Todavia, à força de inúmeros conflitos socioeconômicos, acabamos sendo levados a constrangedoras situações, a que a bem da verdade nos expusemos.

   Uma bola de neve não para a não ser após percorrer toda a caminhada. Um jacaré fora de seu habitat certamente não sobrevive. Os cajus e os abacaxis são frutas ótimas, mas podem causar problemas à pele. Um réu sem álibi pode acabar condenado, mesmo inocente. Assim, o homem precisa deixar de lado sua ambição irresistível e se dedicar à vida e à preservação da espécie. Ele precisa distinguir seu papel na natureza, passo a passo, agindo às claras e nunca às cegas.

   Não importa que estejamos a léguas ou a centímetros de distância. Agir a esmo não dá certo. A solução, caso queiramos encontrá-la para possuí-la, está no dia a dia, no amor à vida e na vitória da paz.

Afundar no pântano é a outra opção, à qual muitos se encaminham, inexoravelmente. Lutemos a plenos pulmões para salvá-los, precisamos bani-los da escalada da violência a fim de que a coletividade prevaleça sólida e resolutamente. Ainda há tempo, a partir de agora, até a hora do Juízo Final. Não se trata de sermos panfletários; muito pelo contrário, somos a favor da tradição apaziguadora do homem.

Todas estas palavras vêm à mente e à boca, hoje, enaltecendo a tranquilidade, na esperança de que todos os que leem estas linhas sejam solidários. E, quando no amanhã nos encontrarmos definitivamente, poderemos assistir à glória da raça humana.

5. Os números agora serão inteiramente diferentes: o que era minoria virou maioria. Eles revelam no caso do exercício 5 que a real motivação do redator não era o conteúdo, e fica evidente que seu interesse era reunir uma grande quantidade de palavras acentuadas. Isso fez com que o texto ficasse, no mínimo, artificial. A retirada dos acentos de crase gera inúmeras ambiguidades.

6. Acento GRAVE.

7. C.

8. A. Nas outras frases, só estão corretas as locuções (b) à rua; (c) às cegas, às bolas; (d) à beça, à fábrica; (e) à espera.

9. Só há acento de crase em b) à cerimônia; c) À uma hora, à Tijuca, à chegada; (e) à mão.

10. A letra da canção diz "Nunca mais você ouviu falar de mim, / Mas eu continuei a ter você. / Em toda esta saudade que ficou / Tanto tempo já passou e eu não te esqueci. / Quantas vezes eu pensei voltar / E dizer que o meu amor nada mudou, / Mas o meu silêncio foi maior / E na distância morro / Todo dia sem você saber. / (...) Se alguma vez você pensar em mim, / Não se esqueça de lembrar / Que eu nunca te esqueci."

O título oficial da canção não emprega o acento de crase, o que permite que se entenda "a distância" (com artigo apenas), ou seja, "o afastamento, a separação". Mas também se pode interpretar que o título significa "ao longe", "na distância" (como consta em um de seus versos), e nesse caso o A é uma preposição. Lembremos que, nas locuções femininas no singular, o acento de crase só é opcional quando não há risco de ambiguidade.

11

Grafia de Vogais e Consoantes

Como a grafia dos vocábulos portugueses não obedece a um critério uniforme, embora prevaleça o aspecto fonético sobre o etimológico, é praticamente impossível fixar regras absolutas para o emprego de vogais e consoantes. Isso frustra qualquer tentativa de sistematização mais ampla. Por esse motivo, é recomendável ter à mão no ambiente de estudo ou trabalho uma edição atualizada do *Vocabulário Ortográfico da Língua Portuguesa*, publicado pela Academia Brasileira de Letras — obra de referência oficial de nossa ortografia. Os dicionários não são a fonte oficial de nossa ortografia. Por estranho que pareça, eles às vezes registram grafias não oficiais, como são os casos dos latinismos (já citados) e de outros estrangeirismos. Os dicionários eletrônicos mais sofisticados oferecem, porém, os quadros completos de conjugação dos verbos, o que ajudará no esclarecimento de dúvidas ortográficas e flexionais.

Apesar disso, é possível expor pequenas regras de caráter geral, que podem ajudar a resolver algumas das dúvidas mais comuns.

1. GRAFIA DE VOGAIS

E x I
— Verbos da 3ª conjugação terminados em UIR e verbos da 1ª conjugação em UAR seguem modelos diferentes.
Exemplos:
POSSUIR — tu possuis, ele possui...
ATRIBUIR — tu atribuis, ele atribui...
ATUAR — tu atues, ele atue...
CONTINUAR — tu continues, ele continue...
— Verbos terminados em EAR: recebem I quando a tônica recai sobre o E.

Exemplos:
FREAR — eu fr**ei**o / tu fr**ei**as / ele fr**ei**a / nós fr**ea**mos / vós fr**ea**is / eles fr**ei**am.

— Verbos terminados em IAR: são regulares, com exceção de MEDIAR (e seus assemelhados, como REMEDIAR, INTERMEDIAR), ANSIAR, INCENDIAR e ODIAR, que seguem a conjugação dos terminados em EAR.

Exemplos:
OFICIAR (reg.) — eu oficio / tu oficias / ele oficia...
MAQUIAR (reg.) — eu maquio / tu maquias / ele maquia...
ANSIAR (irreg.) — eu ans**ei**o / tu ans**ei**as / ele ans**ei**a / nós ans**i**amos / vós ans**i**ais / eles ans**ei**am.

NOTA: Há, porém, verbos abundantes em IAR, que admitem variantes na conjugação: eu *negocio* / tu *negocias* / ele *negocia* (ou eu *negoceio* / tu *negoceias* / ele *negoceia*), eu *premio* / tu *premias* / ele *premia* (ou eu *premeio* / tu *premeias* / ele *premeia*).[37]

2. GRAFIA DE CONSOANTES

J x G

— Palavras de origem indígena costumam ser grafadas com J.
Exemplos: jenipapo, jiló, pajé, jequitibá.

— Verbos cujo infinitivo se escreve com G têm formas que se escrevem com J. Diferentemente, verbos cujo infinitivo se escreve com J **nunca** empregam a letra G.

Exemplos:
FUGIR: eu fu**j**o, tu fo**g**es, que eu fu**j**a, se eles fu**g**issem...
REAGIR: eu rea**j**o, tu rea**g**es, que eu rea**j**a, se eles rea**g**issem...
VIAJAR: eu via**j**o, tu via**j**as, eu via**j**ei, que eles via**j**em...

X x CH

— Depois de ditongo oral, usa-se X[38]: b**ai**xo, **au**xiliar, p**ei**xe, fr**oi**xo, tr**ou**xa.

— Depois da sílaba inicial ME, usa-se X[39]: mexer, mexilhão, México. A exceção é a palavra *mecha* (de cabelo).

— Depois do grupo inicial RE, precedido ou não de consoante, usa-se CH[40]: rechaçar, rechonchudo, brecha, creche, trecho.

---

[37] Em geral, o uso no Brasil é o da forma **regular**. O *Dicionário Houaiss* enumera os seguintes casos de dupla conjugação para os verbos em IAR: *agenciar, cadenciar, diligenciar, negociar, premiar* e *presenciar*.

[38] Com o valor fonético de "xê" e tomando por base a edição do *Dicionário Aurélio séc. XXI*, palavras primitivas com "aix" são apenas seis; com "aux" cinco; com "eix" 18; com "eux" e "iux" Ø; com "oix" duas (ambas variantes de "oux") e com "oux" quatro.

[39] O *Dicionário Aurélio* mostra apenas essas três palavras primitivas com a sequência inicial "mex". A obra registra ainda 24 palavras derivadas de "mexer".

[40] Pelo *Dicionário Aurélio*, são três as palavras primitivas iniciadas por "rech" (rechaçar, rechinar e rechonchudo) e cinco as primitivas por "consoante+rech" (brecha, brechó, creche, frecha e trecho).

S x Z

— Substantivos cuja última vogal é E (= ê) são escritos com S: mês, freguês.

— Os sufixos indicativos de títulos são ES, ESA, ESSA e ISA: marquês, baronesa, poetisa, sacerdotisa, viscondessa.

— O sufixo feminino equivalente ao masculino TOR ou DOR se escreve TRIZ: ator/atriz; imperador/imperatriz.

— Depois de ditongo oral, usa-se S: coisa, lousa, pausa, Sousa, náusea.

— Gentílicos (nomes que indicam a procedência ou naturalidade) são escritos com S: camponês/camponesa; burguês/burguesa; inglês/inglesa; pequinês/pequinesa.

— Substantivos abstratos formados de adjetivos usam o sufixo EZ(A): belo > beleza; estúpido > estupidez; certo > certeza; pequeno > pequenez.

— O sufixo IZAR é formador de verbo: real + izar = realizar; ameno + izar = amenizar; batismo + izar = batizar; catec(ismo) + izar = catequizar.

NOTA: Há verbos que são derivados de palavras com S ou que são primitivos (formam derivação regressiva): atrás+ar = atrasar; liso+ar = alisar; analisar > análise; pesquisar > pesquisa.

Encontros consonantais "flutuantes"

Há palavras que admitem pronúncias prestigiadas com duas consoantes e, por isso, possuem dupla grafia oficial, que registra a emissão de ambas.

Exemplos: amígdala & amídala; aspecto & aspeto; ceptro & cetro; facto & fato; peremptório & perentório; sector & setor.

MAS... ação (e não *acção*), diretor (e não *director*), exato (e não *exacto*), ótimo (e não *óptimo*).

MAS... adepto (e não *adeto*), convicção (e não *convição*), egípcio (e não *egício*), eucalipto (e não eucalito).

3. LETRAS MAIÚSCULAS

Comparando-se o texto do Acordo de 1990 com o que está definido no Formulário Ortográfico de 1943, veremos que houve uma simplificação no uso obrigatório das letras maiúsculas, que ficaram restritas a seis situações:

— nomes próprios de pessoas (João, Maria), lugares (Maceió, Rio de Janeiro), instituições (Instituto Nacional da Seguridade Social, Ministério da Educação) e seres mitológicos (Netuno, Zeus);

— nomes de festas, religiosas ou não (Natal, Páscoa, Ramadão — inclusive Carnaval, que antes não podia ter letra maiúscula por não ser festa religiosa);

— nomes dos pontos cardeais que se referem a grandes regiões (Nordeste, Oriente);

— siglas (OTAN, ONU);

— iniciais e abreviaturas (Prof. Júlio, Tte. Soares, V. S a);

— títulos de periódicos (Estado de Minas, Carta Capital).

É facultativo empregar a letra maiúscula nos nomes que designam os domínios do saber (língua portuguesa ou Língua Portuguesa), nos títulos (Bispo/bispo Eugênio, Doutor/doutor Praxedes, Santo/santo Expedito) e nas categorizações de logradouros públicos (Rua/rua do Livramento), de templos (Igreja/igreja da Penha) e edifícios (Edifício/edifício Araxá). Os nomes dos meses passam a ser grafados unicamente com letra minúscula (janeiro, dezembro).

4. K, W e Y

É permitido o uso dessas letras em palavras originárias de outras línguas: ANTROPÔNIMOS e TOPÔNIMOS (e seus derivados).
Exemplos:
Shakespeare, shakespeariano; Darwin, darwinismo; Byron, byroniano;
Kwait, kwaitiano; Washington, washingtoniano;
Nova York, nova-yorkino (ou nova-iorquino).

Também é permitido o uso dessas letras nos símbolos de palavras adotadas como unidades de medidas internacionais, nas abreviaturas e nas siglas.
Exemplos: *kg* (símbolo de *quilograma*), *KLM* (abreviatura de Koninklijke Luchtvaart Maatschappij, Real Aviação Dinamarquesa na língua dinamarquesa), *K* (símbolo do *potássio*), w.c./W.C./WC (abreviatura de *water-closet*, "banheiro" na língua inglesa), *www* (sigla para *world wide web*).

Pelo fato de essas letras estarem agora oficialmente reabilitadas como integrantes de nosso alfabeto, pode ser necessário responder a uma indagação simples no processo de alfabetização/letramento: "Essas três letras devem ser incluídas no grupo das vogais ou das consoantes?"

É claro que, ao pensarmos nas explicações sobre o que é uma consoante ou o que é uma vogal, começaremos por reconhecer que entre letra e som há mesmo muitas relações. Entretanto, se nos lembrarmos de que a letra H, equivocadamente, costuma ser apresentada aos alunos como uma consoante (se não tem som, como "soa com"?), teremos de encarar o problema e dar uma resposta.

Eis uma resposta que me parece razoável: essas letras fazem parte de nosso alfabeto, mas só podem ser usadas em palavras derivadas que conservam a grafia da língua estrangeira. Por isso, o melhor é reconhecer que elas não são consoantes nem vogais do português. Isso deve ser verificado no idioma original. Em *washingtoniano*, o som do W é o da nossa semivogal /w/; mas, em *wagneriano*, o W tem o som da nossa consoante /v/; a letra K das palavras estrangeiras corresponde à nossa consoante /k/; e o Y corresponde à nossa semivogal /y/ ou à nossa vogal /i/.

Por isso, o melhor é desde cedo dizer a verdade para as crianças que ingressam na escola: no nosso alfabeto há 4 letras (K, W, Y e H) que devem ser deixadas à parte do conflito vogais x consoantes.

Grafia de Vogais e Consoantes

EXERCÍCIOS

1. Assinale, em cada série, a palavra que **NÃO** se completa com a(s) letra(s) indicada(s) entre parênteses.

    a) (S)   can_aço, dan_ar, preten_ioso, sal_icha, in_osso;
    b) (SS)   percu_ão, pa_oca, abi_al, mi_ionário, fó_il;
    c) (C)   cáli_ce, pê_ego, vi_ejar, ma_iço, en_íclica;
    d) (Ç)   alma_o, far_ante, al_apão, mu_ulmano, pregui_a;
    e) (SC)   cre_imento, pi_ina, ino_ente, di_ente, na_ido;
    f) (XC)   e_eto, e_itar , e_êntrico, e_esso, e_encial;
    g) (H)   _erbívoro,_armônico,_ermetismo,_ierarquia,_úlcera;
    h) (H)   compan_ia, fil_arada, famil_ar, mil_eiro, c_iar;
    i) (Z)   bati_ar, avali_ar, catequi_ar, envie_ar, simpati_ar;
    j) (X)   e_agerado, ê_odo, ine_ato, e_iguo, o_ônio.

2. Marque as palavras que devem ser grafadas com J, e não com G.

    (a) ti_ela
    (b) berin_ela
    (c)_íria
    (d) gor_eta
    (e) ma_estade
    (f) a via_em
    (g) eles via_em
    (h) an_elical
    (i) re_eitado
    (j) va_em

3. Marque as palavras que devem ser grafadas com Z, e não com S.

    (a) pu_er
    (b) qui_er
    (c) fi_er
    (d) atravé_
    (e) atrá_
    (f) a_teca
    (g) por um tri_
    (h) flor-de-li_
    (i) cuscu_
    (j) avestru_

118 FONÉTICA, FONOLOGIA E ORTOGRAFIA

4. Marque as palavras que devem ser grafadas com X, e não com CH.

   (a) _ícara

   (b) _arque

   (c) gra_a

   (d) _imarrão

   (e) _erife

   (f) me_erico

   (g) amei_a

   (h) fa_ina

   (i) la_ante

   (j) cai_te

5. Forme palavras derivadas:

   a) O recipiente em que fica a MANTEIGA: _____

   b) O profissional que corta o CABELO: _____

   c) A loja que vende SALSICHAS: _____

   d) O profissional que faz serviços ELÉTRICOS: _____

   e) O sanduíche que MISTURA presunto e queijo: _____

6. Use E ou I

   acr_ano
   ár_a (superfície)
   car_stia
   confet_
   dent_frício
   d_scr_ção (reserva)
   d_scr_ção (narração)
   _ntitular
   _mpecilho
   _ndireitar
   irr_quieto
   _mbutido
   lamp_ão

   parêntes_
   pal_tó
   p_riquito
   p_n_c_lina
   pr_vilégio
   p_nico (urinol)
   qu_sito
   s_não
   s_quer
   s_ringa
   um_decer
   x_lindró
   z_pelim

7. Use O ou U

   ab_lir
   ac_dir
   b_ate
   b_tequim
   b_rb_rinho
   búss_la
   c_rtiça
   c_ringa (carta)
   c_rtume
   emb_lia
   jab_ti
   jab_ticaba
   l_mbriga

   pir_lito (doce)
   reb_talho
   reb_liço (confusão)
   s_petão
   s_taque
   s_rtimento
   s_rtir (produzir)
   tab_leta
   t_rdilho
   t_rmalina
   _rticária
   vírg_la
   z_ada

8. Forme cognatos das palavras abaixo, usando terminações **-ção**, **-são** ou **-ssão**.

   adotar = _____
   coagir = _____
   compungir = _____
   conter = _____
   distinguir = _____
   erigir = _____
   excetuar = _____
   extinguir = _____
   isentar = _____
   obter = _____
   punir = _____
   reter = _____

   compelir = _____
   distender = _____
   emergir = _____
   estender = _____
   extorquir = _____
   reverter = _____
   admitir = _____
   agredir = _____
   ceder = _____
   comprimir = _____
   emitir = _____
   remir = _____

9. Forme substantivos abstratos, verbos ou adjetivos, conforme o indicado.

   ácido (s.) = _____
   áspero (s.) = _____
   grávida (s.) = _____
   ligeiro (s.) = _____
   lúcido (s.) = _____
   ríspido (s.) = _____
   sórdido (s.) = _____

   autor (v.) = _____
   friso (v.) = _____
   sátira (v.) = _____
   montanha (a.) = _____
   corte (a.) = _____
   pedra (a.) = _____
   Pequim (a.) = _____

120 FONÉTICA, FONOLOGIA E ORTOGRAFIA

10. Complete a grafia dos verbos no PRESENTE do indicativo ou do subjuntivo, conforme o caso.

a) Ele od___a o ócio. (odiar)
b) Eles fr___am muito. (frear)
c) Eu arr___as cartas. (arriar)
d) Elton atra___multidões. (atrair)
e) Peço que continu___a obra. (continuar)
f) Isto influ___um pouco. (influir)
g) Quero que ela me mago___. (magoar)
h) Tu contribu___s para a paz. (contribuir)
i) A raiva destr___a saúde. (destruir)
j) Nós fr___amos tarde demais. (frear)
k) Retra___s a perna demais. (retrair)
l) É bom que ans___s casar logo. (ansiar)

CHAVE DE RESPOSTAS

1. a) dançar; b) paçoca; c) pêssego; d) farsante; e) inocente; f) essencial; g) úlcera; h) familiar; i) enviesar; j) ozônio.

2. berinjela, gorjeta, majestade, eles viajem, rejeitado.

3. fizer, triz, cuscuz, avestruz.

4. xícara, graxa, xerife, mexerico, ameixa, faxina, laxante, caixote.

5. manteigueira, cabeleireiro, salsicharia, eletricista, misto.

6. acrIano (E*), árEa (superfície), carEstia, confetE, dentIfrício, dIscrIção (reserva), dEscrIção (narração), Intitular, Empecilho, Endireitar, irrEquieto, Embutido, lampIão, parêntesE, palEtó, pEriquito, pEnIcIlina, prIvilégio, pEnico (urinol), quEsito, sEnão, sEquer, sEringa, umEdecer, xIlindró, zEpelim – *indica "grafia variante".

7. abOlir, acUdir, bOate, bOtequim, bUrbUrinho, bússOla, cOrtiça, cUringa (carta), cUrtume, embOlia, jabUti, jabUticaba, lOmbriga, pirUlito (doce), rebOtalho, rebUliço (confusão), sUpetão, sOtaque, sOrtimento, sUrtir (produzir), tabUleta, tOrdilho (c/ U*), tUrmalina, Urticária, vírgUla, zOada – * indica "grafia variante".

8. adoção, compulsão, coação, distensão, compunção, emersão, contenção, extensão, distinção, extorsão, ereção, reversão, exceção, admissão, extinção, agressão, isenção, cessão, obtenção, compressão, punição, emissão, retenção, remissão.

9. acidez, autorizar, aspereza, frisar, gravidez, satirizar, ligeireza, montanhês, lucidez, cortês, rispidez, pedrês, sordidez, pequinês.

10. odEIa, frEIam, arrIO, atraI, continuE, influI, magoE, contribuIs, destrÓI, frEamos, retraIs, ansEIEs.

Grafia de Palavras

1. HOMÔNIMOS

Vocábulos que se pronunciam da mesma forma, mas cujos sentidos e grafias são diferentes, são chamados **homônimos homófonos**.

Exemplos:
— *paço* = palácio & *passo* = ato de andar;
— *o concerto* = peça orquestral & *o conserto* = restauração.

Vocábulos que se escrevem da mesma forma, mas cujas pronúncias e significados são diferentes são chamados **homônimos homógrafos**.

Exemplos:
— *torre (ô)*, subst. & *torre (ó)*, do verbo "torrar";
— *apoio (ô)*, subst. & *apoio (ó)*, do verbo "apoiar".

São **homônimos perfeitos** os vocábulos (de significado diverso) que se pronunciam e se escrevem do mesmo modo.

Exemplos:
— *cedo*, adv. & *cedo*, do verbo "ceder";
— *falácia* = qualidade de falaz, enganador & *falácia* = falatório;
— *manga* = fruta & *manga* = parte do vestuário.

São **homógrafos imperfeitos** os vocábulos (de significado e pronúncia diversos) que se distinguem graficamente apenas pela acentuação gráfica.

Exemplos:
— *pode* & *pôde* (do verbo *poder*);
— *fábrica* (substantivo) & *fabrica* (do verbo "fabricar").

2. PARÔNIMOS

Palavras diferentes que têm som semelhante são chamadas **parônimas**.

Exemplos:
— *descrição* = ato de descrever & *discrição* = prudência, reserva, qualidade de discreto;
— *onicolor* = que tem todas as cores & *unicolor* = que tem uma única cor;
— *vultoso* = grande, importante & *vultuoso* = aspecto do rosto quando está vermelho e com os olhos salientes.

EXERCÍCIOS

1. Preencha as lacunas com um dos HOMÔNIMOS colocados entre parênteses.

   a) Um enxadrista _____ não deve competir com um adversário experimentado, assim como um indivíduo _____ não deve competir com um instruído. (incipiente/insipiente)

   b) Tomaram o elevador Lacerda e, à medida que _____, as luzes da Cidade Baixa se _____ contrastando com o sol que se punha no horizonte. (ascendiam/acendiam)

   c) No antigo _____ imperial, foi inaugurado um lindo museu. (paço/passo)

   d) Adquirimos o aparelho na _____ de eletrodomésticos. (sessão/cessão/seção)

   e) Informaram-me na _____ em que trabalho que a Câmara fará hoje uma _____ extraordinária para discussão do projeto de lei que dispõe sobre a _____ de terras aos índios. (cessão/seção/sessão)

   f) Assisti ontem à tarde a um belo _____ de música erudita. (concerto/conserto).

   g) O _____ do computador custou muito caro. (conserto/concerto)

   h) A carne não estava bem _____. (cozida/cosida)

   i) A modista ainda vai _____ os vestidos. (cozer/coser)

   j) Depois de _____ toda a madeira, o operário ia limpar a oficina, _____ as portas e enfim descansar. (cerrar/serrar)

   k) Os culpados irão _____ as suas culpas. (expiar/espiar)

   l) Estamos esperando que o palestrante tome seu _____. (acento/assento)

   m) As autoridades têm o direito de _____ minha licença para _____. (caçar/cassar)

   n) Terminada a ópera, os _____ aplaudiram o artista. (espectadores/expectadores)

   o) O _____ da população deve ser feito por pessoas competentes de bom _____. (censo/senso)

   p) Uma mulher _____ de um olho é quem faz a _____ do trigo nesta época do ano. (sega/cega)

   q) Um _____ extraviado foi encontrado junto com os pertences do falso _____ árabe. (cheque/xeque)

   r) Na procissão do _____, aquele _____ fez uma demonstração de malabarismo. (sírio/círio)

   s) Aquele _____ tem bom gosto e não usaria um terno assim tão _____. (ruço/russo)

   t) Posso _____ de competente o técnico que soube _____ as importações de supérfluos. (taxar/tachar)

Grafia de Palavras 123

u) São Bruno fundou a ordem dos _____ . (cartuchos/cartuxos)

v) Consultei seu _____ bancário e vi que você pertence a um _____ privilegiado de nossa clientela. (estrato/extrato)

2. Preencha as lacunas com um dos PARÔNIMOS colocados entre parênteses.

a) O sino _____ cadenciado. (suava/soava)

b) O fato passou-se _____. (despercebido/desapercebido)

c) A embarcação estava _____ para o combate. (despercebida/desapercebida)

d) Ofereci-lhe um ramalhete de flores _____ (flagrantes/fragrantes)

e) Nossos esforços _____ efeito. (sortiram/surtiram)

f) Os navios fenícios _____ os mercados de produtos. (sortiam/surtiam)

g) O menor precisa de proteção enquanto ser _____. (indefeso/indefesso)

h) Resolveram _____ o trajeto por causa do mau tempo. (deferir/diferir)

i) Nenhum requerimento foi _____. (deferido/diferido)

j) Em defesa de meus direitos, impetrei um _____ de segurança. (mandado/mandato)

k) O _____ dos prefeitos será de quatro anos. (mandato/mandado)

l) Seremos fiéis ao _____ de nossas obrigações. (comprimento/cumprimento)

m) Oswaldo Cruz foi um brasileiro _____. (iminente/eminente)

n) Ameaça-nos um perigo _____ (iminente/eminente)

o) A justiça há de _____-lhe pena adequada. (infligir/infringir)

p) Os desordeiros haviam _____ a lei. (infligido/infringido)

q) O contrato será _____ depois de ser _____ o erro. (ratificado/retificado)

r) Ele pediu _____ do serviço porque precisava comprar mantimentos para colocá-los em sua _____. (despensa/dispensa)

s) A Lei Eleitoral _____ o voto facultativo e _____ o voto obrigatório. (prescreve/proscreve)

t) Esse concurso _____ no prazo de um ano. (prescreve/proscreve)

u) Quando me viu, _____ de entrar no escritório, saiu em desabalada carreira. (em vez/ao invés)

v) Ele recebeu o apoio _____ dos fãs. (maciço/massivo)

3. Substitua as expressões grifadas por um dos PARÔNIMOS oferecidos.

a) Foram punidos por haverem transgredido a Lei. (infligido/infringido)

b) Compraram para o salão de festas um lampadário de cristal (lustre/lustro)

c) O guerreiro valente não teme o perigo. (intimorato/intemerato)

d) Desejo conservar o que disse ontem. (ratificar/retificar)

e) As crianças mergulharam na piscina. (imergiram/emergiram)

f) Deixaram a pátria depois da falência. (imigraram/emigraram/migraram)

g) Vários peixes vieram à tona. (emergiram/imergiram)

h) Elevemos nossas preces à Virgem Imaculada (intimorata/intemerata)

i) O daltônico não é capaz de distinguir as cores. (descriminar/discriminar)

j) O advogado de defesa procurou inocentar o réu (descriminar/discriminar)

124 FONÉTICA, FONOLOGIA E ORTOGRAFIA

4. Observe as três manchetes reproduzidas a seguir:

(JORNAL DO BRASIL) 20 DE JULHO DE 2005

O PESADELO DOS ESCÂNDALOS
JUSTIÇA PÁRA INVESTIGAÇÕES

VETO: Polícia Federal é impedida de apurar denúncias. Caso vai para o Supremo.
LISTA: Parlamentares, assessores e familiares retiraram dinheiro de Valério no banco.
NEGATIVAS: Silvio Pereira abusa do "nunca" ao depor e irrita deputados e senadores.
CONSELHO: Lula critica a mediocridade dos políticos e pede que pensem no país.
TOLERÂNCIA: PT considera gestão de Delúbio temerária, mas evita punição.

(O GLOBO) 10 DE FEVEREIRO DE 2009

PROJETO PARA QUANDO O MARACANÃ FECHAR

• Vice-Presidente da Confederação Brasileira de Atletismo, o ex-recordista mundial do salto triplo Nelson Prudêncio aprovou a iniciativa. O objetivo é preparar o Engenhão para, a partir de 2010, quando o Maracanã for fechado para obras visando à Copa do Mundo de 2014, assumir o papel de principal estádio do estado.

(JORNAL DO BRASIL) 14 DE JULHO DE 2018

BIG BEN PARA WIMBLEDON
Azarão Anderson aguarda vencedor da semi entre Djokovic e Nadal, que é adiada

LONDRES: Mais britânico impossível. Um toque de recolher às 23h em ponto interrompeu a semifinal masculina do Torneio de Wimbledon entre o espanhol Rafael Nadal e o sérvio Novak Djokovic com vantagem de 2 sets a 1 para Djoko (6/4, 3/6, 7/6). Os dois entraram em quadra conscientes de que dificilmente a partida terminaria ontem. O 52º duelo entre os tenistas começou às 20h do horário local com iluminação artificial devido à primeira semifinal entre o sul-africano Kevin Anderson e o americano John Isner ter se transformado numa maratona de 6h e 35min. E a organização do torneio adiou o desfecho da partida para hoje, para não incomodar a vizinhança.

O acento diferencial da flexão do verbo "parar" foi abolido pela reforma ortográfica. Qual é a consequência disso para o entendimento dos títulos/textos? Compare as três manchetes, explique as ocorrências e proponha uma recomendação redacional quanto ao uso de "para" (verbo) em títulos e manchetes.

5. Use ANTE ou ANTI (prefixos):

   a) A venda de _____ concepcionais aumentou após as palestras _____ nupciais.

   b) Depois de beber muito, tomou um _____ ácido e acabou cochilando no _____ braço da poltrona da _____ sala.

   c) Tão logo assinamos o _____ contrato com aquela multinacional _____ gozamos as delícias de nosso sucesso profissional.

   d) O cheque _____ datado que recebeste _____ ontem não é _____ pragmático.

   e) Sou _____ divorcista, mas não me considero uma pessoa _____ diluviana.

6. O Dicionário Houaiss registra 24 verbos portugueses terminados em CTAR, entre eles COMPACTAR, CONECTAR, DETECTAR, IMPACTAR, INFECTAR, LACTAR, PROSPECTAR e UMECTAR. Considerando que nem todos produzem substantivos terminados com o ditongo ÃO e que, quando tais substantivos existem, suas grafias podem se contrastar como em CONEXÃO e INFECÇÃO, pergunta-se: A flutuação entre X e CÇ (como nesses casos) tem justificativa fono-ortográfica ou étimo-morfológica? Explique.

Grafia de Palavras 125

7. Use MAIS (advérbio, pronome, substantivo ou adjetivo) ou MAS (conjunção ou substantivo).

   a) Eu sei _____ sobre a vida dele do que você, _____ não sou fofoqueira.

   b) _____ uma pergunta igual a essa e você será o _____ infeliz dos homens.

   c) O _____ importante era compreendê-lo, _____ a _____ desinteressada era ela.

   d) Meu irmão _____ o vizinho estavam _____ ou menos aborrecidos com sua irmã.

   e) Nem _____ nem meio _____ , porque a hora não é para _____ desculpas.

   f) _____ alguém quer um pedaço de bolo?

   g) Sem _____ nem menos, ele foi se aproximando, _____ nem ligamos.

   h) Vale _____ a pena nós continuarmos com a nossa pesquisa.

   i) _____ mesmo que você desista, não deixarei de buscar a resposta.

   j) Depois de tanta ajuda, você ainda pediu _____ ?

8. Use MAU (adjetivo ou interjeição) ou MAL (advérbio, substantivo ou conjunção).

   a) Meu sobrinho, apesar de seu esforço, teve um _____ resultado nos estudos.

   b) O _____ se aprende com facilidade, o que é _____ .

   c) _____ terminou a aula, houve um _____ entendido entre os alunos.

   d) Para mim, não há _____ que nunca se acabe.

   e) _____ recebido por todos, _____ chegou, foi-se embora de _____ humor.

   f) O _____ é você andar assim tão _____ de saúde.

   g) O advogado perguntou se vocês ainda estão _____ das finanças.

   h) _____ ! Isso não me parece nada animador.

   i) Na realidade, o _____ vizinho está sempre nos rondando.

   j) A crise do petróleo é um _____ que ainda não foi totalmente superado.

9. Use ALTO (substantivo, adjetivo ou interjeição) ou AUTO (substantivo ou elemento de composição).

   a) O _____ de Teresópolis é densamente povoado.

   b) Você tem quantos _____ na sua agência para vender?

   c) _____ lá! Você parece que está _____ de tanto que bebeu.

   d) Não falo _____ pois não quero prejudicar o som do _____ -falante.

   e) Essa escultura em _____ -relevo é minha _____ realização como artista.

   f) O _____ sacramental vai ser levado a efeito amanhã.

   g) Aníbal é mais _____ do que Vitório, embora não seja tão _____ suficiente.

   h) Essa decisão vem do _____ .

   i) Sei a lição por _____ mas vou fazer a prova só por _____ recreação.

   j) Vou fazer um curso de _____ matemática para melhorar a minha _____ confiança.

10. Use SOB ou SOBRE (preposições):

    a) O assaltante foi libertado, mas está _____ severa vigilância.

    b) " _____ a cabeça os aviões/ _____ os meus pés os caminhões" é trecho de uma canção de Caetano Veloso, _____ o título de "Tropicália".

    c) _____ o patrocínio do guaraná Baré, vamos apresentar mais um programa educativo _____ a Floresta Amazônica.

126 FONÉTICA, FONOLOGIA E ORTOGRAFIA

d) Fique tranquilo, pois _____ você não paira nenhuma dúvida.

e) Pedro II reinou _____ o nosso país durante meio século.

CHAVE DE RESPOSTAS

1. a) incipiente e insipiente; b) ascendiam e acendiam; c) paço; d) seção; e) seção, sessão e cessão; f) concerto; g) conserto; h) cozida; i) coser; j) serrar e cerrar; k) expiar; l) assento; m) caçar; n) espectadores; o) censo e senso; p) cega e sega; q) cheque e xeque; r) círio e sírio; s) russo e ruço; t) tachar e taxar; u) cartuxos; v) extrato e estrato.

2. a) soava; b) despercebido; c) desapercebida; d) fragrantes; e) surtiram; f) sortiram; g) indefeso; h) diferir; i) deferidos; j) mandado; k) mandato; l) cumprimento; m) eminente; n) iminente; o) infligir; p) infringido; q) ratificado e retificado; r) dispensa e despensa; s) proscreve e prescreve; t) prescreve; u) ao invés de; v) maciço (ou massivo).

3. a) infringido; b) lustre; c) intimorato; d) ratificar; e) imergiram; f) emigraram; g) emergiram; h) intemerata; i) discriminar; j) descriminar.

4. O acento em *pára* na manchete de 2005 dava a ela o sentido de "justiça interrompe investigações". Sem o acento, seria possível entender "justiça em relação às investigações", ou seja, as investigações precisariam de julgamento – ou o mereceriam. Com a supressão desse acento, o redator teria de achar outra solução textual, que evitasse a ambiguidade. Foi o que não ocorreu com a manchete de 2009, quando "para" (verbo) não pode mais ser acentuado. Somente com a leitura da notícia será possível saber se há "um projeto a ser implantado quando o Maracanã fechar" ou se "projeto será interrompido quando o Maracanã fechar". Na manchete de 2018, a situação se repete, pois só a leitura da notícia permite entender que o soar do Big Ben às 23h interrompeu a partida de tênis – e não que Wimbledon ganharia um Big Ben para seu evento. A recomendação seria evitar o uso de "para" (tanto o verbo como a preposição) em títulos e manchetes, a não que se tenha certeza de que não haverá ambiguidade.

5. a) anticoncepcionais, antenupciais; b) antiácido, antebraço, antessala; c) antecontrato, antegozamos; d) antedatado, anteontem, antipragmático; e) antidivorcista, antediluviana.

6. Essa flutuação tem justificativa étimo-morfológica, pois apenas o substantivo conexão pode ser desmembrado em dois constituintes, co+nexo (por isso se escreve com X). Os casos de infecção, detecção e prospecção têm a ver com a forma primitiva de seus verbos formadores. Os demais verbos citados não participam desse modelo, pois compactar faz compactação, impactar faz impacto, lactar faz lactação e umectar faz umectação. Conclui-se que, no modelo sincrônico de verbos desse tipo, prevalece o uso do sufixo -ção.

7. a) mais, mas; b) mais, mais; c) mais, mas, mais; d) mais, mais; e) mas, mas, mais; f) mais; g) mais, mas; h) mais; i) mas; j) mais.

8. a) mau; b) mal, mau; c) mal, mal-entendido; d) mal; e) mal, mal, mau; f) mau, mal; g) mal; h) mau; i) mau; j) mal.

9. a) Alto; b) autos; c) alto, alto; d) alto, alto-falante; e) alto-relevo, autorrealização; f) auto; g) alto, autossuficiente; h) alto; i) alto, autorrecreação; j) alta, autoconfiança.

10. a) sob; b) sobre, sob, sob; c) sob, sobre; d) sobre; e) sobre.

Emprego do Hífen

O hífen é um sinal gráfico convencional, usado em português com variadas atribuições, algumas delas muito objetivas e sobre as quais não cabe interpretação ou discussão. É o que ocorre:
→ na separação silábica.
Exs.: des-men-tir, o-ri-un-da, ist-mo.
→ na translineação.
Exs.: | guar-danapo | couve--flor | falava--se |
→ nas combinações dos pronomes **nos** e **vos** com **o(s)** e **a(s)** — pouco usadas no português brasileiro contemporâneo.
Exs.: Ela *no-lo* convenceu. Eu *vo-lo* imploro.
→ antes dos pronomes enclíticos e antes e depois dos mesoclíticos.
Exs.: encontrava-me, visitei-a, atenda-me; poder-se-iam, ver-nos-emos.
→ nas combinações ocasionais que formam encadeamentos vocabulares.
Exs.: ponte *Rio-Niterói*; coligação *PV-PSB*.

Ocorre porém que, além dos cinco casos acima, também se emprega o hífen para indicar a derivação prefixal e a composição por justaposição de palavras de nossa língua. As regras para o uso desse sinal baseiam-se em critérios fonéticos, mas sofrem interferência das questões referentes ao emprego de letras.

1. NA COMPOSIÇÃO POR JUSTAPOSIÇÃO

O hífen se emprega
→ nos casos em que o primeiro elemento tem forma reduzida ou é verbo.
Exs.: recém-eleito, grã-duquesa, és-sueste (= este-sudeste); guarda-pó, arranha-céu.
Obs.: A justaposição com verbo pode eventualmente dispensar o uso do hífen (contrariando a regra): passatempo x passa-culpas; pegamassa x pega-rapaz; girassol x guarda-sol; mandachuva x manda-tudo.

→ nos nomes dos dias da semana.

Exs.: quarta-feira, sexta-feira.

→ nos nomes que designam espécies botânicas ou zoológicas.

Exs.: erva-doce, bem-te-vi, espada-de-são-jorge, macaco-prego-do-peito-amarelo.

→ em adjetivos pátrios de nomes geográficos com mais de uma palavra.

Exs.: espírito-santense, rio-grandense-do-sul, são-luisense.

→ quando MOR é o segundo elemento.

Exs.: capitão-mor, guarda-mor.

→ quando o primeiro elemento é o advérbio BEM e o segundo começa por vogal, M, N ou R.

Exs.: bem-aventurado, bem-humorado, bem-nascido, bem-mandado.

NOTA: As composições do advérbio *bem* com verbo ou adjetivo são sempre hifenizadas: *bem-casado, bem-dotado, bem-falante, bem-vindo*. Há dupla grafia nos casos de *bem-dizer* e *bem-querer* (variantes: *bendizer* e *benquerer*) e ausência de hífen em *benfazer* e *benquistar* (e seus derivados).

→ quando o primeiro elemento é MAL e o segundo começa por vogal, H ou L.

Exs.: mal-estar, mal-humorado, mal-limpo.

NOTA: O substantivo MAL (como o significado de "doença") é sempre separado por hífen quando acompanhado de adjetivo (geralmente gentílico): *mal-americano (= sífilis), mal-caduco (= epilepsia), mal-triste (= babesíase)*. Também tem hífen o composto do advérbio duplicado: *mal-mal*.

→ antes das terminações *-açu, -guaçu* e *-mirim*[41], quando o elemento anterior termina em vogal tônica ou anasalada.

Exs.: cajá-açu; sabiá-guaçu; tarumã-mirim.

E também na junção:

→ de palavras da mesma classe.

Exs.: navio-escola, luso-brasileiro, corre-corre.

→ de elementos que, juntos, perdem seu significado original.

Exs.: pão-duro, bem-te-vi, água-de-colônia, arco-da-velha, cor-de-rosa, mais-que-perfeito, pé-de-meia, (ao) deus-dará, (à) queima-roupa.

Nos dois últimos casos é que repousam as maiores dificuldades do usuário, pois ao lado das regras há a subjetividade do uso, o julgamento sobre a existência ou não da composição, a decisão quanto aos valores do sintagma, etc. Por isso, nem sempre dois substantivos juntos justificam o uso do hífen (*amigo-cachorro* ou *amigo cachorro*?/ *bairro-favela* ou *bairro favela*?) ou dois verbos (*vaivém* x *vai-volta*). O mesmo se pode dizer quanto à decisão sobre "a perda de seu significado original" (*mais-que-perfeito*

---

[41] Erroneamente, os elementos *-açu, -guaçu* e *-mirim* são chamados de sufixos no texto do Acordo (cf. Base XVI, item 3º), em vez de radicais de origem tupi, forma como aparecem identificados, por exemplo, nos dicionários Houaiss e Aurélio. Nas listas de sufixos de nossas principais gramáticas, esses três morfemas nem sequer são mencionados. Por isso, aparecem eles aqui no grupo dos compostos (sem prejuízo das normas ortográficas).

perdeu, mas futuro do pretérito não perdeu?/cor-de-rosa perdeu, mas cor de abóbora não perdeu?).

Aliás, sobre a composição de elementos, o *VOLP* de 2009, interpretando o texto da Base XV, item 6º, decidiu que as locuções, exceto as que designam espécies botânicas e zoológicas, **não** receberão hífen. Em outras palavras, isso significa que só poderá haver hífen em palavras compostas de dois elementos. Quando o composto for substantivo e tiver três ou mais elementos, o hífen só ocorrerá em duas hipóteses:

→ é uma das cinco palavras citadas como hifenizadas pelo texto do Acordo: *água-de-colônia, arco-da-velha, cor-de-rosa, mais-que-perfeito* e *pé-de-meia*;

→ é um substantivo que denomina espécies botânicas e zoológicas: *não-me-deixes, comigo-ninguém-pode, cobra-de-duas-cabeças, peixe-mulher-de-angola, cachorro-do-mato-vinagre, ervilha-de-cheiro, bem-me-quer, fava-de-santo-inácio, bem-te-vi...*

Além desse caso, também poderá haver dois ou mais hifens em adjetivos e em palavras onomatopaicas:

→ adjetivos *pátrios: rio-grandense-do-sul, alto-rio-docense, ouro-pretense-do-oeste...*

→ adjetivos poliqualificadores: *hispano-luso-brasileiro, nipo-sino-soviético, oftalmo-pneumo-veterinário...*

→ palavras onomatopaicas: *nhém-nhém-nhém, zingue-bingue-bingue...*

Deixaram, portanto, de receber hífen: *dia a dia, leva e traz, pé de moleque, mula sem cabeça, deus nos acuda,* bico de papagaio (se for nome de doença, pois se for nome de planta terá hífen), *pó de mico* (se for o prurido, pois se for o nome da planta terá hífen), *sobe e desce, pé de valsa, mão de obra* — a lista é bem ampla, e caberia organizar no *VOLP* um apêndice só para esses casos.

Esse critério é bem-vindo, pois padroniza a situação de quase todos os compostos. No entanto, contraditoriamente, o texto do *VOLP* de 2009, que acerta ao se referir a esses casos como "unidades fraseológicas constitutivas de lexias nominalizadas", coloca tais locuções na nominata da obra e as classifica não como "unidades fraseológicas" ou como "locuções", mas como substantivos. Com isso, fica criada a categoria de palavras compostas separadas por espaços em branco. Pelo *VOLP*, por exemplo, são substantivos masculinos ou comuns de dois gêneros (e não têm hífen): *creio em deus padre, toma lá dá cá, vai não vai, boca de sapo, mão de ferro...*

2. NA DERIVAÇÃO PREFIXAL E NAS RECOMPOSIÇÕES[42]

Neste caso, a pergunta que cabe é a seguinte: existe harmonia fono-ortográfica entre a letra que termina o antepositivo e a que inicia a palavra que o recebe? Como já se pode supor, a resposta não é das mais simples, pois assim como há prefixos que terminam em vogal, há também os que terminam em consoante (B, D, L, R, S e X), além dos que terminam em M e N (sinal de nasalidade ou semivogal de um ditongo não gráfico).

---

[42] Recomposição é a formação de palavra com elementos não autônomos ou falsos prefixos, de origem grega e latina.

Junte-se a isso a possibilidade de seguir-se a esse antepositivo uma palavra iniciada por qualquer letra, inclusive a letra H (símbolo etimológico apenas se estiver como primeira letra do vocábulo).

A legislação é simples: se houver harmonia fono-ortográfica, não haverá necessidade do hífen (exs.: supermercado, antiderrapante, contraveneno, adjunto). Apesar disso, como a quantidade desses morfemas é muito grande, temos de reconhecer que as tabelas que seguem (em 5.2.1 e 5.2.2) podem prestar boa ajuda na hora da dúvida.

Por isso, para organizar essa descrição, optamos por construir duas tabelas: a primeira contém exclusivamente prefixos (extraídos da listagem[43] de prefixos que Celso Cunha e Lindley Cintra apresentam em sua *Nova Gramática do Português Contemporâneo*, pp. 98–101); a segunda enumera "elementos não autônomos" e "pseudoprefixos" a partir do que fala o Acordo (Base XVI).

Nenhuma das duas inclui os elementos *mal* e *bem*, já explicados nas alíneas f) e g) do item 5.1. Ambos são descritos de modo ambíguo em nossas gramáticas e dicionários (às vezes como prefixos, caso de derivação; outras vezes como radicais, caso de composição por serem advérbios). Como consideramos que advérbios são palavras dotadas de radical, preferimos incluí-los no grupo de palavras compostas[44].

Também não estão incluídos os prefixos *co-* e *não-*. No caso de *co-* o motivo é a exclusão do hífen nos casos de derivação de palavras iniciadas por H, apesar do exemplo de *co-herdeiro* citado no Acordo. O *VOLP* registra *coerdeiro* e proíbe o uso de hífen com esse prefixo. No caso do *não-* (e do *quase-*), o texto do *VOLP* explica que "funcionam como prefixo", mas estão excluídos do emprego do hífen[45].

Outro ponto a esclarecer é a inclusão do elemento *sem-* na tabela da prefixação. O texto do Acordo conservou o equívoco de dizer que *sem* atua na composição. É nitidamente um prefixo, homônimo da preposição portuguesa *sem*, originária da preposição latina *sine-*. A prevalecer a afirmação de que *sem* atua na composição (e não na derivação), teremos de rever as classificações de *contra-*, *entre-*, *sob-*, *sobre-* e todos os casos em que o morfema a ser classificado é homônimo de uma preposição portuguesa e se origina de uma preposição latina.

Acrescenta-se também o prefixo *a-*, citado no *VOLP*, mas não no Acordo.

Cabe ainda dizer que as regras quanto ao emprego de hífen se aplicam não apenas a palavras já dicionarizadas, mas também a neologismos bem construídos, como mostram os exemplos ao final de cada tabela.

---

[43] Com o acréscimo dos prefixos *infra-*, *inter-*, *nuper-* e *sem-*.

[44] Cf. item 4 da Base XV. Esclareça-se outrossim que as eventuais divergências teóricas nos âmbitos morfológico e sintático não acarretam nenhuma interferência nas deliberações ortográficas do Acordo.

[45] A lei ortográfica é compulsória, mas cabe avaliar até que ponto se pode considerar prefixo um elemento que se separa do seu radical por um espaço em branco: *não agressão*, *quase delito*. Cabe acrescentar que, por ser um advérbio, *quase* está no mesmo caso que *bem* e *mal*, não atuando como prefixo, mas como elemento de composição.

COM PREFIXOS[46]

Usa-se o hífen nas seguintes combinações:

prefixo + hífen [1]	seguido de palavra iniciada por			
	qualquer letra	vogal	consoante	h
A				X
AB[2]			B, R	X
AD[2]			D, R	X
ANTE		E		X
ANTI		I		X
ARQUI		I		X
CIRCUM		qualquer	M, N	X
CONTRA		A		X
ENTRE		E		X
EX (= anterior)	x	qualquer	qualquer	X
EXTRA		A		X
HIPER			R	X
HIPO		O		X
INFRA		A		X
INTER[3]			R	X
INTRA		A		X
JUSTA		A		X
META		A		X
OB[2]			B, R	X
NUPER (*recém*)[4]			R	X
PERI		I		X
PÓS (tônico)[6]	x	qualquer	qualquer	X
PRÉ (tônico)[5]	x	qualquer	qualquer	X
PRÓ (tônico)[5]	x	qualquer	qualquer	X
RETRO		O		X
SEM[6]	x	qualquer	qualquer	X
SOB[2]			B, R	X
SOBRE		E		X
SOTA/SOTO	x	qualquer	qualquer	X
SUB[2]			B, R	X
SUPER[7]			R	X
SUPRA		A		X
ULTRA		A		X
VICE	x	qualquer	qualquer	X

NOTAS:

1a. Não estão listados na tabela os prefixos e prefixoides que nunca são seguidos de hífen: *coabitação, desumano, inábil, paramilitares, reerguer, transexual...*

---

[46] Os dois quadros esquemáticos deste item tomam por base a tabela de emprego de hifens do livro *Português Urgente*, de Reinaldo Pimenta (Alta Books, 2018).

1b. Se o prefixo terminar por vogal e o segundo elemento começar por R ou S, não se usa o hífen **e se dobra a consoante R ou S**: *contrarrevolucionário, suprassegmental*.
2. Nem o texto do Acordo nem o *VOLP* fazem referência ao encontro dos prefixos **ab-, ad-, ob-, sob-** e **sub-** com palavras iniciadas por B (ou D, conforme o caso) e R. A conclusão é que não houve alteração na regra que determinava o uso do hífen em casos assim: *ab-rogar, ad-digital, ad-renal, ob-reptício, sub-base, sub-reitoria*. Mas... *ab-rupto* (ou *abrupto*).
3. *Interregno*.
4. O *VOLP* consigna as palavras *nuperfalecido* e *nuperpublicado*.
5. Os prefixos **pre-, pos-** e **pro-** são acentuados quando separados por hífen: *pré-ajustar, pré-datado, pré-menstrual/pós-moderno, pós-graduação, pós-universitário*.
6. *Sensabor*.
7. Na linguagem coloquial brasileira, usa-se **super** como advérbio de intensidade (obviamente sem hífen, mas também sem acento): Ela é *super* simpática.

Atenção! Neologismos bem formados também seguem essas instruções: *coorientador, inter-rural, pré-temporada, subimposto, superqueima...*

COM PSEUDOPREFIXOS E PREFIXOIDES

Usa-se o hífen nas seguintes combinações:

antepositivo + hífen [1]	seguido de palavra iniciada por			
	qualquer letra	vogal	consoante	H
AERO		O		X
AGRO		O		X
ALFA		A		X
ÁUDIO		O		X
AUTO (= próprio)		O		X
BETA		A		X
BI		I		X
BIO		O		X
CINE		E		X
DECA [2]		A		X
DI		I		X
ELETRO		O		X
ENEA [2]		A		X
ETNO		O		X
FONO		O		X
FOTO		O		X
GEO		O		X
HEPTA [2]		A		X
HETERO		O		X
HEXA [2]		A		X

Emprego do Hífen

HIDRO		O		X
HOMO		O		X
ISSO		O		X
LIPO		O		X
MACRO		O		X
MAXI		I		X
MEGA		A		X
MESO		O		X
MICRO		O		X
MIDI		I		X
MINI		I		X
MONO[3]		O		X
MULTI		I		X
NEO		O		X
NEURO[4]		O		X
OCTA / OCTO[2]		A / O		X
PALEO		O		X
PAN[5]		qualquer	M, N	X
PENTA[2]		A		X
PLURI		I		X
POLI		I		X
PROTO		O		X
PSEUDO		O		X
PSICO		O		X
SEMI		I		X
TELE[6]		E		X
TETRA[2]		A		X
TRI		I		X
VÍDEO		O		X
(etc...) em vogal[7]		= final		X

NOTAS:

1a. Não estão listados na tabela os antepositivos *recém-* (incluído no item 5.1, que trata de justaposição com o primeiro elemento reduzido), *bem-* e *mal-* (também incluídos no item 5.1 como advérbios que atuam na justaposição — cf. item 4 da Base XV).

1b. Se o antepositivo terminar por vogal e o segundo elemento começar por R ou S, não se usa o hífen **e se dobra a consoante R ou S:** *microrregião, telessena.*

2. Antepositivos "multiplicativos" terminados em A admitem aglutinação: *decangular, heptangular, hexangular, octangular, pentangular.*

3. *Monóculo.*

4. *Neuroipófise* (ou *neuro-hipófise*), *neuroncologia*.*

5. Pode separar-se por hífen se preceder elemento começado por **B** ou **P:** *pan-brasileirismo, pan-planetária*,* mas... *pambabilonismo, pamplegia, pampsiquismo.*

6. *Teleducação.*

134 FONÉTICA, FONOLOGIA E ORTOGRAFIA

7. Pode-se acrescentar à tabela qualquer pseudoprefixo ou prefixoide terminado em vogal, como *biblio-, cardio-, crono-, giga-, necro-, quadri-, quilo-, taqui-, zoo-*... O segundo componente será separado por hífen (se começar por H ou vogal igual) ou dobrará o R ou S, conforme o caso: *biblio-historiografia, quadrissecular, videoconferência...*

Atenção! Neologismos bem formados também seguem essas instruções: *narcomarginais, neuro-humanidade, pseudofilho, sócio-ocupacional, zoossemiótico.* Mas *multi-Ribeirão , anti-Sarney, neo-Dilma* (porque prefixos sempre são separados por hífen diante de substantivos próprios).

Lembremo-nos, por fim, que razões estilísticas podem justificar o emprego irregular do hífen (ou de outros sinais gráficos) na separação de um prefixo, caracterizando o que se poderia chamar de "neologia gráfica": *co-habilidade* (para distinguir de *coabilidade,* derivado de *"coar, coável"*), *governo-bicho-papão de esquerda...*

(1) O Governo vai *re-pensar* essa questão.

(2) Eu e ela dividimos as turmas da mesma série, pois gostamos de *co-lecionar* português.

(3) Eles querem *(con)fundir* nossas empresas.

(4) — Filha, por que você não vai brincar de pular corda com o seu primo?

— Ô, mãe. Então não ouvi a senhora falando pra minha irmã que a barriga dela estava daquele tamanho porque ela e o Zé tinham *co-pulado*!?

Esses usos não regulamentares precisam ter uma razão textual, pragmática, como acontece na intenção de ênfase em (1) ou na necessidade de clareza em (2), evitando a confusão entre o neologismo, derivado de "lecionar" e a forma "colecionar", derivada de "coleção". Em (3), a justificativa é a ironia, que resulta na fusão das ideias de "confundir" e "fundir", e no recurso da separação do prefixo por parênteses. Em (4), o trocadilho metalinguístico tem por finalidade explorar o duplo sentido e promover um efeito de humor.

EXERCÍCIOS

1. Corrija os erros quanto ao emprego do hífen, inclusive nos neologismos.

    a) Na próxima sextafeira, a população espiritossantense comparecerá ao recenhinaugurado Parque do Bentevi, que fica super-perto da entrada para a antiga auto-estrada de Vila-Velha. Vai acontecer lá um hiper-show com o neoastro do rock inglês, de cujo nome eu não me lembro agora.

    b) Se ele canta-se uma valsa vienense, convidalo-íamos para representar nossa terra bem-quista no Festival de Música erudito-popular na Vila Pan-Americana.

    c) O Super-Homem, o Ultrarraio, o Super-Pateta, a Mulher-Gato e o Homem-Aranha são supereróis das histórias-em-quadrinhos que fazem um mega-sucesso aqui e além-mar.

Emprego do Hífen   135

d) As malamadas não são benvindas porque só se sobre-saem quando começam a pensar nos seus ex-amores que as deixaram ao deusdará.

e) Era sempre o mesmo ramerrame entre aqueles vicelíderes pães-duros e semvergonhas que viviam de cara-cheia.

2. Reescreva as frases abaixo substituindo os termos sublinhados por um pronome oblíquo átono.

a) Encontrarei os vencedores após a entrevista. = _____

b) Encontrarás a mim após a entrevista. = _____

c) Encontrará a nós após a entrevista. = _____

d) Encontraremos os vencedores após a entrevista. = _____

e) Encontrareis as vossas esposas após a entrevista. = _____

f) Encontrarão a mim após a entrevista. = _____

3. O jornal diz que haverá uma reunião entre artistas que apoiam a candidatura de um dos postulantes à presidência do Clube Atlético Mineiro. O grupo se denomina "superatleticanos", palavra derivada por prefixação, sem hífen.

Complete as lacunas observando o contexto das frases, de modo a escrever corretamente (com prefixo ou prefixoide) a palavra que designa outros grupos de torcedores do Atlético.

a) No grupo dos que são meio atleticanos estão os _____

b) No grupo das crianças atleticanas estão os _____

c) No grupo dos atleticanos que só veem jogos pela tevê estão os _____

d) No grupo dos que se opõem aos superatleticanos estão os _____

e) No grupo dos que deixaram a facção de superatleticanos estão os _____

f) No grupo dos que se julgam mais atleticanos do que os superatleticanos estão os _____

g) No grupo dos novos atleticanos estão os _____

h) No grupo que detesta os atleticanos estão os _____

i) No grupo dos que fingem ser atleticanos estão os _____

j) No grupo dos que se dizem cinco vezes mais atleticanos estão os _____

k) No grupo dos que apoiam os superatleticanos estão os _____

4. Assinale a alternativa em que as duas palavras se escrevem com hífen.

(A) hidro-avião e pé-frio.

(B) fio-dental e super-mercado.

(C) contra-torpedeiro e couve-flor.

(D) anti-aéreo e quebra-cabeça.

(E) bicho-papão e joão-ninguém.

136 FONÉTICA, FONOLOGIA E ORTOGRAFIA

5. Compare o cartum "Lava-Jato" com a fotografia de uma placa que oferece esse tipo de serviço e interprete a relação entre as grafias com hífen ou sem hífen, tomando em conta inclusive o apagamento da preposição da expressão completa "lava a jato".

CHAVE DE RESPOSTAS

1. a) sexta-feira, espírito-santense, recém-inaugurado, Bem-te-vi, super perto, autoestrada, Vila Velha, hiper-show, neoastro; b) cantasse, convidá-lo-íamos, benquista, erudito-popular, Pan-Americana; c) Super-Homem, Ultrarraio, Superpateta, Mulher-Gato, Homem-Aranha, super-heróis, histórias em quadrinhos, megassucesso, além-mar; d) mal-amadas, bem-vindas, sobressaem, ex-amores, deus-dará; e) vice-líderes, pães-duros, sem-vergonhas, cara cheia.

2. a) Encontrá-los-ei; b) Encontrar-me-ás; c) Encontrar-nos-á; d) Encontrá-los-emos; e) Encontrá-las-eis; f) Encontrar-me-ão.

3. a) semiatleticanos; b) miniatleticanos; c) teleatleticanos; d) antissuperatleticanos; e) ex-superatleticanos; f) mega-atleticanos ou megassuperatleticanos; g) neoatleticanos; h) antiatleticanos; i) pseudoatleticanos; j) penta-atleticanos; k) pró-superatleticanos

4. E.

5. A resposta deveria apontar para um risco remoto de ambiguidade (que motivou o cartum) e para o fato de o neologismo lexical "lava-jato" inserir-se em um paradigma em que a rigor não deveria figurar (verbo+objeto = guarda-roupa, quebra-cabeça, pega-gelo). Também poderia lembrar que a omissão da preposição na formação de um substantivo composto não é, por si só, um problema, pois existem formas como "samba-enredo < samba de enredo", "couve-flor < couve em flor". Ocorre que, nesses casos, o elemento à esquerda não é um verbo, mas um substantivo – diferente de lava (verbo) a jato (loc. adv. modo).

14

Textos Complementares

Neste capítulo, apresentamos as bases completas da nova ortografia, precedidas dos textos dos três Decretos assinados em solenidade que homenageou o centenário de falecimento de Machado de Assis, na Academia Brasileira de Letras, no Rio de Janeiro, em 29 de setembro de 2008, e do Decreto que adiou o período de transição.

1. QUATRO DECRETOS

I — DECRETO Nº 6.583, DE 29 DE SETEMBRO DE 2008

Promulga o Acordo Ortográfico da Língua Portuguesa, assinado em Lisboa, em 16 de dezembro de 1990.

O **PRESIDENTE DA REPÚBLICA**, no uso da atribuição que lhe confere o art. 84, inciso IV, da Constituição, e

Considerando que o Congresso Nacional aprovou, por meio do Decreto Legislativo nº 54, de 18 de abril de 1995, o Acordo Ortográfico da Língua Portuguesa, assinado em Lisboa, em 16 de dezembro de 1990;

Considerando que o governo brasileiro depositou o instrumento de ratificação do referido Acordo junto ao Ministério dos Negócios Estrangeiros da República Portuguesa, na qualidade de depositário do ato, em 24 de junho de 1996;

Considerando que o Acordo entrou em vigor internacional em 1º de janeiro de 2007, inclusive para o Brasil, no plano jurídico externo;

D E C R E T A:

Art. 1º O Acordo Ortográfico da Língua Portuguesa, entre os Governos da República de Angola, da República Federativa do Brasil, da República de Cabo Verde, da República da Guiné-Bissau, da República de Moçambique, da República Portuguesa e da República Democrática de São Tomé e Príncipe, de 16 de dezembro de 1990, apenso por cópia ao presente Decreto, será executado e cumprido tão inteiramente como nele se contém.

Art. 2º O referido Acordo produzirá efeitos somente a partir de 1º de janeiro de 2009.

Parágrafo Único. A implementação do Acordo obedecerá ao período de transição de 1º de janeiro de 2009 a 31 de dezembro de 2012, durante o qual coexistirão a norma ortográfica atualmente em vigor e a nova norma estabelecida.

Art. 3º São sujeitos à aprovação do Congresso Nacional quaisquer atos que possam resultar em revisão do referido Acordo, assim como quaisquer ajustes complementares que, nos termos do art. 49, inciso I, da Constituição, acarretem encargos ou compromissos gravosos ao patrimônio nacional.

Art. 4º Este Decreto entra em vigor na data de sua publicação.

Brasília, 29 de setembro de 2008; 187º da Independência e 120º da República.

LUIZ INÁCIO LULA DA SILVA
Celso Luiz Nunes Amorim

II — DECRETO Nº 6.584, DE 29 DE SETEMBRO DE 2008

Promulga o Protocolo Modificativo ao Acordo Ortográfico da Língua Portuguesa, assinado em Praia, em 17 de julho de 1998.

O **PRESIDENTE DA REPÚBLICA**, no uso da atribuição que lhe confere o art. 84, inciso IV, da Constituição, e

Considerando que o Congresso Nacional aprovou, por meio do Decreto Legislativo no 120, de 12 de junho de 2002, o Protocolo Modificativo ao Acordo Ortográfico da Língua Portuguesa, assinado em Praia, em 17 de julho de 1998;

Considerando que o Governo brasileiro depositou o instrumento de ratificação do referido Acordo junto ao Ministério dos Negócios Estrangeiros da República Portuguesa, na qualidade de depositário do ato, em 3 de setembro de 2004;

Considerando que o Protocolo Modificativo entrou em vigor internacional em 1º de janeiro de 2007, inclusive para o Brasil, no plano jurídico externo;

D E C R E T A:

Art. 1º O Protocolo Modificativo ao Acordo Ortográfico da Língua Portuguesa, entre os Governos da República de Angola, da República Federativa do Brasil, da República de Cabo Verde, da República de Guiné-Bissau, da República de Moçambique, da República Portuguesa e da República Democrática de São Tomé e Príncipe, de 17 de julho de 1998, apenso por cópia ao presente Decreto, será executado e cumprido tão inteiramente como nele se contém.

Art. 2º São sujeitos à aprovação do Congresso Nacional quaisquer atos que possam resultar em revisão do referido Protocolo, assim como quaisquer ajustes complementares que, nos termos do art. 49, inciso I, da Constituição, acarretem encargos ou compromissos gravosos ao patrimônio nacional.

Art. 3º Este Decreto entra em vigor na data de sua publicação.

Brasília, 29 de setembro de 2008; 187º da Independência e 120º da República.

LUIZ INÁCIO LULA DA SILVA
Celso Luiz Nunes Amorim

III — DECRETO Nº 6.585, DE 29 DE SETEMBRO DE 2008

Dispõe sobre a execução do Segundo Protocolo Modificativo ao Acordo Ortográfico da Língua Portuguesa, assinado em São Tomé, em 25 de julho de 2004.

O **PRESIDENTE DA REPÚBLICA**, no uso da atribuição que lhe confere o art. 84, inciso IV, da Constituição, e

Considerando que foram cumpridos os requisitos para a entrada em vigor do Segundo Protocolo Modificativo ao Acordo Ortográfico da Língua Portuguesa;

Considerando que o Governo brasileiro notificou o Ministério dos Negócios Estrangeiros da República Portuguesa, na qualidade de depositário do ato, em 20 de outubro de 2004;

Considerando o Acordo entrou em vigor internacional em 1º de janeiro de 2007, inclusive para o Brasil, no plano jurídico externo;

D E C R E T A:

Art. 1º O Segundo Protocolo Modificativo ao Acordo Ortográfico da Língua Portuguesa, entre os Governos da República de Angola, da República Federativa do Brasil, da República de Cabo Verde, da República de Guiné-Bissau, da República de Moçambique, da República Portuguesa, da República Democrática de São Tomé e Príncipe e da República Democrática de Timor-Leste, de 25 de julho de 2004, apenso por cópia ao presente Decreto, será executado e cumprido tão inteiramente como nele se contém.

Art. 2º Este Decreto entra em vigor na data de sua publicação.

Brasília, 29 de setembro de 2008; 187º da Independência e 120º da República.

LUIZ INÁCIO LULA DA SILVA
Samuel Pinheiro Guimarães Neto
Fernando Haddad
João Luiz Silva Ferreira

IV — DECRETO Nº 7.875, DE 27 DE DEZEMBRO DE 2012

> Altera o Decreto nº 6.583, de 29 de setembro de 2008, que promulga o Acordo Ortográfico da Língua Portuguesa.

A **PRESIDENTA DA REPÚBLICA**, no uso da atribuição que lhe confere o art. 84, *caput*, inciso IV, da Constituição

D E C R E T A:
Art. 1º O Decreto nº 6.583, de 29 de setembro de 2008, passa a vigorar com as seguintes alterações:
Art. 2º ....
Parágrafo Único. A implementação do Acordo obedecerá ao período de transição de 1º de janeiro de 2009 a 31 de dezembro de 2015, durante o qual coexistirão a norma ortográfica atualmente em vigor e a nova norma estabelecida." (NR)
Art. 2º Este Decreto entra em vigor na data de sua publicação.

Brasília, 27 de dezembro de 2012; 191º da Independência e 124º da República.

DILMA ROUSSEFF
Ruy Nunes Pinto Nogueira

2. ANEXO I (BASES DO ACORDO)

> Nota do Autor:
> O texto das Bases do Acordo Ortográfico foi publicado no Diário do Congresso Nacional de 21 de abril de 1995 e transcreve o documento assinado em Lisboa em dezembro de 1990. O texto foi redigido com as características ortográficas vigentes à época em Portugal. Além disso, nele foram empregadas palavras técnicas do campo dos estudos gramaticais que não correspondem aos hábitos brasileiros (verbo no conjuntivo, por exemplo, em vez de verbo no subjuntivo). Neste livro, optamos por atualizar a ortografia das Bases nos moldes definidos pelo próprio Acordo e adaptar a nomenclatura gramatical ao que se pratica no ensino brasileiro.

Considerando que o projeto de texto de ortografia unificada de língua portuguesa aprovado em Lisboa, em 12 de outubro de 1990, pela Academia das Ciências de Lisboa, Academia Brasileira de Letras e delegações de Angola, Cabo Verde, Guiné-Bissau, Moçambique e São Tomé e Príncipe, com a adesão da delegação de observadores da Galiza, constitui um passo importante para a defesa da unidade essencial da língua portuguesa e para o seu prestígio internacional;

Considerando que o texto do acordo que ora se aprova resulta de um aprofundado debate nos Países signatários,

    a República Popular de Angola,
    a República Federativa do Brasil,
    a República de Cabo Verde,
    a República da Guiné-Bissau,
    a República de Moçambique,
    a República Portuguesa,
    e a República Democrática de São Tomé e Príncipe,
    acordam no seguinte:

Artigo 1º — É aprovado o Acordo Ortográfico da Língua Portuguesa, que consta como anexo I ao presente instrumento de aprovação, sob a designação de Acordo Ortográfico da Língua Portuguesa (1990), e vai acompanhado da respectiva nota explicativa, que consta como anexo II ao mesmo instrumento de aprovação, sob a designação de Nota Explicativa ao Acordo Ortográfico da Língua Portuguesa (1990).

Artigo 2º — Os Estados signatários tomarão, através das instituições e órgãos competentes, as providências necessárias com vista à elaboração, até 1o de janeiro de 1993, de um vocabulário ortográfico comum da língua portuguesa, tão completo quanto desejável, e tão normalizador quanto possível, no que se refere às terminologias científicas e técnicas.

Artigo 3º — O Acordo Ortográfico da Língua Portuguesa entrará em vigor em 1o de janeiro de 1994, após depositados os instrumentos de ratificação de todos os estados junto do Governo da República Portuguesa.

Artigo 4º — Os Estados signatários adotarão as medidas que entenderem adequadas ao efetivo respeito da data da entrada em vigor estabelecida no artigo 3o.

Em fé do que, os abaixo assinados, devidamente credenciados para o efeito, aprovam o presente acordo, redigido em língua portuguesa, em sete exemplares, todos igualmente autênticos.

Assinado em Lisboa, em 16 de dezembro de 1990.

Pela República Popular de Angola, José Mateus de Adelino Peixoto, Secretário de Estado da Cultura

Pela República Federativa do Brasil, Carlos Alberto Gomes Chiarelli, Ministro da Educação

Pela República de Cabo Verde, David Hopffer Almada, Ministro da Informação, Cultura e Desportos

Pela República da Guiné-Bissau, Alexandre Brito Ribeiro Furtado, Secretário de Estado da Cultura

Pela República de Moçambique, Luís Bernardo Honwana, Ministro da Cultura

Pela República Portuguesa, Pedro Miguel de Santana Lopes, Secretário de Estado da Cultura

Pela República Democrática de São Tomé e Príncipe, Lígia Silva Graça do Espírito Santo Costa, Ministra da Educação e Cultura

BASE I
DO ALFABETO E DOS NOMES PRÓPRIOS ESTRANGEIROS E SEUS DERIVADOS

1º) O alfabeto da língua portuguesa é formado por vinte e seis letras, cada uma delas com uma forma minúscula e outra maiúscula:

a A (á)	b B (bê)	c C (cê)	d D (dê)
e E (é)	f F (efe)	g G (gê ou guê)	h H (agá)
i I (i)	j J (jota)	k K (capa ou cá)	l L (ele)
m M (eme)	n N (ene)	o O (o)	p P (pê)
q Q (quê)	r R (erre)	s S (esse)	t T (tê)
u U (u)	v V (vê)	w W (dáblio)	x X (xis)
y Y (ípsilon)	z Z (zê)		

Obs.: 1. Além dessas letras, usam-se o ç (cê-cedilhado) e os seguintes dígrafos: rr (erre duplo), ss (esse duplo), ch (cê-agá), lh (ele-agá), nh (ene-agá), gu (guê-u) e qu (quê-u).[47]

2. Os nomes das letras acima sugeridos não excluem outras formas de as designar.

2º) As letras k, w e y usam-se nos seguintes casos especiais:
   a) Em antropônimos originários de outras línguas e seus derivados:

   Franklin, frankliniano; Kant, kantistno; Darwin, darwinismo; Wagner, wagneriano; Byron, byroniano; Taylor, taylorista;

   b) Em topônimos originários de outras línguas e seus derivados:

   Kwanza, Kuwait, kuwaitiano; Malawi, malawiano;

   c) Em siglas, símbolos e mesmo em palavras adotadas como unidades de medida de curso internacional:

   TWA, KLM; K — potássio (de *kalium*); *W* — oeste (de West); *kg* — *quilograma*; *km* — quilômetro; *kW* — *kilowatt*; *yd* — jarda (*yard*); *Watt*.

3º) Em congruência com o número anterior, mantém-se nos vocábulos derivados eruditamente de nomes próprios estrangeiros quaisquer combinações gráficas ou sinais diacríticos não peculiares à nossa escrita que figurem nesses nomes: *comtista*, de *Comte*; *garrettiano*, de *Garrett*; *jeffersônia*, de *Jefferson*; *mülleriano*, de *Müller*; *shakesperiano*, de *Shakespeare*.

---

[47] **N. do A.:** A lista de dígrafos se completa com SC, SÇ, XV e XS: *nascer, cresça, exceto, exsolver*.

Os vocábulos autorizados registrarão grafias alternativas admissíveis, em casos de divulgação de certas palavras de tal tipo de origem (a exemplo de *fúcsia/fúchsia* e derivados, bungavília/bunganvílea/bougainvíllea).

4º) Os dígrafos finais de origem hebraica *ch, ph* e *th* podem conservar-se em formas onomásticas da tradição bíblica, como *Baruch, Loth, Moloch, Ziph*, ou então simplificar-se: *Baruc, Lot, Moloc, Zif*. Se qualquer um destes dígrafos, em formas do mesmo tipo, é invariavelmente mudo, elimina-se: José, Nazaré, em vez de Joseph, Nazareth; e se algum deles, por força do uso, permite adaptação, substitui-se, recebendo uma adição vocálica: Judite, em vez de Judith.

5º) As consoantes finais grafadas *b, c, d, g* e *h* mantêm-se, quer sejam mudas, quer proferidas, nas formas onomásticas em que o uso as consagrou, nomeadamente antropônimos e topônimos da tradição bíblica: *Jacob, Job, Moab, Isaac; David, Gad; Gog, Magog; Bensabat, Josafat*.

Integram-se também nesta forma: *Cid*, em que o *d* é sempre pronunciado; *Madrid* e *Valhadolid*, em que o *d* ora é pronunciado, ora não; e *Calecut* ou *Calicut*, em que o *t* se encontra nas mesmas condições.

Nada impede, entretanto, que os antropônimos em apreço sejam usados sem a consoante final: *Jó, Davi* e *Jacó*.

6º) Recomenda-se que os topônimos de línguas estrangeiras se substituam, tanto quanto possível, por formas vernáculas, quando estas sejam antigas e ainda vivas em português ou quando entrem, ou possam entrar, no uso corrente. Exemplo: *Anvers*, substituindo por *Antuérpia; Cherbourg*, por *Cherburgo; Garonne*, por *Garona; Genève*, por *Genebra; Jutland*, por *Jutlândia; Milano*, por *Milão; München*, por *Munique; Torino*, por *Turim; Zurich*, por *Zurique*, etc.

BASE II
DO *H* INICIAL E FINAL

1º) O *h* inicial emprega-se:
   a) Por força da etimologia: haver, hélice, hera, hoje, hora, homem, humor;
   b) Em virtude da adoção convencional: *hã?, hem?, hum!*

2º) O *h* inicial suprime-se:
   a) Quando, apesar da etimologia, sua supressão está inteiramente consagrada pelo uso: *erva*, em vez de *herva*; e, portanto, *ervaçal, ervanário, ervoso* (em contraste com *herbáceo, herbanário, herboso*, formas de origem erudita);
   b) Quando, por via de composição, passa a interior e o elemento em que figura se aglutina ao precedente: *biebdomadário, desarmonia, desumano, exaurir, inábil, lobisomem, reabilitar, reaver*.

3º) O *h* inicial mantém-se, no entanto, quando, em uma palavra composta, pertence a um elemento que está ligado ao anterior por meio de hífen: *anti-higiênico, contra-haste, pré-história, sobre-humano.*

4º) O *h* final emprega-se em interjeições: *ah! oh!*

BASE III
DA HOMOFONIA DE CERTOS GRAFEMAS CONSONÂNTICOS

Dada a homofonia existente entre certos grafemas consonânticos, torna-se necessário diferençar os seus empregos, que fundamentalmente se regulam pela história das palavras. É certo que a variedade das condições em que se fixam na escrita os grafemas consonânticos homófonos nem sempre permite fácil diferenciação dos casos em que se deve empregar uma letra e daqueles em que, diversamente, se deve empregar outra, ou outras, a representar o mesmo som.

Nesta conformidade, importa notar, principalmente, os seguintes casos:

1º) Distinção gráfica entre *ch* e *x*: *achar, archote, bucha, capacho, capucho, chamar, chave, Chico, chiste, chorar, colchão, colchete, endecha, estrebucha, facho, ficha, flecha, frincha, gancho, inchar, macho, mancha, murchar, nicho, pachorra, pecha, pechincha, penacho, rachar, sachar, tacho; ameixa, anexim, baixei, baixo, bexiga, bruxa, coaxar, coxia, debuxo, deixar, eixo, elixir, enxofre, faixa, feixe, madeixa, mexer, oxalá, praxe, puxar, rouxinol, vexar, xadrez, xarope, xenofobia, xerife, xícara.*

2º) Distinção gráfica entre *g*, com valor de fricativa palatal, e *j*: *adágio, alfageme, Álgebra, algema, algeroz, Algés, algibebe, algibeira, álgido, almargem, Alvorge, Argel, estrangeiro, falange, ferrugem, frigir, gelosia, gengiva, gergelim, geringonça, Gibraltar, ginete, ginja, girafa, gíria, herege, relógio, sege, Tânger, virgem; adjetivo, ajeitar, ajeru* (nome de planta indiana e de uma espécie de papagaio), *canjerê, canjica, enjeitar, granjear, hoje, intrujice, jecoral, jejum, jeira, jeito, Jeová, jenipapo, jequiri, jequitibá, Jeremias, Jericó, jerimum, Jerônimo, Jesus, jiboia, jiquipanga, jiquiró, jiquitaia, jirau, jiriti, jitirana, laranjeira, lojista, majestade, majestoso, manjerico, manjerona, mucujê, pajé, pegajento, rejeitar, sujeito, trejeito.*

3º) Distinção gráfica entre as letras *s, ss, c, ç* e *x*, que representam sibilantes surdas: *ânsia, ascensão, aspersão, cansar, conversão, esconso, farsa, ganso, imenso, mansão, mansarda, manso, pretensão, remanso, seara, seda, Seia, Sertã, Sernancelhe, serralheiro, Singapura, Sintra, sisa, tarso, terso, valsa; abadessa, acossar, amassar, arremessar, Asseiceira, asseio, atravessar, benesse, Cassilda, codesso* (identicamente *Codessal* ou *Codassal, Codesseda, Codessoso*, etc.), *crasso, devassar, dossel, egresso, endossar, escasso, fosso, gesso, molosso, mossa, obsessão, pêssego, possesso, remessa, sossegar, acém, acervo, alicerce, cebola, cereal, Cernache, cetim, Cinfães, Escócia, Macedo, obcecar, percevejo; açafate, açorda, açúcar, almaço, atenção, berço, Buçaco, caçanje, caçula, caraça, dançar, Eça, enguiço, Gonçalves, inserção, linguiça, maçada, Mação, maçar, Moçambique, Monção, muçulmano, murça, negaça, pança, peça, quiçaba, quiçaça, quiçama, quiçamba, Seiça* (grafia que pretere as errôneas *Ceiça* e *Ceissa*), *Seiçal, Suíça, terço; auxílio, Maximiliano, Maximino, máximo, próximo, sintaxe.*

4º) Distinção gráfica entre *s* de fim de sílaba (inicial ou interior) e *x* e *z* com idêntico valor fônico: *adestrar, Calisto, escusar, esdrúxulo, esgotar, esplanada, esplêndido, espontâneo, espremer, esquisito, estender, Estremadura, Estremoz, inesgotável; extensão, explicar, extraordinário, inextricável, inexperto, sextante, têxtil; capazmente, infelizmente, velozmente.* De acordo com esta distinção convém notar dois casos:

a) Em final de sílaba que não seja final de palavra, o *x* = *s* muda para *s* sempre que está precedido de *i* ou *u*: *justapor, justalinear, misto, sistino* (cf. Capela Sistina), *Sisto*, em vez de *juxtapor, juxtalinear, mixto, sixtina, Sixto*;

b) Só nos advérbios em *-mente* se admite *z*, com valor idêntico ao de *s*, em final de sílaba seguida de outra consoante (cf. *capazmente*, etc.); de contrário, o *s* toma sempre o lugar do *z*: *Biscaia*, e não *Bizcaia*.

5º) Distinção gráfica entre *s* final de palavra e *x* e *z* com idêntico valor fônico: *aguarrás, aliás, anis, após, atrás, através, Avis, Brás, Dinis, Garcês, gás, Gerês, Inês, íris, Jesus, jus, lápis, Luís, país, português, Queirós, quis, retrós, revés, Tomás, Valdês; cálix, Félix, Fênix flux; assaz, arroz, avestruz, dez, diz, fez* (substantivo e forma do verbo *fazer*), *fiz, Forjaz, Galaaz, giz, jaez, matiz, petiz, Queluz, Romariz,* [Arcos de] *Valdevez, Vaz.* A propósito, deve observar-se que é inadmissível *z* final equivalente a *s* em palavra não oxítona: *Cádis*, e não *Cádiz*.

6º) Distinção gráfica entre as letras interiores *s, x* e *z*, que representam sibilantes sonoras: *aceso, analisar, anestesia, artesão, asa, asilo, Baltasar, besouro, besuntar, blusa, brasa, brasão, Brasil, brisa,* [Marco de] *Canaveses, coliseu, defesa, duquesa, Elisa, empresa, Ermesinde, Esposende, frenesi ou frenesim, frisar, guisa, improviso, jusante, liso, lousa, Lousã, Luso* (nome de lugar, homônimo de *Luso*, nome mitológico), *Matosinhos, Meneses, narciso, Nisa, obséquio, ousar, pesquisa, portuguesa, presa, raso, represa, Resende, sacerdotisa, Sesimbra, Sousa, surpresa, tisana, transe, trânsito, vaso; exalar, exemplo, exibir, exorbitar, exuberante, inexato, inexorável; abalizado, alfazema, Arcozelo, autorizar, azar, azedo, azo, azorrague, baliza, bazar, beleza, buzina, búzio, comezinho, deslizar, deslize, Ezequiel, fuzileiro, Galiza, guizo, helenizar, lambuzar, lezíria, Mouzinho, proeza, sazão, urze, vazar, Veneza, Vizela, Vouzela.*

BASE IV
DAS SEQUÊNCIAS CONSONÂNTICAS

1º) O *c*, com valor de oclusiva velar, das sequências interiores *cc* (segundo *c* com valor de sibilante), *cç* e *ct*, e o *p* das sequências interiores *pc* (*c* com valor de sibilante), *pç* e *pt*, ora se conservam, ora se eliminam.

Assim:

a) Conservam-se nos casos em que são invariavelmente proferidos nas pronúncias cultas da língua: *compacto, convicção, convicto, ficção, friccionar, pacto, pictural; adepto, apto, díptico, erupção, eucalipto, inepto, núpcias, rapto;*

b) Eliminam-se nos casos em que são invariavelmente mudos nas pronúncias cultas da língua: *ação, acionar, afetivo, aflição, aflito, ato, coleção, coletivo, direção, diretor, exato, objeção*[48]; *adoção, adotar, batizar, Egito, ótimo;*

c) Conservam-se ou eliminam-se, facultativamente, quando se proferem em uma pronúncia culta, quer geral, quer restritamente, ou então quando oscilam entre a prolação e o emudecimento: *aspecto* e *aspeto, cacto* e *cato, caracteres* e *carateres, dicção* e *dição; facto* e *fato, sector* e *setor, ceptro* e *cetro, concepção* e *conceção, corrupto* e *corruto, recepção* e *receção;*

d) Quando, nas *sequências* interiores *mpc, mpç* e *mpt* se eliminar o *p* de acordo com o determinado nos parágrafos precedentes, o *m* passa a *n*, escrevendo-se, respectivamente, *nc, nç* e *nt: assumpcionista* e *assuncionista; assumpção* e *assunção; assumptível* e *assuntível; peremptório* e *perentório, sumptuoso* e *suntuoso, sumptuosidade* e *suntuosidade*.

2º) Conservam-se ou eliminam-se, facultativamente, quando se proferem em uma pronúncia culta, quer geral, quer restritamente, ou então quando oscilam entre a prolação e o emudecimento: o *b* da sequência *bd*, em *súbdito*; o *b* da sequência *bt*, em *subtil* e seus derivados; o *g* da sequência *gd*, em *amígdala, amigdalácea, amigdalar, amigdalato, amigdalite, amigdaloide, amigdalopatia, amigdalotomia*; o *m* da sequência *mn*, em *amnistia, amnistiar, indemne, indemnidade, indemnizar, omnímodo, omnipotente, omnisciente*, etc.; o *t* da sequência *tm*, em *aritmética* e *aritmético*.

BASE V
DAS VOGAIS ÁTONAS

1º) O emprego do *e* e do *i*, assim como o do *o* e do *u* em sílaba átona, regula-se fundamentalmente pela etimologia e por particularidades da história das palavras. Assim, se estabelecem variadíssimas grafias:

a) Com *e* e *i: ameaça, amealhar, antecipar, arrepiar, balnear, boreal, campeão, cardeal* (prelado, ave, planta; diferente de *cardial* = "relativo à cárdia"), *Ceará, côdea, enseada, enteado, Floreal, janeanes, lêndea, Leonardo, Leonel, Leonor, Leopoldo, Leote, linear, meão, melhor, nomear, peanha, quase* (em vez de *quási*), *real, semear, semelhante, várzea; ameixial, Ameixieira, amial, amieiro, arrieiro, artilharia, capitânia, cordial* (adjetivo e substantivo), *corriola, crânio, criar, diante, diminuir, Dinis, ferregial, Filinto, Filipe* (e identicamente *Filipa, Filipinas*, etc.), *freixial, giesta, Idanha, igual, imiscuir-se, inigualável, lampião, limiar, Lumiar, lumieiro, pátio, pior, tigela, tijolo, Vimieiro, Vimioso;*

b) Com *o* e *u: abolir, Alpendorada, assolar, borboleta, cobiça, consoada, consoar costume, díscolo, êmbolo, engolir, epístola, esbaforir-se, esboroar, farândola, femoral, Freixoeira, girândola, goela, jocoso, mágoa, névoa, nódoa, óbolo, Páscoa, Pascoal, Pascoela, polir,*

---

[48] **N. do A.:** O exemplo de *objeção* refere-se à grafia *objecção* (obviamente, o encontro *bj* permanece grafado pelas razões do item anterior).

Rodolfo, távoa, tavoada, távola, tômbola, veio (substantivo e forma do verbo vir); açular, água, aluvião, arcuense, assumir, bulir, camândulas, curtir, curtume, embutir, entupir, fêmur, fístula, glândula, ínsua, jucundo, légua, Luanda, lucubração, lugar, mangual, Manuel, míngua, Nicarágua, pontual, régua, tábua, tabuada, tabuleta, trégua, vitualha.

2º) Sendo muito variadas as condições etimológicas e histórico-fonéticas em que se fixam graficamente *e* e *i* ou *o* e *u* em sílaba átona, é evidente que só a consulta dos vocabulários ou dicionários pode indicar, muitas vezes, se deve empregar-se *e* ou *i*, se *o* ou *u*. Há, todavia, alguns casos em que o uso dessas vogais pode ser facilmente sistematizado. Convém fixar os seguintes:

a) Escrevem-se com *e*, e não com i, antes da sílaba tônica, os substantivos e adjetivos que procedem de substantivos terminados em -eio e -eia, ou com eles estão em relação direta. Assim se regulam: *aldeão, aldeola, aldeota* por *aldeia; areal, areeiro, areento, Areosa* por *areia; aveal* por *aveia; baleal* por *baleia; cadeado* por *cadeia; candeeiro* por *candeia; centeeira* e *centeeiro* por *centeio; colmeal* e *colmeeiro* por *colmeia; correada* e *correame* por *correia.*

b) Escrevem-se igualmente com *e*, antes de vogal ou ditongo da sílaba tônica, os derivados de palavras que terminam em *e* acentuado (o qual pode representar um antigo hiato: *ea, ee): galeão, galeota, galeote,* de *galé; coreano,* de *Coreia; daomeano,* de *Daomé; guineense,* de *Guiné; poleame* e *poleeiro,* de *polé.*

c) Escrevem-se com i, e não com e, antes da sílaba tônica, os adjetivos e substantivos derivados em que entram os sufixos mistos de formação vernácula -iano e -iense, os quais são o resultado da combinação dos sufixos -ano e -ense com um i de origem analógica (baseado em palavras em que -ano e -ense estão precedidos de i pertencente ao tema: *horaciano, italiano, duniense, flaviense,* etc.); *açoriano, acriano* (de *Acre), camoniamo, goisiano* (relativo a Damião de *Góis), siniense* (de *Sines), sofocliano, torriano, torriense* (de *Torre*[s]).

d) Uniformizam-se com as terminações -io e -ia (átonas), em vez de -eo e -ea, os substantivos que constituem variações, obtidas por ampliação, de outros substantivos terminados em vogal: *cúmio* (popular), de *cume; hástia,* de *haste; réstia,* do antigo *reste; véstia,* de *veste.*

e) Os verbos em -ear podem distinguir-se praticamente, grande número de vezes, dos verbos em -iar, quer pela formação, quer pela conjugação e formação ao mesmo tempo. Estão no primeiro caso todos os verbos que se prendem a substantivos em -eio ou -eia (sejam formados em português ou venham já do latim); assim se regulam: *aldear,* por *aldeia; alhear,* por *alheio; cear* por *ceia; encadear* por *cadeia; pear,* por *peia,* etc. Estão no segundo caso todos os verbos que têm normalmente flexões rizotônicas em -eio, -eias, etc.: *clarear, delinear, devanear, falsear, granjear, guerrear, hastear, nomear, semear,* etc. Existem, no entanto, verbos em -iar, ligados a substantivos com as terminações átonas -ia ou -io, que admitem variantes na conjugação: *negoceio* ou *negocio* (cf. *negócio); premeio* ou *premio* (cf. *prêmio),* etc.

f) Não é lícito o emprego do u final átono em palavras de origem latina. Escreve-se, por isso: *moto*, em vez de *mótu* (por exemplo, na expressão de *moto próprio*); *tribo*, em vez de *tríbu*.

g) Os verbos em *-oar* distinguem-se praticamente dos verbos em *-uar* pela sua conjugação nas formas rizotônicas, que têm sempre o na sílaba acentuada: *abençoar* com o, como abençoo, abençoas, etc.; destoar, com o, como destoo, destoas, etc.; mas acentuar, com u, como acentuo, acentuas, etc.

BASE VI
DAS VOGAIS NASAIS

Na representação das vogais nasais devem observar-se os seguintes preceitos:

1º) Quando uma vogal nasal ocorre em fim de palavra, ou em fim de elemento seguido de hífen, representa-se a nasalidade pelo til, se essa vogal é de timbre a; por *m*, se possui qualquer outro timbre e termina a palavra; e por n se é de timbre diverso de *a* e está seguida de *s*: *afã, grã, Grã-Bretanha, lã, órfã, sã-braseiro* (forma dialetal; o mesmo que *são-brasense* = de S. Brás de Alportel); *clarim, tom, vacum, flautins, semitons, zunzuns*.

2º) Os vocábulos terminados em *-ã* transmitem esta representação do *a* nasal aos advérbios em *-mente* que deles se formam, assim como a derivados em que entrem sufixos iniciados por *z*: *cristãmente, irmãmente, sãmente; lãzudo, maçãzita, manhãzinha, romãzeira*.

BASE VII
DOS DITONGOS

1º) Os ditongos orais, que tanto podem ser tônicos como átonos, distribuem-se por dois grupos gráficos principais, conforme o segundo elemento do ditongo é representado por *i* ou *u*[49]: *ai, ei, éi, oi, ói, ui; au, eu, éu, iu, ou: braçais, caixote, deveis, eirado, farnéis* (mas *farneizinhos*), *goivo, goivar, lençóis* (mas *lençoizinhos*), *tafuis, uivar, cacau, cacaueiro, deu, endeusar, ilhéu* (mas *ilheuzito*), *mediu, passou, regougar*.

Obs.: Admitem-se, todavia, excepcionalmente, à parte destes dois grupos, os ditongos grafados *ae* (= *âi* ou *ai*) e *ao* (*âu* ou *au*): o primeiro, representado nos antropônimos *Caetano* e *Caetana*, assim como nos respectivos derivados e compostos (*caetaninha, são-caetano*, etc.); o segundo, representado nas combinações da preposição *a* com as formas masculinas do artigo ou pronome demonstrativo *o*, ou seja, *ao* e *aos*.

---

[49] **N. do A.:** No documento original, a enumeração não inclui os ditongos OI e ÓI, embora ambos façam parte da exemplificação (*goivar, lençóis*).

2º) Cumpre fixar, a propósito dos ditongos orais, os seguintes preceitos particulares:

a) É o ditongo grafado *ui*, e não a sequência vocálica grafada *ue*, que se emprega nas formas de 2ª e 3ª pessoas do singular do presente do indicativo e igualmente na da 2ª pessoa do singular do imperativo dos verbos em *-uir*: *constituis, influi, retribui*. Harmonizam-se, portanto, essas formas com todos os casos de ditongo grafado *ui* de sílaba final ou fim de palavra (*azuis, fui, Guardafui, Rui,* etc.); e ficam assim em paralelo gráfico-fonético com as formas de 2ª e 3ª pessoas do singular do presente do indicativo e de 2ª pessoa do singular do imperativo dos verbos em *-air* e em *-oer*: *atrais, cai, sai; móis, remói, sói;*

b) É o ditongo grafado *ui* que representa sempre, em palavras de origem latina, a união de um *i* a um *i* átono seguinte. Não divergem, portanto, formas como *fluido* de formas como *gratuito*. E isso não impede que nos derivados de formas daquele tipo as vogais grafadas *ii* e *i* se separem: *fluídico, fluidez (u-i);*

c) Além dos ditongos orais propriamente ditos, os quais são todos decrescentes, admite-se, como é sabido, a existência de ditongos crescentes. Podem considerar-se no número deles as sequências vocálicas postônicas, tais as que se representam graficamente por *ea, eo, ia, ie, io, oa, ua, ue, uo*: *áurea, áureo, calúnia, espécie, exímio, mágoa, míngua, tênue, tríduo.*

3º) Os ditongos nasais, que em sua maioria tanto podem ser tônicos como átonos, pertencem graficamente a dois tipos fundamentais: ditongos representados por vogal com til e semivogal; ditongos representados por uma vogal seguida da consoante nasal *m*. Eis a indicação de uns e outros:

a) Os ditongos representados por vogal com til e semivogal são quatro, considerando-se apenas a língua padrão contemporânea: *ãe* (usado em vocábulos oxítonos e derivados), *ãi* (usado em vocábulos anoxítonos e derivados), *ão* e *õe*. Exemplos: *cães, Guimarães, mãe, mãezinha; cãibas, cãibeiro, cãibra, zãibo; mão, mãozinha, não, quão, sótão, sotãozinho, tão; Camões, orações, oraçõezinhas, põe, repões*. Ao lado de tais ditongos pode, por exemplo, colocar-se o ditongo *ui*; mas este, embora se exemplifique em uma forma popular como *rũi* = *ruim*, representa-se sem o til nas formas *muito* e *mui*, por obediência à tradição;

b) Os ditongos representados por uma vogal seguida da consoante nasal *m* são dois: *am* e *em*. Divergem, porém, em seus empregos:

    i - *am* (sempre átono) só se emprega em flexões verbais: *amam, deviam, escreveram, puseram;*

    ii - *em* (tônico ou átono) emprega-se em palavras de categorias morfológicas diversas, incluindo flexões verbais, e pode apresentar variantes gráficas determinadas pela posição, pela acentuação ou, simultaneamente, pela posição e pela acentuação: *bem, bem-bom, bemposta, cem, devem, nem, quem, sem, tem, virgem; Bencanta, benfeito, Benfica, benquisto, bens, enfim, enquanto, homenzarrão, homenzinho, nuvenzinha, tens, virgens, amém* (variação de *ámen*), *armazém, convém, mantém, ninguém, porém, Santarém, também; convêm, mantêm, têm* (3ªs pessoas do plural); *armazéns, desdéns, convéns, reténs; Belenzada, vintenzinho.*

BASE VIII
DA ACENTUAÇÃO GRÁFICA DAS PALAVRAS OXÍTONAS

1º) Acentuam-se com acento agudo:
   a) As palavras oxítonas e os monossílabos tônicos terminados nas vogais tônicas abertas grafadas *-a, -e* ou *-o*, seguidas ou não de *-s*: *está, estás, já, olá; até, é, és, olé, pontapé(s); avó(s), dominó(s), paletó(s), só(s).*

   Obs.: Em algumas (poucas) palavras oxítonas terminadas em *-e* tônico, geralmente provenientes do francês, esta vogal, por ser articulada nas pronúncias cultas ora como aberta ora como fechada, admite tanto o acento agudo como o acento circunflexo: *bebé* ou *bebê, bidé* ou *bidê, canapé* ou *canapê, caraté* ou *caratê, croché* ou *crochê, guiché* ou *guichê, matiné* ou *matinê, nené* ou *nenê, ponjé* ou *ponjê, puré* ou *purê, rapé* ou *rapê.*

   O mesmo se verifica com formas como *cocó* e *cocô, ró* (letra do alfabeto grego) e *rô*. São igualmente admitidas formas como *judô*, a par de *judo*, e *metrô*, a par de *metro*;

   b) As formas verbais oxítonas ou monossilábicas, quando conjugadas com os pronomes clíticos *lo(s)* ou *la(s)*, ficam a terminar na vogal tônica aberta grafada *-a*, após a assimilação e perda das consoantes finais grafadas *-r, -s* ou *-z: adorá-lo(s)* (de *adorar-lo[s]*), *dá-la(s)* (de *dar-la[s]* ou *dá[s]-la[s]*), *fá-lo(s)* (de faz-lo[s]), *fá-lo(s)-ás* (de *far-lo[s]-ás*), *habitá-la(s)-iam* (de *habitar-la[s]*-iam), *trá-la(s)-á* (de *trar-la[s]-á*);

   c) As palavras oxítonas terminadas no ditongo nasal grafado *-em* (exceto as formas de 3ª pessoa do plural do presente do indicativo dos compostos de ter e *vir: retêm, sustêm, advêm, provêm*, etc.) ou *-ens: acém, detém, deténs, entretém, entreténs, harém, haréns, porém, provém, provéns, também*;

   d) As palavras oxítonas e os monossílabos tônicos com os ditongos abertos grafados *-éi, -éu* ou *-ói*, podendo estes dois últimos ser seguidos ou não de *-s: anéis, batéis, fiéis, papéis; céu(s), chapéu(s), ilhéu(s), véu(s); corrói* (de *corroer*), *herói(s), remói* (de *remoer*), *sóis.*

2º) Acentuam-se com acento circunflexo:
   a) As palavras oxítonas e os monossílabos tônicos terminados nas vogais tônicas fechadas que se grafam *-e* ou *-o*, seguidas ou não de *-s: cortês, dê, dês* (de *dar*), *lê, lês* (de *ler*), *português, você(s); avô(s), pôs* (de *pôr*), *robô(s);*

   b) As formas verbais oxítonas ou monossilábicas, quando conjugadas com os pronomes clíticos *-lo(s)* ou *-la(s)*, ficam a terminar nas vogais tônicas fechadas que se grafam *-e* ou *-o*, após a assimilação e perda das consoantes finais grafadas *-r, -s* ou *-z: detê-lo(s)* (de *deter-lo-[s]*), *fazê-la(s)* (de *fazer-la[s]*), *fê-lo(s)* (de *fez-lo[s]*), *vê-la(s)* (de *ver-la[s]*), *compô-la(s)* (de *compor-la[s]*), *repô-la(s)* (de *repor-la[s]*), *pô-la(s)* (de *por-la[s]* ou *pôs-la[s]*).

3º) Prescinde-se de acento gráfico para distinguir palavras oxítonas e monossílabos tônicos homógrafos, mas heterofônicos, do tipo de *cor* (ô), substantivo, e *cor* (ó), elemento da locução *de cor; colher* (ê), verbo, e *colher* (é), substantivo. Excetua-se a forma verbal *pôr*, para a distinguir da preposição *por*.

BASE IX
DA ACENTUAÇÃO GRÁFICA DAS PALAVRAS PAROXÍTONAS

1º) As palavras paroxítonas não são em geral acentuadas graficamente: enjoo, grave, homem, mesa, Tejo, vejo, velho, voo; avanço, floresta; abençoo, angolano, brasileiro; descobrimento, graficamente, moçambicano.

2º) Recebem, no entanto, acento agudo:
   a) As palavras paroxítonas que apresentam, na sílaba tônica, as vogais abertas grafadas *a*, *e*, *o* e ainda *i* ou *u* e que terminam em *-l*, *-n*, *-r*, *-x* e *-ps*, assim como, salvo raras exceções, as respectivas formas do plural, algumas das quais passam a proparoxítonas: *amável* (pl. *amáveis*), *Aníbal*, *dócil* (pl. *dóceis*), *dúctil* (pl. *dúcteis*), *fóssil* (pl. *fósseis*), *réptil* (pl. *répteis*; var. *reptil*, pl. *reptis*); *cármen* (pl. *cármenes* ou *carmens*; var. *carme*, pl. *carmes*); *dólmen* (pl. *dólmenes* ou *dolmens*), *éden* (pl. *édenes* ou *edens*), *líquen* (pl. *líquenes*), *lúmen* (pl. *lúmenes* ou *lumens*); *açúcar* (pl. *açúcares*), *almíscar* (pl. *almíscares*), *cadáver* (pl. *cadáveres*), *caráter* ou *carácter* (mas pl. *carateres* ou *caracteres*), *ímpar* (pl. *ímpares*); *Ájax*, *córtex* (pl. *córtex*; var. *córtice*, pl. *córtices*, *índex* (pl. *índex*; var. *índice*, pl. *índices*), *tórax* (pl. *tórax* ou *tóraxes*; var. *torace*, pl. *toraces*); *bíceps* (pl. *bíceps*; var. *bicípite*, pl. *bicípites*), *fórceps* (pl. *fórceps*; var. *fórcipe*, pl. *fórcipes*).

Obs.: Muito poucas palavras deste tipo, com as vogais tônicas grafadas *e* e *o* em fim de sílaba, seguidas das consoantes nasais grafadas *m* e *n*, apresentam oscilação de timbre nas pronúncias cultas da língua e, por conseguinte, também de acento gráfico (agudo ou circunflexo): *sémen* e *sêmen*, *xénon* e *xênon*; *fêmur* e *fémur*, *vómer* e *vômer*; *Fénix* e *Fênix*, *ónix* e *ônix*;

   b) As palavras paroxítonas que apresentam, na sílaba tônica, as vogais abertas grafadas *a*, *e*, *o* e ainda *i* ou *u* e que terminam em *-ã(s)*, *-ão(s)*, *-ei(s)*, *-i(s)*, *-um*, *-uns* ou *-us*: *órfã* (pl. *órfãs*), *acórdão* (pl. *acórdãos*), *órfão* (pl. *órfãos*), *órgão* (pl. *órgãos*), *sótão* (pl. *sótãos*); *hóquei*, *jóquei* (pl. *jóqueis*), *amáveis* (pl. de *amável*), *fáceis* (pl. de *fácil*), *fósseis* (pl. de *fóssil*), *amáreis* (de *amar*), *amáveis* (id.), *cantaríeis* (de *cantar*), *fizéreis* (de *fazer*), *fizésseis* (id.); *beribéri* (pl. *beribéris*), *bílis* (sg. e pl.), *íris* (sg. e pl.), *júri* (pl. *júris*), *oásis* (sg. e pl.); *álbum* (pl. *álbuns*), *fórum* (pl. *fóruns*); *húmus* (sg. e pl.), *vírus* (sg. e pl.).

Obs.: Muito poucas paroxítonas deste tipo[50], com as vogais tônicas grafadas *e* e *o* em fim de sílaba, seguidas das consoantes nasais grafadas m e n, apresentam oscilação de timbre nas pronúncias cultas da língua, o qual é assinalado com acento agudo, se aberto, ou circunflexo, se fechado: *pónei* e *pônei*; *gónis* e *gônis*, *pénis* e *pênis*, *ténis* e *tênis*; *bónus* e *bônus*, *ónus* e *ônus*, *tónus* e *tônus*, *Vénus* e *Vênus*.

3º) Não se acentuam graficamente os ditongos representados por *ei* e *oi* da sílaba tônica das palavras paroxítonas, dado que existe oscilação em muitos casos entre o fechamento e a abertura em sua articulação: *assembleia*, *boleia*, *ideia*, tal como *aldeia*, *baleia*, *cadeia*, *cheia*, *meia*; *coreico*, *epopeico*, *onomatopeico*, *proteico*; *alcaloide*, *apoio* (do verbo

---
[50] **N. do A.:** O *VOLP* de 2009 inclui "na regra geral de acentuação os paroxítonos terminados em *-om*: *iândom*, *rádom* (variante de *rádon*)".

apoiar), tal como *apoio* (subst.), *Azoia, boia, boina, comboio* (subst.), tal como *comboio*, comboias, etc. (do verbo comboiar), dezoito, estroina, heroico, introito, jiboia, moina, paranoico, zoina.

4º) É facultativo assinalar com acento agudo as formas verbais de pretérito perfeito do indicativo, do tipo *amámos, louvámos*, para as distinguir das correspondentes formas do presente do indicativo (*amamos, louvamos*), já que o timbre da vogal tônica é aberto naquele caso em certas variantes do português.

5º) Recebem acento circunflexo:
   a) As palavras paroxítonas que contêm, na sílaba tônica, as vogais fechadas com a grafia *a, e, o* e que terminam em *-l, -n, -r* ou *-x*, assim como as respectivas formas do plural, algumas das quais se tornam proparoxítonas: *cônsul* (pl. *cônsules*), *pênsil* (pl. *pênseis*), *têxtil* (pl. *têxteis*); *cânon*, var. *cânone* (pl. *cânones*), *plâncton* (pl. *plânctons*); *Almodôvar, aljôfar* (pl. *aljôfares*), *âmbar* (pl. *âmbares*), *Câncer, Tânger*; *bômbax* (sg. e pl.), *bômbix*, var. *bômbice* (pl. *bômbices*);
   b) As palavras paroxítonas que contêm, na sílaba tônica, as vogais fechadas com a grafia *a, e, o* e que terminam em *-ão(s), -eis, -i(s)* ou *-us*: *bênção(s), côvão(s), Estêvão, zângão(s)*[51]; *devêreis* (de *dever*), *escrevêsseis* (de *escrever*), *fôreis* (de *ser* e *ir*), *fôsseis* (id.), *pênseis* (pl. de *pênsil*), *têxteis* (pl. de *têxtil*); *dândi(s), Mênfis; ânus*;
   c) As formas verbais *têm* e *vêm*, 3ªˢ pessoas do plural do presente do indicativo de *ter* e *vir*, que são foneticamente paroxítonas[52] (respectivamente [ˈtɐ̃yɲɐ̃y], [ˈvɐ̃yɲɐ̃y] ou [ˈtẽẽy], [ˈvẽẽy] ou ainda [ˈtẽyɲẽy], [ˈvẽyɲẽy]; cf. as antigas grafias preteridas *têem, vêem*), a fim de se distinguirem de *tem* e *vem*, 3ªˢ pessoas do singular do presente do indicativo ou 2ªˢ pessoas do singular do imperativo; e também as correspondentes formas compostas, tais como: *abstêm* (cf. *abstém*), *advêm* (cf. *advém*), *contêm* (cf. *contém*), *convêm* (cf. *convém*), *desconvêm* (cf. *desconvém*), *detêm* (cf. *detém*), *entretêm* (cf. *entretém*), *intervêm* (cf. *intervém*), *mantêm* (cf. *mantém*), *obtêm* (cf. *obtém*), *provêm* (cf. *provém*), *sobrevêm* (cf. *sobrevém*).

Obs.: Também neste caso são preteridas as antigas grafias *detêem, intervêem, mantêem, provêem*, etc.

6º) Assinalam-se com acento circunflexo:
   a) Obrigatoriamente, *pôde* (3ª pessoa do singular do pretérito perfeito do indicativo), no que se distingue da correspondente forma do presente do indicativo (*pode*);
   b) Facultativamente, *dêmos* (1ª pessoa do plural do presente do subjuntivo), para se distinguir da correspondente forma do pretérito perfeito do indicativo (*demos*); *fôrma*

---

[51] **N. do A.:** Variante *zangão* (pl. *zangãos, zangões*).

[52] **N. do A.:** Essas terminações verbais, no Brasil, são pronunciadas como monossílabos e não se distinguem de seus homônimos da 3a p. sg. A rigor, esse item do Acordo deveria fazer parte da Base VIII, pois graficamente NÃO HÁ paroxítonas em *têm, vêm* e seus derivados. A pronúncia padrão brasileira para esses verbos é [ˈtẽy] e [ˈvẽy]. A Base VII, item 3o (subitem b-ii), inclui a forma *têm* e diversos verbos derivados de ter e vir na lista dos casos de "ditongo representado por vogal seguida da consoante nasal *m*". [O conteúdo desta Nota é expandido adiante, no Item 1 do Cap. 15]

(substantivo), distinta de *forma* (substantivo; 3ª pessoa do singular do presente do indicativo ou 2ª pessoa do singular do imperativo do verbo formar).

7º) Prescinde-se de acento circunflexo nas formas verbais paroxítonas que contêm um *e* tônico oral fechado em hiato com a terminação *-em* da 3ª pessoa do plural do presente do indicativo ou do subjuntivo, conforme os casos: *creem, deem* (subj.), *descreem, desdeem* (subj.), *leem, preveem, redeem* (subj.), *releem, reveem, tresleem, veem*.

8º) Prescinde-se igualmente do acento circunflexo para assinalar a vogal tônica fechada com a grafia *o* em palavras paroxítonas como *enjoo*, substantivo e flexão de *enjoar*, *povoo*, flexão de *povoar*, *voo*, substantivo e flexão de *voar*, etc.

9º) Prescinde-se, quer do acento agudo, quer do circunflexo, para distinguir palavras paroxítonas que, tendo respectivamente vogal tônica aberta ou fechada, são homógrafas de palavras proclíticas. Assim, deixam de se distinguir pelo acento gráfico: *para* (*á*), flexão de *parar*, e *para*, preposição; *pela(s)* (*é*), substantivo e flexão de *pelar*, e *pela(s)*, combinação de *per* e *la(s)*; *pelo* (*é*), flexão de *pelar*, *pelo(s)* (*é*), substantivo ou combinação de *per* e *lo(s)*; *polo(s)* (*ó*), substantivo, e *polo(s)*, combinação antiga e popular de *por* e *lo(s)*; etc.

10º) Prescinde-se igualmente de acento gráfico para distinguir paroxítonas homógrafas heterofônicas do tipo de *acerto* (*ê*), substantivo, e *acerto* (*é*), flexão de *acertar*; *acordo* (*ô*), substantivo, e *acordo* (*ó*), flexão de *acordar*; *cerca* (*ê*), substantivo, advérbio e elemento da locução prepositiva *cerca de*, e *cerca* (*é*), flexão de *cercar*; *coro* (*ó*), substantivo, e flexão de *corar*; *deste* (*ê*), contração da preposição *de* com o demonstrativo *este*, e *deste* (*é*), flexão de *dar*; *fora* (*ô*), flexão de ser e ir, e *fora* (*ó*), advérbio, interjeição e substantivo; *piloto* (*ô*), substantivo, e *piloto* (*ó*), flexão de *pilotar*, etc.

BASE X
DA ACENTUAÇÃO DAS VOGAIS TÔNICAS GRAFADAS I E U DAS PALAVRAS OXÍTONAS E PAROXÍTONAS

1º) As vogais tônicas grafadas *i* e *u* das palavras oxítonas e paroxítonas levam acento agudo quando antecedidas de uma vogal com que não formam ditongo e desde que não constituam sílaba com a eventual consoante seguinte, excetuando o caso de *s*: *adaís* (pl. de *adail*), *aí, atraí* (de *atrair*), *baú, caís* (de *cair*), *Esaú, jacuí, Luís, país*, etc.; *alaúde, amiúde, Araújo, Ataíde, atraiam* (de *atrair*), *atraísse* (id.), *baía, balaústre, cafeína, ciúme, egoísmo, faísca, faúlha, graúdo, influíste* (de *influir*), *juízes, Luísa, miúdo, paraíso, raízes, recaída, ruína, saída, sanduíche*, etc.

2º) As vogais tônicas grafadas *i* e *u* das palavras oxítonas e paroxítonas não levam acento agudo quando, antecedidas de vogal com que não formam ditongo, constituem sílaba com a consoante seguinte, como é o caso de *nh, l, m, n, r* e *z*: *bainha, moinho, rainha; adail, paul, Raul; Aboim, Coimbra, ruim; ainda, constituinte, oriundo, ruins, triunfo; atrair, demiurgo, influir, influirmos; juiz, raiz*, etc.

3º) Em conformidade com as regras anteriores leva acento agudo a vogal tônica grafada i das formas oxítonas terminadas em *r* dos verbos em *-air* e *-uir*, quando estas se combinam com as formas pronominais clíticas *-lo(s)*, *-la(s)*, que levam à assimilação e perda daquele -r: atraí-lo(s) (de atrair-lo[s]); atraí-lo(s)-ia (de atrair-lo[s]-ia); possuí-la(s) (de possuir-la[s]); possuí-la(s)-ia (de possuir-la[s]-ia).

4º) Prescinde-se do acento agudo nas vogais tônicas grafadas *i* e *u* das palavras paroxítonas, quando elas estão precedidas de ditongo: *baiuca, boiuno, cauila* (var. *cauira*), *cheiinho* (de *cheio*), *saiinha* (de *saia*).

5º) Levam, porém, acento agudo as vogais tônicas grafadas *i* e *u* quando, precedidas de ditongo, pertencem a palavras oxítonas e estão em posição final ou seguidas de *s*: *Piauí, teiú, teiús, tuiuiú, tuiuiús*.

Obs.: Se, neste caso, a consoante final for diferente de *s*, tais vogais dispensam o acento agudo: *cauim*.

6º) Prescinde-se do acento agudo nos ditongos tônicos grafados *iu* e *ui*, quando precedidos de vogal: *distraiu, instruiu, pauis* (pl. de *paul*).

7º) Os verbos *arguir* e *redarguir* prescindem do acento agudo na vogal tônica grafada *u* nas formas rizotônicas: *arguo, arguis, argui, arguem; argua, arguas, argua, arguam*. Os verbos do tipo de *aguar, apaniguar, apaziguar, apropinquar, averiguar, desaguar, enxaguar, obliquar, delinquir* e afins, por oferecerem dois paradigmas, ou têm as formas rizotônicas igualmente acentuadas no *u*, mas sem marca gráfica (a exemplo de *averiguo, averiguas, averigua, averiguam; averigue, averigues, averigue, averiguem; enxaguo, enxaguas, enxagua, enxaguam; enxague, enxagues, enxague, enxaguem*, etc.; *delinquo, delinquis, delinqui, delinquem*; mas *delinquimos, delinquis*) ou têm as formas rizotônicas acentuadas fônica e graficamente nas vogais *a* ou *i* radicais (a exemplo de *averíguo, averíguas, averígua, averíguam; averígue, averígues, averígue, averíguem; enxáguo, enxáguas, enxágua, enxáguam; enxágue, enxágues, enxágue, enxáguem; delínquo, delínques, delínque, delínquem; delínqua, delínquas, delínqua, delínquam*).

Obs.: Em conexão com os casos acima referidos, registre-se que os verbos em *-ingir* (*atingir, cingir, constringir, infringir, tingir*, etc.) e os verbos em *-inguir* sem prolação do *u* (*distinguir, extinguir*, etc.) têm grafias absolutamente regulares (*atinjo, atinja, atinge, atingimos*, etc.; *distingo, distinga, distingue, distinguimos*, etc.).

BASE XI
DA ACENTUAÇÃO GRÁFICA DAS PALAVRAS PROPAROXÍTONAS

1º) Levam acento agudo:
a) As palavras proparoxítonas que apresentam na sílaba tônica as vogais abertas grafadas *a, e, o* e ainda *i, u* ou ditongo oral começado por vogal aberta: *árabe, cáustico, Cleópatra,*

esquálido, exército, hidráulico, líquido, míope, músico, plástico, prosélito, público, rústico, tétrico, último;

b) As chamadas proparoxítonas aparentes, isto é, que apresentam na sílaba tônica as vogais abertas grafadas *a, e, o* e ainda *i, u* ou ditongo oral começado por vogal aberta, e que terminam por sequências vocálicas pós-tônicas praticamente consideradas como ditongos crescentes (*-ea, -eo, -ia, -ie, -io, -oa, -ua, -uo*, etc.): *álea, náusea; etéreo, níveo; enciclopédia, glória; barbárie, série; lírio, prélio; mágoa, nódoa; exígua, língua; exíguo, vácuo.*

2°) Levam acento circunflexo:
a) As palavras proparoxítonas que apresentam na sílaba tônica vogal fechada ou ditongo com a vogal básica fechada: *anacreôntico, brêtema, cânfora, cômputo, devêramos* (de *dever*), *dinâmico, êmbolo, excêntrico, fôssemos* (de *ser* e *ir*), *Grândola, hermenêutica, lâmpada, lôstrego, lôbrego, nêspera, plêiade, sôfrego, sonâmbulo, trôpego;*

b) As chamadas proparoxítonas aparentes, isto é, que apresentam vogais fechadas na sílaba tônica, e terminam por sequências vocálicas pôstônicas praticamente consideradas como ditongos crescentes: *amêndoa, argênteo, côdea, Islândia, Mântua, serôdio.*

3°) Levam acento agudo ou acento circunflexo as palavras proparoxítonas, reais ou aparentes, cujas vogais tônicas grafadas *e* ou *o* estão em final de sílaba e são seguidas das consoantes nasais grafadas *m* ou *n*, conforme o seu timbre é, respectivamente, aberto ou fechado nas pronúncias cultas da língua: *académico/acadêmico, anatómico/anatômico, cénico/cênico, cómodo/cômodo, fenómeno/ fenômeno, género/gênero, topónimo/topónimo; Amazónia/Amazônia, António/Antônio, blasfémia/blasfêmia, fémea/fêmea, gémeo/gêmeo, génio/gênio, ténue/tênue.*

BASE XII
DO EMPREGO DO ACENTO GRAVE

1°) Emprega-se o acento grave:
a) Na contração da preposição *a* com as formas femininas do artigo ou pronome demonstrativo *o*: *à* (de *a+a*), *às* (de *a+as*);

b) Na contração da preposição *a* com os demonstrativos *aquele, aquela, aqueles, aquelas* e *aquilo* ou ainda da mesma preposição com os compostos *aqueloutro* e suas flexões: *àquele(s), àquela(s), àquilo; àqueloutro(s), àqueloutra(s).*

BASE XIII
DA SUPRESSÃO DOS ACENTOS EM PALAVRAS DERIVADAS

1°) Nos advérbios em *-mente*, derivados de adjetivos com acento agudo ou circunflexo, estes são suprimidos: *avidamente* (de *ávido*), *debilmente* (de *débil*), *facilmente* (de *fácil*), *habilmente* (de *hábil*), *ingenuamente* (de *ingênuo*), *lucidamente* (de *lúcido*), *mamente* (de *má*), *somente* (de *só*), *unicamente* (de *único*), etc.; *candidamente* (de *cândido*), *cortesmente* (de *cortês*), *dinamicamente* (de *dinâmico*), *espontaneamente* (de *espontâneo*), *portuguesmente* (de *português*), *romanticamente* (de *romântico*).

2º) Nas palavras derivadas que contêm sufixos iniciados por z e cujas formas de base apresentam vogal tônica com acento agudo ou circunflexo, estes são suprimidos: aneizinhos (de anéis), avozinha (de avó), bebezito (de bebê), cafezada (de café), chapeuzinho (de chapéu), chazeiro (de chá), heroizito (de herói), ilheuzito (de ilhéu), mazinha (de má), orfãozinho (de órfão), vintenzito (de vintém), etc.; avozinho (de avô), bênçãozinha (de bênção), lampadazita (de lâmpada), pessegozito (de pêssego).

BASE XIV
DO TREMA

O trema, sinal de diérese, é inteiramente suprimido em palavras portuguesas ou aportuguesadas. Nem sequer se emprega na poesia, mesmo que haja separação de duas vogais que normalmente formam ditongo: *saudade*, e não *saüdade*, ainda que tetrassílabo; *saudar*, e não *saüdar*, ainda que *trissílabo*, etc.

Em virtude dessa supressão, abstrai-se de sinal especial, quer para distinguir, em sílaba átona, um *i* ou um *u* de uma vogal da sílaba anterior, quer para distinguir, também em sílaba átona, um *i* ou um *u* de um ditongo precedente, quer para distinguir, em sílaba tônica ou átona, o *u* de *gu* ou de *qu* de um *e* ou *i* seguintes: *arruinar, constituiria, depoimento, esmiuçar, faiscar, faulhar, oleicultura, paraibano, reunião; abaiucado, auiqui, caiuá, cauixi, piauiense; aguentar, anguiforme, arguir, bilíngue, lingueta, linguista, linguístico; cinquenta, equestre, frequentar, tranquilo, ubiquidade.*

Obs.: Conserva-se, no entanto, o trema, de acordo com a Base I, 3º, em palavras derivadas de nomes próprios estrangeiros: *hübneriano*, de *Hübner*, *mülleriano*, de *Müller*, etc.

BASE XV
DO HÍFEN EM COMPOSTOS, LOCUÇÕES
E ENCADEAMENTOS VOCABULARES

1º) Emprega-se o hífen nas palavras compostas[53] por justaposição que não contêm formas de ligação e cujos elementos, de natureza nominal, adjetival, numeral ou verbal, constituem uma unidade sintagmática e semântica e mantêm acento próprio, podendo dar-se o caso de o primeiro elemento estar reduzido: *ano-luz, arcebispo-bispo, arco-íris, decreto-lei, és-sueste, médico-cirurgião, rainha-cláudia, tenente-coronel, tio-avô, turma-piloto; alcaide-mor, amor-perfeito, guarda-noturno, mato-grossense, norte-americano, porto--alegrense, sul-africano; afro-asiático, afro-luso-brasileiro, azul-escuro, luso-brasileiro,*

---

[53] **N. do A.**: O *VOLP* de 2009 inclui nesta Base "os compostos formados com elementos repetidos, com ou sem alternância vocálica ou consonântica de formas onomatopeicas", como nos casos de "*blá-blá-blá, reco-reco e trouxe--mouxe*".

primeiro-ministro, primeiro-sargento, primo-infeção, segunda-feira; conta-gotas, finca-pé, guarda-chuva.

Obs.: Certos compostos, em relação aos quais se perdeu, em certa medida, a noção de composição, grafam-se aglutinadamente: *girassol, madressilva, mandachuva, pontapé, paraquedas, paraquedista,* etc.

2º) Emprega-se o hífen nos topônimos compostos, iniciados pelos adjetivos *grã, grão* ou por forma verbal ou cujos elementos estejam ligados por artigo: *Grã-Bretanha, Grão-Pará; Abre-Campo; Passa-Quatro, Quebra-Costas, Quebra-Dentes, Traga-Mouros, Trinca-Fortes; Albergaria-a-Velha, Baía de Todos-os-Santos, Entre-os-Rios, Montemor-o-Novo, Trás-os-Montes.*

Obs.: Os outros topônimos compostos escrevem-se com os elementos separados, sem hífen: *América do Sul, Belo Horizonte, Cabo Verde, Castelo Branco, Freixo de Espada à Cinta,* etc. O topônimo *Guiné-Bissau* é, contudo, uma exceção consagrada pelo uso.

3º) Emprega-se o hífen nas palavras compostas que designam espécies botânicas e zoológicas, estejam ou não ligadas por preposição ou qualquer outro elemento: *abóbora-menina, couve-flor, erva-doce, feijão-verde; bênção-de-deus, erva-do-chá, ervilha-de-cheiro, fava-de-santo-inácio, bem-me-quer* (nome de planta que também se dá à *margarida* e ao *malmequer*); *andorinha-grande, cobra-capelo, formiga-branca; andorinha-do-mar, cobra-d'água, lesma-de-conchinha; bem-te-vi* (nome de um pássaro).

4º) Emprega-se o hífen nos compostos com os advérbios *bem* e *mal*, quando estes formam com o elemento que se lhes segue uma unidade sintagmática e semântica, e tal elemento começa por vogal ou h. No entanto, o advérbio *bem*, ao contrário de *mal*, pode não se aglutinar com palavras começadas por consoante[54]. Eis alguns exemplos das várias situações: *bem-aventurado, bem-estar, bem-humorado; mal-afortunado, mal-estar, mal-humorado; bem-criado* (cf. *malcriado*), *bem-ditoso* (cf. *malditoso*), *bem-falante* (cf. *malfalante*), *bem-mandado* (cf. *malmandado*), *bem-nascido* (cf. *malnascido*), *bem-soante* (cf. *malsoante*), *bem-visto* (cf. *malvisto*).

Obs.: Em muitos compostos, o advérbio *bem* aparece aglutinado com o segundo elemento, quer este tenha ou não vida à parte: *benfazejo, benfeito, benfeitor, benquerença,* etc.[55]

---

[54] **N. do A.:** O texto do Acordo não é explícito nesse ponto. No *VOLP* de 2009, as composições do advérbio *bem* com verbo são sempre hifenizadas, exceto nos casos de *bendizer* e *benquerer* (variantes de *bem-dizer* e *bem-querer*) e *benfazer* e *benquistar* (apenas sem hífen). Já as composições do advérbio mal só têm hífen quando o segundo radical começa por vogal, H ou L (*mal-apanhado, mal-entendido, mal-olhado, mal-humorado* e *mal-limpo*), exceto *mal-mal* (reiteração do advérbio). O substantivo mal, quando acompanhado de adjetivo (geralmente gentílico) para indicar nome de doença infecciosa, é sempre separado por hífen (*mal-americano, mal-caduco, mal-céltico, mal-francês, mal-germânico, mal-napolitano, mal-secreto, mal-triste, mal-turco*).

[55] **N. do A.:** Os elementos *mal* e *bem* são descritos de modo ambíguo em nossas gramáticas e dicionários, às vezes como prefixos (caso de derivação), às vezes como radicais (caso de composição, por serem advérbios).

5º) Emprega-se o hífen nos compostos com os elementos além, aquém, recém e sem[56]: além-Atlântico, além-mar, além-fronteiras; aquém-fiar, aquém-Pireneus; recém-casado, recém-nascido; sem-cerimônia, sem-número, sem-vergonha.

6º) Nas locuções de qualquer tipo, sejam elas substantivas, adjetivas, pronominais, adverbiais, prepositivas ou conjuncionais, não se emprega em geral o hífen, salvo algumas exceções já consagradas pelo uso (como é o caso de *água-de-colônia, arco-da-velha, cor-de-rosa, mais-que-perfeito, pé-de-meia, ao deus-dará, à queima-roupa*). Sirvam, pois, de exemplo de emprego sem hífen as seguintes locuções:

a) Substantivas: *cão de guarda, fim de semana, sala de jantar;*

b) Adjetivas: *cor de açafrão, cor de café com leite, cor de vinho;*

c) Pronominais: *cada um, ele próprio, nós mesmos, quem quer que seja;*

d) Adverbiais: *à parte* (note-se o substantivo *aparte*), *à vontade, de mais* (locução que se contrapõe a *de menos*; note-se *demais*, advérbio, conjunção, etc.), *depois de amanhã, em cima, por isso;*

e) Prepositivas: *abaixo de, acerca de, acima de, a fim de, a par de, à parte de, apesar de, aquando de, debaixo de, enquanto a, por baixo de, por cima de, quanto a;*

f) Conjuncionais: *a fim de que, ao passo que, contanto que, logo que, por conseguinte, visto que.*

7º) Emprega-se o hífen para ligar duas ou mais palavras que ocasionalmente se combinam, formando, não propriamente vocábulos, mas encadeamentos vocabulares (tipo: a divisa *Liberdade-Igualdade-Fraternidade*, a ponte *Rio-Niterói*, o percurso *Lisboa-Coimbra-Porto*, a ligação *Angola-Moçambique*), e bem assim nas combinações históricas ou ocasionais de topônimos (tipo: *Áustria-Hungria, Alsácia-Lorena, Angola-Brasil, Tóquio-Rio de Janeiro*, etc.).

BASE XVI
DO HÍFEN NAS FORMAÇÕES POR PREFIXAÇÃO, RECOMPOSIÇÃO E SUFIXAÇÃO

1º) Nas formações com prefixos (como, por exemplo: *ante-, anti-, circum-, co-, contra-, entre-, extra-, hiper-, infra-, intra-, pós-, pré-, pró-, sobre-, sub-, super-, supra-, ultra-*, etc.) e em formações por recomposição, isto é, com elementos não autônomos ou falsos prefixos, de origem grega e latina (tais como: *aero-, agro-, arqui-, auto-, bio-, eletro-, geo-, hidro-, inter-, macro-, maxi-, micro-, mini-, multi-, neo-, pan-, pluri-, proto-, pseudo-, retro-, semi-, tele-*, etc.), só se emprega o hífen nos seguintes casos:

a) Nas formações em que o segundo elemento começa por *h*: *anti-higiênico, circum--hospitalar, co-herdeiro*[57]*, contra-harmônico, extra-humano, pré-história, sub-hepático,*

---

[56] **N. do A.:** O texto do Acordo adota o critério de dizer que o prefixo *sem* (homônimo da preposição portuguesa *sem*, originária da preposição latina *sine*) atua na composição. Para os portugueses, prefixação é um caso de composição.

[57] N. do A.: O *VOLP* de 2009 optou por acrescentar também o prefixo *a-*, não citado no Acordo. Mas preferiu desconsiderar o emprego do hífen com o prefixo *co-*, julgando haver duplicidade de critério, "por também poder ser incluído no caso 2o, letra b, da Base II", e determinando que *"co-herdeiro* passe a *coerdeiro".* O VOC, porém, registra apenas a forma hifenizada. O *D. Houaiss* registra as duas.

super-homem, ultra-hiperbólico; arqui-hipérbole, eletro-higrômetro, geo-história, neo--helênico, pan-helenismo, semi-hospitalar.

Obs.: Não se usa, no entanto, o hífen em formações que contêm em geral os prefixos *des-* e *in-*, e nas quais o segundo elemento perdeu o *h* inicial: *desumano, desumidificar, inábil, inumano*, etc.;

b) Nas formações em que o prefixo ou pseudoprefixo termina na mesma vogal com que se inicia o segundo elemento: *anti-ibérico, contra-almirante, infra-axilar, supra-auricular; arqui-irmandade, auto-observação, eletro-ótica, micro-onda, semi-interno.*

Obs.: Nas formações com o prefixo *co-*, este aglutina-se em geral com o segundo elemento mesmo quando iniciado por *o*: *coobrigação, coocupante, coordenar, cooperação, cooperar*, etc.;

c) Nas formações com os prefixos *circum-* e *pan-*[58], quando o segundo elemento começa por vogal, *m* ou *n* (além de *h*, caso já considerado atrás na alínea a): *circum-escolar, circum-murado, circum-navegação; pan-africano, pan-mágico, pan-negritude*;

d) Nas formações com os prefixos *hiper-, inter-* e *super-*, quando combinados com elementos iniciados por *r*: *hiper-requintado, inter-resistente, super-revista.*

e) Nas formações com os prefixos *ex-* (com o sentido de estado anterior ou cessamento), *sota-, soto-, vice-* e *vizo-*: *ex-almirante, ex-diretor, ex-hospedeira, ex-presidente, ex-primeiro-ministro, ex-rei; sota-piloto, soto-mestre, vice-presidente, vice-reitor, vizo-rei*;

f) Nas formações com os prefixos tônicos acentuados graficamente *pós-, pré-* e *pró*, quando o segundo elemento tem vida à parte (ao contrário do que acontece com as correspondentes formas átonas que se aglutinam com o elemento seguinte) *pós-graduação, postônico* (mas *pospor*); *pré-escolar, pré-natal* (mas *prever*); *pró-africano, pró-europeu* (mas *promover*).

2º) Não se emprega, pois, o hífen:
a) Nas formações em que o prefixo ou falso prefixo termina em vogal e o segundo elemento começa por *r* ou *s*, devendo estas consoantes duplicar-se, prática aliás já generalizada em palavras deste tipo pertencentes aos domínios científico e técnico. Assim: *antirreligioso, antissemita, contrarregra, contrassenha, cosseno, extrarregular, infrassom, minissaia*, tal como *biorritmo, biossatélite. eletrossiderurgia, microssistema, microrradiografia*;

b) Nas formações em que o prefixo ou pseudoprefixo termina em vogal e o segundo elemento começa por vogal diferente, prática esta em geral já adotada também para os termos técnicos e científicos. Assim: *antiaéreo, coeducaçao. extraescolar, aeroespacial, autoestrada, autoaprendizagem, agroindustrial, hidroelétrico, plurianual.*

---

[58] **N. do A.:** O texto do Acordo emprega aqui, para os elementos *circum-* e *pan-*, o tratamento genérico de "prefixo". No entanto, no Item 1º desta Base, apenas *circum-* está identificado como prefixo (*pan-* aparece na lista dos "elementos não autônomos ou falsos prefixos"). O mesmo se vê na alínea d), onde *inter-* é dado como prefixo, diferentemente do que consta do Item 1o.

3º) Nas formações por sufixação apenas se emprega o hífen nos vocábulos terminados por sufixos[59] de origem tupi-guarani que representam formas adjetivas, como *-açu, -guaçu* e *-mirim*, quando o primeiro elemento acaba em vogal acentuada graficamente ou quando a pronúncia exige a distinção gráfica dos dois elementos: *amoré-guaçu, anajá-mirim, andá-açu, capim-açu, Ceará-Mirim*.

BASE XVII
DO HÍFEN NA ÊNCLISE, NA TMESE E COM O VERBO HAVER

1º) Emprega-se o hífen na ênclise e na tmese: *amá-lo, dá-se, deixa-o, partir-lhe; amá-lo-ei, enviar-lhe-emos*.

2º) Não se emprega o hífen nas ligações da preposição *de* às formas monossilábicas do presente do indicativo do verbo *haver: hei de, hás de, hão de,* etc.

Obs.:

1. Embora estejam consagradas pelo uso as formas verbais *quer* e *requer*, dos verbos *querer* e *requerer*, em vez de *quere* e *requere*, estas últimas formas conservam-se, no entanto, nos casos de ênclise: *quere-o(s), requere-o(s)*. Nestes contextos, as formas (legítimas, aliás) *qué-lo* e *requé-lo* são pouco usadas.

2. Usa-se também o hífen nas ligações de formas pronominais enclíticas ao advérbio *eis* (*eis-me, ei-lo*) e ainda nas combinações de formas pronominais do tipo *no-lo, vo-las*, quando em próclise (por ex.: *esperamos que no-lo comprem*).

BASE XVIII
DO APÓSTROFO

1º) São os seguintes os casos de emprego do apóstrofo:
   a) Faz-se uso do apóstrofo para cindir graficamente uma contração ou aglutinação vocabular, quando um elemento ou fração respectiva pertence propriamente a um conjunto vocabular distinto: d'*Os Lusíadas*, d'*Os Sertões*; n'*Os Lusíadas*, n'*Os Sertões*; pel'*Os Lusíadas*, pel'*Os Sertões*. Nada obsta, contudo, a que estas escritas sejam substituídas por empregos de preposições íntegras, se o exigir razão especial de clareza, expressividade ou ênfase: *de Os Lusíadas, em Os Lusíadas, por Os Lusíadas*, etc.

As cisões indicadas são análogas às dissoluções gráficas que se fazem, embora sem emprego do apóstrofo, em combinações da preposição *a* com palavras pertencentes a conjuntos vocabulares imediatos: a *A Relíquia*, a *Os Lusíadas* (exemplos: importância atribuída a *A Relíquia*; recorro a *Os Lusíadas*). Em tais casos, como é óbvio, entende-se que a dissolução gráfica nunca impede na leitura a combinação fonética: a A = à, a Os = aos, etc.;

---

[59] **N. do A.:** Os elementos *-açu, -guaçu* e *-mirim* **não** são sufixos, mas radicais de origem tupi. O mesmo equívoco figurava no Formulário Ortográfico de 1943 (item XIV, obs. 5a, 4o caso).

b) Pode cindir-se por meio do apóstrofo uma contração ou aglutinação vocabular, quando um elemento ou fração respectiva é forma pronominal e se lhe quer dar realce com o uso de maiúscula: *d'Ele, n'Ele, d'Aquele, n'Aquele, d'O, n'O, pel'O, m'O, t'O, lh'O*, casos em que a segunda parte, forma masculina, é aplicável a *Deus*, a *Jesus*, etc.; *d'Ela, n'Ela, d'Aquela, n'Aquela, d'A, n'A, pel'A, tu'A, t'A, lh'A*, casos em que a segunda parte, forma feminina, é aplicável à *mãe de Jesus*, à *Providência*, etc. Exemplos frásicos: confiamos n'O que nos salvou; esse milagre revelou-m'O; está n'Ela a nossa esperança; pugnemos pel'A que é nossa padroeira.

À semelhança das cisões indicadas, pode dissolver-se graficamente, posto que sem uso do apóstrofo, uma combinação da preposição *a* com uma forma pronominal realçada pela maiúscula: *a O, a Aquele, a Aquela*. (Entendendo-se que a dissolução gráfica nunca impede na leitura a combinação fonética: *a O = ao, a Aquela = àquela*, etc.) Exemplos frásicos: a O que tudo pode; a Aquela que nos protege;

c) Emprega-se o apóstrofo nas ligações das formas *santo* e *santa* a nomes do hagiológio, quando importa representar a elisão das vogais finais *o* e *a*: *Sant'Ana, Sant'Iago*, etc. É, pois, correto escrever: *Calçada de Sant'Ana. Rua de Sant'Ana; culto de Sant'Iago, Ordem de Sant'Iago*. Mas, se as ligações deste gênero, como é o caso destas mesmas *Sant'Ana* e *Sant'Iago*, tornam-se perfeitas unidades mórficas, aglutinam-se os dois elementos: *Fulano de Santana, ilhéu de Santana, Santana de Parnaíba; Fulano de Santiago, ilha de Santiago, Santiago do Cacém*. Em paralelo com a grafia *Sant'Ana* e congêneres, emprega-se também o apóstrofo nas ligações de duas formas antroponímicas, quando é necessário indicar que na primeira se elide um o final: *Nun'Álvares, Pedr'Eanes*.

Note-se que nos casos referidos as escritas com apóstrofo, indicativas de elisão, não impedem, de modo algum, as escritas sem apóstrofo: *Santa Ana, Nuno Álvares, Pedro Álvares*, etc.;

d) Emprega-se o apóstrofo para assinalar, no interior de certos compostos, a elisão do e da preposição de, em combinação com substantivos: *borda-d'água. cobra-d'água, copo--d'água, estrela-d'alva, galinha-d'água, mãe-d'água, pau-d'água, pau-d'alho, pau-d'arco, pau-d'óleo*.

2º) São os seguintes os casos em que não se usa o apóstrofo:

Não é admissível o uso do apóstrofo nas combinações das preposições *de* e *em* com as formas do artigo definido, com formas pronominais diversas e com formas adverbiais (excetuado o que se estabelece nas alíneas 1º) a) e 1º) b)). Tais combinações são representadas:

a) Por uma só forma vocabular, constituem-se, de modo fixo, uniões perfeitas:

i — *do, da, dos, das; dele, dela, deles, delas; deste, desta, destes, destas, disto; desse, dessa, desses, dessas, disso; daquele, daquela, daqueles, daquelas, daquilo; destoutro, destoutra, destoutros, destoutras; dessoutro, dessoutra, dessoutros, dessoutras; daqueloutro, daqueloutra, daqueloutros, daqueloutras; daqui; daí; dali; dacolá; donde; dantes (= antigamente)*;

ii — *no, na, nos, nas; nele, nela, neles, nelas; neste, nesta, nestes, nestas, nisto; nesse, nessa, nesses, nessas, nisso; naquele, naquela, naqueles, naquelas, naquilo; nestoutro, nestoutra, nestoutros, nestoutras; nessoutro, nessoutra, nessoutros, nessoutras; naqueloutro, naqueloutra, naqueloutros, naqueloutras; num, numa, nuns, numas; noutro, noutra, noutros, noutras, noutrem; nalgum, nalguma, nalguns, nalgumas, nalguém;*

b) Por uma ou duas formas vocabulares, se não constituem, de modo fixo, uniões perfeitas (apesar de serem correntes com esta feição em algumas pronúncias): *de um, de uma, de uns, de umas, ou dum, duma, duns, dumas; de algum, de alguma, de alguns, de algumas, de alguém, de algo, de algures, de alhures, ou dalgum, dalguma, dalguns, dalgumas, dalguém, dalgo, dalgures, dalhures; de outro, de outra, de outros, de outras, de outrem, de outrora, ou doutro, doutra, doutros, doutras, doutrem, doutrora; de aquém ou daquém; de além ou dalém; de entre ou dentre.*

De acordo com os exemplos deste último tipo, tanto se admite o uso da locução adverbial de ora avante como do advérbio que representa a contração dos seus três elementos: doravante.

Obs.: Quando a preposição de se combina com as formas articulares ou pronominais *o, a, os, as*, ou com quaisquer pronomes ou advérbios começados por vogal, mas acontece estarem essas palavras integradas em construções de infinitivo[60], não se emprega o apóstrofo, nem se funde a preposição com a forma imediata, escrevendo-se estas duas separadamente: *a fim de ele compreender; apesar de o não ter visto; em virtude de os nossos pais serem bondosos; o fato de o conhecer; por causa de aqui estares.*

BASE XIX
DAS MINÚSCULAS E MAIÚSCULAS

1º) A letra minúscula inicial é usada:

a) Ordinariamente, em todos os vocábulos da língua nos usos correntes;

b) Nos nomes dos dias, meses, estações do ano: segunda-feira; outubro; primavera;

c) Nos bibliônimos (após o primeiro elemento, que é com maiúscula, os demais vocábulos, podem ser escritos com minúscula, salvo nos nomes próprios nele contidos, tudo em grifo): *O senhor do Paço de Ninães* ou *O Senhor do paço de Ninães, Menino de Engenho* ou *Menino de engenho, Árvore e Tambor* ou *Árvore e tambor;*

d) Nos usos de fulano, sicrano, beltrano;

e) Nos pontos cardeais (mas não em suas abreviaturas): *norte, sul* (mas: *SW* sudoeste);

f) Nos axiônimos e hagiônimos (opcionalmente, neste caso, também com maiúscula): senhor doutor Joaquim da Silva, bacharel Mário Abrantes, o cardeal Bembo; santa Filomena (ou Santa Filomena);

---

[60] **N. do A.:** Ao referir-se a "construções de infinitivo", o texto do Acordo exorbita de suas funções, pois legisla sobre uma questão sintática, qual seja a que trata do emprego da preposição DE antes de sujeito de infinitivo (cf. "em virtude de os nossos pais serem bondosos"). [O conteúdo desta Nota é expandido adiante, no item 5 do Cap. 15.]

g) Nos nomes que designam domínios do saber, cursos e disciplinas (opcionalmente, também com maiúscula): *português* (ou *Português*), *matemática* (ou *Matemática*); *línguas e literaturas modernas* (ou *Línguas e Literaturas Modernas*).

2º) A letra maiúscula inicial é usada:

a) Nos antropônimos, reais ou fictícios: *Pedro Marques; Branca de Neve; D. Quixote*;

b) Nos topônimos, reais ou fictícios: *Lisboa, Luanda, Maputo, Rio de Janeiro; Atlântida, Hespéria*.

c) Nos nomes de seres antropomorfizados ou mitológicos: *Adamastor; Netuno*;

d) Nos nomes que designam instituições: *Instituto de Pensões e Aposentadorias da Previdência Social*;

e) Nos nomes de festas e festividades: *Natal, Páscoa, Ramadão, Todos os Santos*;

f) Nos títulos de periódicos, que retêm o itálico: *O Primeiro de Janeiro, O Estado de São Paulo* (ou *S. Paulo*);

g) Nos pontos cardeais ou equivalentes, quando empregados absolutamente: *Nordeste*, por nordeste do Brasil, *Norte*, por norte de Portugal, *Meio-Dia*, pelo sul da França, ou de outros países, *Ocidente*, por ocidente europeu, *Oriente*, por oriente asiático;

h) Em siglas, símbolos ou abreviaturas internacionais ou nacionalmente reguladas com maiúsculas, iniciais ou mediais ou finais ou o todo em maiúsculas: *FAO, NATO, ONU; H2O, Sr., V. Ex.ª*;

i) Opcionalmente, em palavras usadas reverencialmente, aulicamente ou hierarquicamente, em início de versos, em categorizações de logradouros públicos: (*rua* ou *Rua da Liberdade*, *largo* ou *Largo dos Leões*), de templos (*igreja* ou *Igreja do Bonfim*, *templo* ou *Templo do Apostolado Positivista*), de edifícios (*palácio* ou *Palácio da Cultura*, *edifício* ou *Edifício Azevedo Cunha*).

Obs.: As disposições sobre os usos das minúsculas e maiúsculas não obstam a que obras especializadas observem regras próprias, provindas de códigos ou normalizações específicas (terminologias antropológica. geológica, bibliológica, botânica, zoológica, etc.), promanadas de entidades científicas ou normalizadoras, reconhecidas internacionalmente.

BASE XX
DA DIVISÃO SILÁBICA

A divisão silábica, que em regra se faz pela soletração (*a-ba-de, bru-ma, ca-cho, lha-no, ma--lha, ma-nha, má-xi-mo, ó-xi-do, ro-xo, tme-se*), e na qual, por isso, se não tem de atender aos elementos constitutivos dos vocábulos segundo a etimologia (*a-ba-li-e-nar, bi-sa-vó, de-sa-pa--re-cer, di-sú-ri-co, e-xâ-ni-me, hi-pe-ra-cús-ti-co, i-ná-bil, o-bo-val, su-bo-cu-lar, su-pe-rá-ci--do*), obedece a vários preceitos particulares, que rigorosamente cumpre seguir, quando se tem de fazer em fim de linha, mediante o emprego do hífen, a partição de uma palavra:

1º) São indivisíveis no interior de palavra, tal como inicialmente, e formam, portanto, sílaba para a frente as sucessões de duas consoantes que constituem perfeitos grupos, ou sejam (com exceção apenas de vários compostos cujos prefixos terminam em *h*, ou *d*: *ab-legação, ad-ligar, sub-lunar*, etc., em vez de *a-blegação, a-dligar, su-blunar*, etc.) aquelas sucessões em que a primeira consoante é uma labial, uma velar, uma dental ou uma labiodental e a segunda um *l* ou um *r*: *a-blução, cele-brar, du-plicação, re-primir; a-clamar, de-creto, de-glutição, re-grado; a-tlético, cáte-dra, períme-tro; a-fluir, a-fricano, ne-vrose;*

2º) São divisíveis no interior da palavra as sucessões de duas consoantes que não constituem propriamente grupos e igualmente as sucessões de *m* ou *n*, com valor de nasalidade, e uma consoante: *ab-dicar, Ed-gardo, op-tar, sub-por, ab-soluto, ad-jetivo, af-ta, bet-samita, íp-silon, ob-viar; des-cer, dis-ciplina, flores-cer, nas-cer, res-cisão; ac-ne, ad-mirável, Daf-ne, diafrag-ma, drac-ma, ét-nico, rit-mo, sub-meter, am-nésico, interam-nense; bir-reme, cor-roer, pror-rogar; as-segurar, bis-secular, sos-segar; bissex-lo, contex-to, ex-citar, atroz-mente, capaz-mente, infeliz-mente; am-bição, desen-ganar, en-xame, man-chu, Mân-lio*, etc.;

3º) As sucessões de mais de duas consoantes ou de *m* ou *n*, com o valor de nasalidade, e duas ou mais consoantes são divisíveis por um de dois meios: se nelas entra um dos grupos que são indivisíveis (de acordo com o preceito 1º), esse grupo forma sílaba para diante, ficando a consoante ou consoantes que o precedem ligadas à sílaba anterior; se nelas não entra nenhum desses grupos, a divisão dá-se sempre antes da última consoante. Exemplos dos dois casos: *cam-braia, ec-tlipse, em-blema, ex-plicar, in-cluir, ins-crição, subs-crever, trans-gredir; abs-tenção, disp-neia, inters-telar, lamb-dacismo, sols-ticial, Terp-sícore, tungs-tênio;*

4º) As vogais consecutivas que não pertencem a ditongos decrescentes (as que pertencem a ditongos deste tipo nunca se separam: *ai-roso, cadei-ra, insti-tui, ora-ção, sacris-tães, traves-sões*) podem, se a primeira delas não é *u* precedido de *g* ou *q*, e mesmo que sejam iguais, separar-se na escrita: *ala-úde, áre-as, co-apeba, co-ordenar, do-er, flu-idez, perdo-as, vo-os*. O mesmo se aplica aos casos de contiguidade de ditongos, iguais ou diferentes, ou de ditongos e vogais: *cai-ais, caí-eis, ensai-os, flu-iu;*

5º) Os digramas *gu* e *qu*, em que o *u* se não pronuncia, nunca se separam da vogal ou ditongo imediato (*ne-gue, ne-guei; pe-que, pe-quei*), do mesmo modo que as combinações *gu* e *qu* em que o *u* se pronuncia: *á-gua, ambí-guo, averi-gueis; longín-quos, lo-quaz, quais-quer;*

6º) Na translineação de uma palavra composta ou de uma combinação de palavras em que há um hífen, ou mais, se a partição coincide com o final de um dos elementos ou membros, deve, por clareza gráfica, repetir-se o hífen no início da linha imediata: *ex- -alferes, serená- -los-emos* ou *serená-los- -emos, vice- -almirante*.

BASE XXI
DAS ASSINATURAS E FIRMAS

Para ressalva de direitos, cada qual poderá manter a escrita que, por costume ou registro legal, adote na assinatura do seu nome.

Com o mesmo fim, pode manter-se a grafia original de quaisquer firmas comerciais, nomes de sociedades, marcas e títulos que estejam inscritos em registro público.

3. ANEXO II (NOTA EXPLICATIVA)

NOTA EXPLICATIVA DO ACORDO ORTOGRÁFICO DA LÍNGUA PORTUGUESA

1. Memória breve dos acordos ortográficos

A existência de duas ortografias oficiais da língua portuguesa, a lusitana e a brasileira, tem sido considerada como largamente prejudicial para a unidade intercontinental do português e para o seu prestígio no Mundo.

Tal situação remonta, como é sabido, a 1911, ano em que foi adotada em Portugal a primeira grande reforma ortográfica, mas que não foi extensiva ao Brasil.

Por iniciativa da Academia Brasileira de Letras, em consonância com a Academia das Ciências de Lisboa, com o objetivo de se minimizarem os inconvenientes desta situação, foi aprovado em 1931 o primeiro acordo ortográfico entre Portugal e o Brasil. Todavia, por razões que não importa agora mencionar, esse acordo não produziu, afinal, a tão desejada unificação dos dois sistemas ortográficos, fato que levou mais tarde à Convenção Ortográfica de 1943. Perante as divergências persistentes nos Vocabulários entretanto publicados pelas duas Academias, que punham em evidência os parcos resultados práticos do Acordo de 1943, realizou-se, em 1945, em Lisboa, novo encontro entre representantes daquelas duas agremiações, o qual conduziu à chamada Convenção Ortográfica Luso-Brasileira de 1945. Mais uma vez, porém, esse Acordo não produziu os almejados efeitos, já que ele foi adotado em Portugal, mas não no Brasil.

Em 1971, no Brasil, e em 1973, em Portugal, foram promulgadas leis que reduziram substancialmente as divergências ortográficas entre os dois países. Apesar dessas louváveis iniciativas, continuavam a persistir, porém, divergências sérias entre os dois sistemas ortográficos.

No sentido de as reduzir, a Academia das Ciências de Lisboa e a Academia Brasileira de Letras elaboraram em 1975 um novo projeto de acordo que não foi, no entanto, aprovado oficialmente por razões de ordem política, sobretudo vigentes em Portugal.

E é nesse contexto que surge o encontro do Rio de Janeiro, em maio de 1986, e no qual se encontram, pela primeira vez na história da língua portuguesa, representantes não apenas de Portugal e do Brasil, mas também dos cinco novos países africanos lusófonos entretanto emergidos da descolonização portuguesa.

O Acordo Ortográfico de 1986, conseguido na reunião do Rio de Janeiro, ficou, porém, inviabilizado pela reação polêmica contra ele movida sobretudo em Portugal.

2. Razões do fracasso dos acordos ortográficos

Perante o fracasso sucessivo dos acordos ortográficos entre Portugal e o Brasil, abrangendo o de 1986, também os países lusófonos de África, importa refletir seriamente sobre as razões de tal malogro.

Analisando sucintamente o conteúdo dos Acordos de 1945 e de 1986, a conclusão que se colhe é a de que eles visavam a impor uma unificação ortográfica absoluta.

Em termos quantitativos e com base em estudos desenvolvidos pela Academia das Ciências de Lisboa, com base em um *corpus* de cerca de 110 mil palavras, conclui-se que o Acordo de 1986 conseguia a unificação ortográfica em cerca de 99,5% do vocabulário geral da língua. Mas conseguia-a, sobretudo, à custa da simplificação drástica do sistema de acentuação gráfica, pela supressão dos acentos nas palavras proparoxítonas e paroxítonas, o que não foi bem aceito por uma parte substancial da opinião pública portuguesa.

Também o Acordo de 1945 propunha uma unificação ortográfica absoluta que rondava os 100% do vocabulário geral da língua. Mas tal unificação assentava em dois princípios que se revelaram inaceitáveis para os brasileiros:

a) Conservação das chamadas consoantes mudas ou não articuladas, o que correspondia a uma verdadeira restauração dessas consoantes no Brasil, uma vez que elas tinham há muito sido abolidas;

b) Resolução das divergências de acentuação das vogais tônicas *e* e *o*, seguidas das consoantes nasais *m* e *n*, das palavras proparoxítonas (ou esdrúxulas) no sentido da prática portuguesa, que consistia em as grafar com acento agudo, e não circunflexo, conforme a prática brasileira.

Assim se procurava, pois, resolver a divergência de acentuação gráfica de palavras como *António* e *Antônio*, *cómodo* e *cômodo*, *género* e *gênero*, *oxigénio* e *oxigênio*, etc., em favor da generalização da acentuação com o diacrítico agudo. Essa solução estipulava, contra toda a tradição ortográfica portuguesa, que o acento agudo, nesses casos, apenas assinalava a tonicidade da vogal e não o seu timbre, visando assim a resolver as diferenças de pronúncia daquelas mesmas vogais.

A inviabilização prática de tais soluções leva-nos à conclusão de que não é possível unificar por via administrativa divergências que se assentam em claras diferenças de pronúncia, um dos critérios, aliás, em que se baseia o sistema ortográfico da língua portuguesa.

Nessas condições, há que procurar uma versão de unificação ortográfica que acautele mais o futuro do que o passado e que não receie sacrificar a simplificação também pretendida em 1986, em favor da máxima unidade possível. Com a emergência de cinco novos países lusófonos, os fatores de desagregação da unidade essencial da língua portuguesa far-se-ão sentir com mais acuidade e também no domínio ortográfico. Nesse sentido importa, pois, consagrar uma versão de unificação ortográfica que fixe e delimite as diferenças atualmente existentes e previna contra a desagregação ortográfica da língua portuguesa.

Foi, pois, tendo presentes esses objetivos que se fixou o novo texto de unificação ortográfica, o qual representa uma versão menos forte do que as que foram conseguidas em 1945 e 1986. Mas ainda assim suficientemente forte para unificar ortograficamente cerca de 98% do vocabulário geral da língua.

3. Forma e substância do novo texto

O novo texto de unificação ortográfica agora proposto contém alterações de forma (ou estrutura) e de conteúdo, relativamente aos anteriores. Pode dizer-se, simplificando, que em termos de estrutura se aproxima mais do Acordo de 1986, mas que em termos de conteúdo adota uma posição mais conforme com o projeto de 1975, atrás referido.

Em relação às alterações de conteúdo, elas afetam sobretudo o caso das consoantes mudas ou não articuladas, o sistema de acentuação gráfica, especialmente das esdrúxulas, e a hifenação.

Pode dizer-se ainda que, no que respeita às alterações de conteúdo, de entre os princípios em que assenta a ortografia portuguesa se privilegiou o critério fonético (ou da pronúncia) com um certo detrimento para o critério etimológico.

É o critério da pronúncia que determina, aliás, a supressão gráfica das consoantes mudas ou não articuladas, que se têm conservado na ortografia lusitana essencialmente por razões de ordem etimológica.

É também o critério da pronúncia que nos leva a manter um certo número de grafias duplas do tipo de *caráter* e *carácter*, *facto* e *fato*, *suntuoso* e *sumptuoso*, etc.

É ainda o critério da pronúncia que conduz à manutenção da dupla acentuação gráfica do tipo de *econômico* e *económico*, *efémero* e *efêmero*, *género* e *gênero*, *génio* e *gênio*, ou de *bónus* e *bônus*, *sémen* e *sêmen*, *ténis* e *tênis*, ou ainda de *bebé* e *bebê*, ou *metro* e *metrô*, etc.

Explicitam-se em seguida as principais alterações introduzidas no novo texto de unificação ortográfica, assim com a respectiva justificação.

4. Conservação ou supressão das consoantes *c, p, b, g, m* e *t* em certas sequências consonânticas (base IV)

4.1. Estado da questão

Como é sabido, uma das principais dificuldades na unificação da ortografia da língua portuguesa reside na solução a adotar para a grafia das consoantes *c* e *p*, em certas sequências consonânticas interiores, já que existem fortes divergências em sua articulação.

Assim, umas vezes, essas consoantes são invariavelmente proferidas em todo o espaço geográfico da língua portuguesa, conforme se sucede em casos como *compacto, ficção, pacto; adepto, aptidão, núpcias*, etc.

Nesse caso, não existe qualquer problema ortográfico, já que tais consoantes não podem deixar de se grafar [v. base IV, 1.º, a)].

Noutros casos, porém, dá-se a situação inversa da anterior, ou seja, tais consoantes não são proferidas em nenhuma pronúncia culta da língua, como acontece em *acção, afectivo, direcção; adopção, exacto, óptimo*, etc. Nesse caso, existe um problema. É que na norma gráfica brasileira há muito essas consoantes foram abolidas, ao contrário do que se sucede na norma gráfica lusitana, em que tais consoantes se conservam. A solução que agora se adota [v. base IV, 1.º, b)] é a de as suprimir, por uma questão de coerência e de uniformização de critérios (vejam-se as razões de tal supressão adiante, em 4.2).

As palavras afetadas por tal supressão representam 0,54% do vocabulário geral da língua, o que é pouco significativo em termos quantitativos (pouco mais de 600 palavras em cerca de 110 mil). Esse número é, no entanto, qualitativamente importante, já que compreende vocábulos de uso muito frequente. (Como, por exemplo, *acção, actor, actual, colecção, colectivo, correcção, direcção, director, electricidade, factor, factura, inspector, lectivo, óptimo*, etc.)

O terceiro caso que se verifica relativamente às consoantes *c* e *p* diz respeito à oscilação de pronúncia, a qual ocorre umas vezes no interior da mesma norma culta (cf., por exemplo, *cacto* ou *cato*, *dicção* ou *dição*, *sector* ou *setor*, etc.), outras vezes entre normas cultas distintas (cf., por exemplo, *facto, receção* em Portugal; mas *fato, recepção* no Brasil).

A solução que se propõe para esses casos, no novo texto ortográfico, consagra a dupla grafia [v. base IV, 1.º, c)].

A esses casos de grafia dupla devem acrescentar-se as poucas variantes do tipo de *súbdito* e *súdito*, *subtil* e *sutil*, *amígdala* e *amídala*, *amnistia* e *anistia*, *aritmética* e *arimética*, nas quais a oscilação da pronúncia se verifica quanto às consoantes b, g, m e t (v. base IV, 2.º).

O número de palavras abrangidas pela dupla grafia é de cerca de 0,5% do vocabulário geral da língua, o que é pouco significativo (ou seja, pouco mais de 575 palavras em cerca de 110 mil), embora nele se incluam também alguns vocábulos de uso muito frequente.

4.2. Justificação da supressão de consoantes não articuladas [base IV, 1.º, b)]

As razões que levaram à supressão das consoantes mudas ou não articuladas em palavras como *ação (acção), ativo (activo), diretor (director), ótimo (óptimo)* foram essencialmente as seguintes:

a) O argumento de que a manutenção de tais consoantes se justifica por motivos de ordem etimológica, permitindo assinalar melhor a similaridade com as palavras congêneres das outras línguas românicas, não tem consistência. Por um lado, várias consoantes etimológicas se foram perdendo na evolução das palavras ao longo da história da língua portuguesa. Vários são, por outro lado, os exemplos de palavras desse tipo pertencentes a diferentes línguas românicas, que, embora provenientes do mesmo étimo latino, revelam incongruências quanto à conservação ou não das referidas consoantes.

É o caso, por exemplo, da palavra *objecto*, proveniente do latim *objectu-*, que até agora conservava o *c*, ao contrário do que se sucede em francês (cf. *objet*) ou em espanhol (cf. *objeto*). Do mesmo modo *projecto* (de *projectu-*) mantinha até agora a grafia com *c*, tal como acontece em espanhol (cf. *proyecto*), mas não em francês (cf. *projet*). Nesses casos o italiano dobra a consoante, por assimilação (cf. *oggetto* e *progetto*). A palavra *vitória* há muito se grafa sem *c*, apesar do espanhol *victoria*, do francês *victoire* ou do italiano *vittoria*. Muitos outros exemplos se poderiam citar. Aliás, não tem qualquer consistência a ideia de que a similaridade do português com as outras línguas românicas passa pela manutenção de consoantes etimológicas do tipo mencionado. Confrontem-se, por exemplo, formas como as seguintes: port. *acidente* (do lat. *accidente-*), esp. *accidente*, fr. *accident*, it. *accidente*; port. *dicionário* (do lat. *dictionariu-*), esp. *diccionario*, fr. *dictionnaire*, it. *dizionario*; port. *ditar* (do lat. *dictare*), esp. *dictar*, fr. *dicter*, it. *dettare*; port. *estrutura* (de *structura-*), esp. *estructura*, fr. *structure*, it. *struttura*, etc.

Em conclusão, as divergências entre as línguas românicas, nesse domínio, são evidentes, o que não impede, aliás, o imediato reconhecimento da similaridade entre tais formas. Tais divergências levantam dificuldades à memorização da norma gráfica, na aprendizagem dessas línguas, mas não é com certeza a manutenção de consoantes não articuladas em português que vai facilitar aquela tarefa;

b) A justificação de que as ditas consoantes mudas travam o fechamento da vogal precedente também é de fraco valor, já que, por um lado, mantêm-se na língua palavras com vogal pretônica aberta, sem a presença de qualquer sinal diacrítico, como em *corar, padeiro, oblação, pregar* (= fazer uma prédica), etc., e, por outro, a conservação de tais consoantes não impede a tendência para o ensurdecimento da vogal anterior em casos como *accionar, actual, actualidade, exactidão, tactear*, etc.;

c) É indiscutível que a supressão desse tipo de consoantes vem facilitar a aprendizagem da grafia das palavras em que elas ocorriam.

De fato, como é que uma criança de 6-7 anos pode compreender que em palavras como *concepção, excepção, recepção*, a consoante não articulada é um *p*, ao passo que em vocábulos como *correcção, direcção, objecção*, tal consoante é um *c*?

Só à custa de um enorme esforço de memorização que poderá ser vantajosamente canalizado para outras áreas da aprendizagem da língua;

d) A divergência de grafias existente nesse domínio entre a norma lusitana, que teimosamente conserva consoantes que não se articulam em todo o domínio geográfico da língua portuguesa, e a norma brasileira, que há muito suprimiu tais consoantes, é incompreensível para os lusitanistas estrangeiros, nomeadamente para professores e estudantes de português, já que lhes cria dificuldades suplementares, nomeadamente na consulta dos dicionários, uma vez que as palavras em causa vêm em lugares diferentes da ordem alfabética, conforme apresentam ou não a consoante muda;

e) Uma outra razão, esta de natureza psicológica, embora nem por isso menos importante, consiste na convicção de que não haverá unificação ortográfica da língua portuguesa se tal disparidade não for resolvida;

f) Tal disparidade ortográfica só se pode resolver suprimindo-se da escrita as consoantes não articuladas, por uma questão de coerência, já que a pronúncia as ignora, e não tentando impor sua grafia àqueles que há muito as não escrevem, justamente por elas não se pronunciarem.

4.3. Incongruências aparentes

A aplicação do princípio, baseado no critério da pronúncia, de que as consoantes *c* e *p* em certas sequências consonânticas se suprimem, quando não articuladas, conduz a algumas incongruências aparentes, conforme sucede em palavras como *apocalítico* ou *Egito* (sem *p*, já que este não se pronuncia), a par de *apocalipse* ou *egípcio* (visto que aqui o *p* se articula), *noturno* (sem *c*, por este ser mudo), ao lado de *noctívago* (com *c*, por este se pronunciar), etc.

Tal incongruência é apenas aparente. De fato, baseando-se a conservação ou supressão daquelas consoantes no critério da pronúncia, o que não faria sentido era as manter, em certos casos, por razões de parentesco lexical. Se se abrisse tal exceção, o utente, ao ter que escrever determinada palavra, teria que recordar previamente, para não cometer erros, se não haveria outros vocábulos da mesma família que se escrevessem com esse tipo de consoante.

Aliás, divergências ortográficas do mesmo tipo das que agora se propõem foram já aceitas nas bases de 1945 (v. base VI, último parágrafo), que consagraram grafias como *assunção* ao lado de *assumptivo*, *cativo* a par de *captor* e *captura*, *dicionário*, mas *dicção*, etc. A razão então aduzida foi a de que tais palavras entraram e se fixaram na língua em condições diferentes. A justificação da grafia com base na pronúncia é tão nobre como aquela razão.

4.4. Casos de dupla grafia [base IV, 1.º, c) e d), e 2.º]

Sendo a pronúncia um dos critérios em que se assenta a ortografia da língua portuguesa, é inevitável que se aceitem grafias duplas naqueles casos em que existem divergências de articulação quanto às referidas consoantes *c* e *p* e ainda em outros casos de menor significado. Torna-se, porém, praticamente impossível enunciar uma regra clara e abrangente dos casos em que há oscilação entre o emudecimento e a prolação daquelas consoantes, já que todas as sequências consonânticas enunciadas, qualquer que seja a vogal precedente, admitem as duas alternativas: *cacto e cato, caracteres e carateres, dicção e dição, facto e fato, sector e setor; ceptro e cetro; concepção e conceção, recepção e receção; assumpção e assunção, peremptório e perentório, sumptuoso e suntuoso*, etc.

De um modo geral, pode dizer-se que, nesses casos, o emudecimento da consoante (exceto em *dicção, facto, sumptuoso* e poucos mais) se verifica, sobretudo, em Portugal e nos países africanos, enquanto no Brasil há oscilação entre a prolação e o emudecimento da mesma consoante.

Também os outros casos de dupla grafia (já mencionados em 4.1), do tipo de *súbdito e súdito, subtil e sutil, amígdala e amídala, omnisciente e onisciente, aritmética e arimética*, muito menos relevantes em termos quantitativos do que os anteriores, se verificam sobretudo no Brasil.

Trata-se, afinal, de formas divergentes, isto é, do mesmo étimo. As palavras sem consoante mais antigas e introduzidas na língua por via popular foram já usadas em Portugal e encontram-se nomeadamente em escritores dos séculos XVI e XVII.

Os dicionários da língua portuguesa, que passarão a registrar as duas formas em todos os casos de dupla grafia, esclarecerão, tanto quanto possível, o alcance geográfico e social dessa oscilação de pronúncia.

5. Sistema de acentuação gráfica (bases VIII a XIII)

5.1. Análise geral da questão

O sistema de acentuação gráfica do português atualmente em vigor, extremamente complexo e minucioso, remonta essencialmente à Reforma Ortográfica de 1911.

Tal sistema não se limita, em geral, a assinalar apenas a tonicidade das vogais sobre as quais recaem os acentos gráficos, mas distingue também o timbre destas.

Tendo em conta as diferenças de pronúncia entre o português europeu e o do Brasil, era natural que surgissem divergências de acentuação gráfica entre as duas realizações da língua.

Tais divergências têm sido um obstáculo à unificação ortográfica do português.

É certo que em 1971, no Brasil, e em 1973, em Portugal, foram dados alguns passos significativos no sentido da unificação da acentuação gráfica, como se disse atrás. Mas, mesmo assim, subsistem divergências importantes nesse domínio, sobretudo no que respeita à acentuação das paroxítonas.

Não tendo tido viabilidade prática a solução fixada na Convenção Ortográfica de 1945, conforme já foi referido, duas soluções eram possíveis para se procurar resolver esta questão.

Uma era conservar a dupla acentuação gráfica, o que constituía sempre um espinho contra a unificação da ortografia.

Outra era abolir os acentos gráficos, solução adotada em 1986, no Encontro do Rio de Janeiro.

Essa solução, já preconizada no I Simpósio Luso-Brasileiro sobre a Língua Portuguesa Contemporânea, realizado em 1967 em Coimbra, tinha sobretudo a justificá-la o fato de a língua oral preceder a língua escrita, o que leva muitos utentes a não empregarem na prática os acentos gráficos, visto que não os consideram indispensáveis à leitura e compreensão dos textos escritos.

A abolição dos acentos gráficos nas palavras proparoxítonas e paroxítonas preconizada no Acordo de 1986, foi, porém, contestada por uma larga parte da opinião pública portuguesa, sobretudo por tal medida ir contra a tradição ortográfica e não tanto por estar contra a prática ortográfica.

A questão da acentuação gráfica tinha, pois, de ser repensada.

Nesse sentido, desenvolveram-se alguns estudos e fizeram-se vários levantamentos estatísticos com o objetivo de se delimitarem melhor e quantificarem com precisão as divergências existentes nessa matéria.

5.2. Casos de dupla acentuação

5.2.1. Nas proparoxítonas (base XI)

Verificou-se assim que as divergências, no que respeita às proparoxítonas, circunscrevem-se praticamente, como já foi destacado atrás, ao caso das vogais tônicas E e O, seguidas das consoantes nasais M e N, com as quais aquelas não formam sílaba (v. base XI, 3.º).

Essas vogais soam abertas em Portugal e nos países africanos, recebendo, por isso, acento agudo, mas são do timbre fechado em grande parte do Brasil, grafando-se por conseguinte com acento circunflexo: *académico/acadêmico, cómodo/cômodo, efémero/efêmero, fenómeno/fenômeno, génio/gênio, tónico/tônico*, etc.

Existe uma ou outra exceção a esta regra, como, por exemplo, *cômoro* e *sêmola*, mas esses casos não são significativos.

Costuma, por vezes, referir-se que o a tônico das proparoxítonas quando seguido de *m* ou *n*, com que não forma sílaba, também está sujeito à referida divergência de acentuação gráfica. Mas tal não acontece, porém, já que seu timbre soa praticamente sempre fechado nas pronúncias cultas da língua, recebendo, por isso, acento circunflexo: *âmago, ânimo, botânico, câmara, dinâmico, gerânio, pânico, pirâmide*.

As únicas exceções a esse princípio são os nomes próprios de origem grega *Dánae/Dânae* e *Dánao/Dânao*.

Note-se que se as vogais *e* e *o*, assim como *a*, formam sílaba com as consoantes *m* ou *n*, o seu timbre é sempre fechado em qualquer pronúncia culta da língua, recebendo, por isso, acento circunflexo: *êmbolo, amêndoa, argênteo, excêntrico, têmpera; anacreôntico, cômputo, recôndito; cânfora, Grândola, Islândia, lâmpada, sonâmbulo*, etc.

5.2.2. Nas paroxítonas (base IX)

Também nos casos especiais de acentuação das paroxítonas ou graves (v. base IX, 2.º), algumas palavras que contêm as vogais tônicas *e* e *o* em final de sílaba, seguidas das consoantes nasais *m* e *n*, apresentam oscilação de timbre nas pronúncias cultas da língua.

Tais palavras são assinaladas com acento agudo, se o timbre da vogal tônica é aberto, ou com acento circunflexo, se o timbre é fechado: *fémur* ou *fêmur*, *Fénix* ou *Fênix*, *ónix* ou *ônix*, *sémen* ou *sêmen*, *xénon* ou *xênon*; *bónus* ou *bônus*, *ónus* ou *ônus*, *pónei* ou *pônei*, *ténis* ou *tênis*, *Vénus* ou *Vênus*, etc. No total, esses são pouco mais de uma dúzia de casos.

5.2.3. Nas oxítonas (base VII)

Encontramos igualmente nas oxítonas [v. base VIII, 1.º a), obs.] algumas divergências de timbre em palavras terminadas em *e* tônico, sobretudo provenientes do francês. Se essa vogal tônica soa aberta, recebe acento agudo; se soa fechada, grafa-se com acento circunflexo. Também aqui os exemplos pouco ultrapassam as duas dezenas: *bebé* ou *bebê*, *caraté* ou *caratê*, *croché* ou *crochê*, *guiché* ou *guichê*, *matiné* ou *matinê*, *puré* ou *purê*, etc. Existe também um caso ou outro de oxítonas terminadas em *o* ora aberto ora fechado, como se sucede em *cocó* ou *cocô*, *ró* ou *rô*.

A par de casos como esse há formas oxítonas terminadas em *o* fechado, às quais se opõem variantes paroxítonas, como acontece em *judô* e *judo*, *metrô* e *metro*, mas tais casos são muito raros.

5.2.4. Avaliação estatística dos casos de dupla acentuação gráfica

Tendo em conta o levantamento estatístico que se fez na Academia das Ciências de Lisboa, com base no já referido *corpus* de cerca de 110 mil palavras do vocabulário geral da língua, verificou-se que os citados casos de dupla acentuação gráfica abrangiam aproximadamente 1,27% (cerca de 1.400 palavras). Considerando que tais casos se encontram perfeitamente delimitados, como se referiu atrás, sendo assim possível enunciar a regra de aplicação, optou-se por fixar a dupla acentuação gráfica como a solução menos onerosa para a unificação ortográfica da língua portuguesa.

5.3. Razões da manutenção dos acentos gráficos nas proparoxítonas e paroxítonas

Resolvida a questão dos casos de dupla acentuação gráfica, como se disse atrás, já não tinha relevância o principal motivo que levou em 1986 a abolir os acentos nas palavras proparoxítonas e paroxítonas.

Em favor da manutenção dos acentos gráficos nesses casos, ponderaram-se, pois, essencialmente as seguintes razões:

a) Pouca representatividade (cerca de 1,27%) dos casos de dupla acentuação;

b) Eventual influência da língua escrita sobre a língua oral, com a possibilidade de, sem acentos gráficos, intensificar-se a tendência para a paroxitonia, ou seja, deslocação do acento tônico da antepenúltima para a penúltima sílaba, lugar mais frequente de colocação do acento tônico em português;

c) Dificuldade em apreender corretamente a pronúncia de termos de âmbito técnico e científico, muitas vezes adquiridos através da língua escrita (leitura);

d) Dificuldades causadas, com a abolição dos acentos, à aprendizagem da língua, sobretudo quando esta se faz em condições precárias, como no caso dos países africanos, ou em situação de autoaprendizagem;

e) Alargamento, com a abolição dos acentos gráficos, dos casos de homografia, do tipo de *análise* (s.) / *analise* (v.), *fábrica* (s.) / *fabrica* (v.), *secretária* (s.) / *secretaria* (s. ou v.), *vária* (s.) / *varia* (v.), etc., casos que, apesar de dirimíveis pelo contexto sintático, levantariam por vezes algumas dúvidas e constituiriam sempre um problema para o tratamento informatizado do léxico;

f) Dificuldade em determinar as regras de colocação do acento tônico em função da estrutura mórfica da palavra. Assim, as proparoxítonas, segundo os resultados estatísticos obtidos da análise de um corpus de 25 mil palavras, constituem 12%. Desses 12%, cerca de 30% são falsas esdrúxulas. (Cf. gênio, água, etc.) Dos 70% restantes, que são as verdadeiras proparoxítonas (cf. *cômodo, gênero,* etc.), *aproximadamente 29% são palavras que terminam em -ico / -ica*. (Cf. ártico, econômico, módico, prático, etc.) Os restantes 41% de verdadeiras esdrúxulas distribuem-se por cerca de 200 terminações diferentes, em geral de caráter erudito. (Cf. *espírito; ínclito, púlpito; filólogo; filósofo; esôfago; epíteto; pássaro; pêsames; facílimo; lindíssimo; parêntesis;* etc.)

5.4. Supressão de acentos gráficos em certas palavras oxítonas e paroxítonas (bases VIII, IX e X)

5.4.1 - *Em casos de homografia (bases VIII, 3.º, e IX, 9.º e 10.º)*

O novo texto ortográfico estabelece que deixem de se acentuar graficamente palavras do tipo de *para* (*á*), flexão de *parar, pelo* (*ê*), substantivo, *pelo* (*é*), flexão de *pelar*, etc., as quais são homógrafas, respectivamente, das proclíticas *para,* preposição, *pelo,* contração de *per* e *lo,* etc.

As razões por que se suprime, nesses casos, o acento gráfico são as seguintes:

a) Em primeiro lugar, por coerência com a abolição do acento gráfico já consagrada pelo Acordo de 1945, em Portugal, e pela Lei n.º 5765, de 18 de dezembro de 1971, no Brasil, em casos semelhantes, como, por exemplo: *acerto* (*ê*), substantivo, e *acerto* (*é*), flexão de *acertar*; *acordo* (ô), substantivo, e *acordo* (ó), flexão de *acordar*; *cor* (ô), substantivo, e *cor* (ó), elemento da locução *de cor*; *sede* (ê) e *sede* (é), ambos substantivos, etc.;

b) Em segundo lugar, porque, tratando-se de pares cujos elementos pertencem a classes gramaticais diferentes, o contexto sintático permite distinguir claramente tais homógrafas.

5.4.2. Em paroxítonas com os ditongos ei e oi na sílaba tônica (base IX, 3.º)

O novo texto ortográfico propõe que não se acentuem graficamente os ditongos *ei* e *oi* tônicos das palavras paroxítonas. Assim, palavras como *assembleia*, *boleia*, *ideia*, que, na norma gráfica brasileira se escrevem com acento agudo, por o ditongo soar aberto, passarão a escrever-se sem acento, tal como *aldeia*, *baleia*, *cheia*, etc.

Do mesmo modo, palavras como *comboio*, *dezoito*, *estroina*, etc., em que o timbre do ditongo oscila entre a abertura e o fechamento, oscilação que se traduz na facultatividade do emprego do acento agudo no Brasil, passarão a grafar-se sem acento.

A generalização da supressão do acento nesses casos justifica-se não apenas por permitir eliminar uma diferença entre a prática ortográfica brasileira e a lusitana, mas ainda pelas seguintes razões:

a) Tal supressão é coerente com a já consagrada eliminação do acento em casos de homografia heterofônica (v. base IX, 10.º, e, neste texto atrás, 5.4.1), como se sucede, por exemplo, em *acerto*, substantivo, e *acerto*, flexão de *acertar*, *acordo*, substantivo, e *acordo*, flexão de *acordar*, *fora*, flexão de *ser* e *ir*, e *fora*, advérbio, etc.;

b) No sistema ortográfico português não se assinala, em geral, o timbre das vogais tônicas *a*, *e* e *o* das palavras paroxítonas, já que a língua portuguesa se caracteriza pela sua tendência para a paroxitonia. O sistema ortográfico não admite, pois, a distinção entre, por exemplo: *cada* (â) e *fada* (á), *para* (â) e *tara* (á); *espelho* (ê) e *velho* (é), *janela* (é) e *janelo* (ê), *escrevera* (ê), *flexão de escrever*, e *Primavera* (é); *moda* (ó) e *toda* (ô), *virtuosa* (ó) e *virtuoso* (ô); etc.

Então, se não se torna necessário, nesses casos, distinguir pelo acento gráfico o timbre da vogal tônica, por que se há de usar o diacrítico para assinalar a abertura dos ditongos *ei* e *oi* nas paroxítonas, tendo em conta que o seu timbre nem sempre é uniforme e a presença do acento constituiria um elemento perturbador da unificação ortográfica?

5.4.3. Em paroxítonas do tipo de abençoo, enjoo, voo, etc. (base IX, 8.º)

Por razões semelhantes às anteriores, o novo texto ortográfico consagra também a abolição do acento circunflexo, vigente no Brasil, em palavras paroxítonas como *abençoo*, flexão de *abençoar*, *enjoo*, substantivo e flexão de *enjoar*, *moo*, flexão de *moer*, *povoo*, flexão de *povoar*, *voo*, substantivo e flexão de *voar*, etc.

O uso do acento circunflexo não tem aqui qualquer razão de ser, já que ele ocorre em palavras paroxítonas cuja vogal tônica apresenta a mesma pronúncia em todo o domínio da língua portuguesa. Além de não ter, pois, qualquer vantagem nem justificação, constitui um fator que perturba a unificação do sistema ortográfico.

5.4.4. Em formas verbais com u e ui tônicos, precedidos de g e q (base X, 7.º)

Não há justificação para se acentuarem graficamente palavras como *apazigue, arguem*, etc., já que essas formas verbais são paroxítonas, e a vogal *u* é sempre articulada, qualquer que seja a flexão do verbo respectivo.

No caso de formas verbais como *argui, delinquis*, etc., também não há justificação para o acento, pois se trata de oxítonas terminadas no ditongo tônico *ui*, que como tal nunca é acentuado graficamente.

Tais formas só serão acentuadas se a sequência *ui* não formar ditongo e a vogal tônica for *i*, como, por exemplo, *arguí*[61] (1ª pessoa do singular do pretérito perfeito do indicativo).

6. Emprego do hífen (bases XV a XVII)

6.1. Estado da questão

No que respeita ao emprego do hífen, não há propriamente divergências assumidas entre a norma ortográfica lusitana e a brasileira. Ao compulsarmos, porém, os dicionários portugueses e brasileiros, e ao lermos, por exemplo, jornais e revistas, deparam-se-nos muitas oscilações e um largo número de formações vocabulares com grafia dupla, ou seja, com hífen e sem hífen, o que aumenta desmesurada e desnecessariamente as entradas lexicais dos dicionários. Essas oscilações verificam-se sobretudo nas formações por prefixação e na chamada recomposição, ou seja, em formações com pseudoprefixos de origem grega ou latina.

Eis alguns exemplos de tais oscilações: *ante-rosto* e *anterrosto, co-educação* e *coeducação, pré-frontal* e *prefrontal, sobre-saia* e *sobressaia, sobre-saltar* e *sobressaltar; aero-espacial* e *aeroespacial, auto-aprendizagem* e *autoaprendizagem, agro-industrial* e *agroindustrial, agro-pecuária* e *agropecuária, alvéolo-dental* e *alveolodental, bolbo-raquidiano* e *bolborraquidiano, geo-história* e *geoistória, micro-onda* e *microonda*, etc.

Essas oscilações são, sem dúvida, devidas a uma certa ambiguidade e falta de sistematização das regras que sobre essa matéria foram consagradas no texto de 1945. Tornava-se, pois, necessário reformular tais regras de modo mais claro, sistemático e simples. Foi o que se tentou fazer em 1986.

A simplificação e redução operadas nessa altura, nem sempre bem compreendidas, provocaram igualmente polêmica na opinião pública portuguesa, não tanto por uma

---

[61] **N. do A.:** Ao referir-se a uma sequência *ui* que não forma ditongo com a vogal tônica i, o texto da Nota Explicativa novamente exorbita de suas funções, pois determina uma mudança na pronúncia do verbo arguir (e, por extensão, de *redarguir*). Esses verbos tinham trema porque o *u* era pronunciado e formava ditongo crescente com a vogal seguinte (como em todos os casos de emprego de trema na convenção anterior). A possibilidade de pronúncia como hiato (em *arguir*, mas não em *redarguir*) ficava no campo fonético, sem repercussão ortográfica. Teria sido mais recomendável alegar que (eu) *arguí* ou *redarguí* passam a receber o acento agudo para se distinguirem de (ele) *argui* ou *redargui*, palavras que têm o *u* tônico. Outra opção teria sido conservar o acento no *u* de *argüi* e *redargüi*, como diferenciais. [O conteúdo desta Nota é expandido adiante, no Item 2 do Cap. 15.]

ou outra incongruência resultante da aplicação das novas regras, mas sobretudo por alterarem bastante a prática ortográfica nesse domínio.

A posição que agora se adota, muito embora tenha tido em conta as críticas fundamentadas ao texto de 1986, resulta, sobretudo, do estudo do uso do hífen nos dicionários portugueses e brasileiros, assim como em jornais e revistas.

6.2. O hífen nos compostos (base XV)

Sintetizando, pode dizer-se que, quanto ao emprego do hífen nos compostos, locuções e encadeamentos vocabulares, mantém-se o que foi estatuído em 1945, apenas se reformulando as regras de modo mais claro, sucinto e simples.

De fato, nesse domínio não se verificam praticamente divergências nem nos dicionários nem na imprensa escrita.

6.3. O hífen nas formas derivadas (base XVI)

Quanto ao emprego do hífen nas formações por prefixação e também por recomposição, isto é, nas formações com pseudoprefixos de origem grega ou latina, apresenta-se alguma inovação. Assim, algumas regras são formuladas em termos contextuais, como se sucede nos seguintes casos:

    a) Emprega-se o hífen quando o segundo elemento da formação começa por *h* ou pela mesma vogal ou consoante com que termina o prefixo ou pseudoprefixo (por exemplo: *anti-higiênico, contra-almirante, hiper-resistente*);

    b) Emprega-se o hífen quando o prefixo ou falso prefixo termina em *m* e o segundo elemento começa por vogal, *m* ou *n* (por exemplo: *circum-murado, pan-africano*).

As restantes regras são formuladas em termos de unidades lexicais, como acontece com oito delas (ex-, sota- e soto-, vice- e vizo-; pós-, pré- e pró-).

Noutros casos, porém, uniformiza-se o não emprego do hífen, do modo seguinte:

    a) Nos casos em que o prefixo ou o pseudoprefixo termina em vogal e o segundo elemento começa por *r* ou *s*, essas consoantes dobram-se, como já acontece com os termos técnicos e científicos (por exemplo: *antirreligioso, microssistema*);

    b) Nos casos em que o prefixo ou o pseudoprefixo termina em vogal e o segundo elemento começa por vogal diferente daquela, as duas formas aglutinam-se, sem hífen, como já sucede igualmente no vocabulário científico e técnico (por exemplo: *antiaéreo, aeroespacial*).

6.4. O hífen na ênclise e tmese (base XVII)

Quanto ao emprego do hífen na ênclise e na tmese mantêm-se as regras de 1945, exceto no caso das formas *hei de, hás de, há de*, etc., em que passa a se suprimir o hífen. Nessas formas verbais o uso do hífen não tem justificação, já que a preposição *de* funciona ali como mero elemento de ligação ao infinitivo com que se forma a perífrase verbal (cf. *hei de ler*, etc.), na qual *de* é mais proclítica do que apoclítica.

7. Outras alterações de conteúdo

7.1. Inserção do alfabeto (base I)

Uma inovação que o novo texto de unificação ortográfica apresenta, logo na base I, é a inclusão do alfabeto, acompanhado das designações que usualmente são dadas às diferentes letras. No alfabeto português passam a incluir-se também as letras, *w* e *y*, pelas seguintes razões:

   a) Os dicionários da língua já registram essas letras, pois existe um razoável número de palavras do léxico português iniciado por elas;

   b) Na aprendizagem do alfabeto é necessário fixar qual é a ordem que aquelas letras ocupam;

   c) Nos países africanos de língua oficial portuguesa existem muitas palavras que se escrevem com aquelas letras.

Apesar da inclusão no alfabeto das letras *k*, *w* e *y*, mantiveram-se, no entanto, as regras já fixadas anteriormente, quanto a seu uso restritivo, pois existem outros grafemas com o mesmo valor fônico daquelas. Se, de fato, se abolisse o uso restritivo daquelas letras, introduzir-se-ia no sistema ortográfico do português mais um fator de perturbação, ou seja, a possibilidade de representar, indiscriminadamente, por aquelas letras fonemas que já são transcritos por outras.

7.2. Abolição do trema (base XIV)

No Brasil, só com a Lei n.º 5765, de 18 de dezembro de 1971, o emprego de trema foi largamente restringido, ficando apenas reservado às sequências *gu* e *qu* seguidas de *e* ou *i*, nas quais o *u* se pronuncia. (Cf. *aguentar, arguente, eloquente, equestre*, etc.)

O novo texto ortográfico propõe a supressão completa do trema, já acolhida, aliás, no Acordo de 1986, embora não figurasse explicitamente nas respectivas bases. A única ressalva, nesse aspecto, diz respeito a palavras derivadas de nomes próprios estrangeiros com trema. (Cf. mülleriano, de Müller, etc.)

Generalizar a supressão do trema é eliminar mais um fator que perturba a unificação da ortografia portuguesa.

8. Estrutura e ortografia do novo texto

Na organização do novo texto de unificação ortográfica optou-se por conservar o modelo de estrutura já adotado em 1986. Assim, houve a preocupação de reunir, em uma mesma base, matéria afim, dispersa por diferentes bases de textos anteriores, donde resultou a redução destas a 21.

Através de um título sucinto, que antecede cada base, dá-se conta do conteúdo nela consagrado. Dentro de cada base adotou-se um sistema de numeração (tradicional) que permite uma melhor e mais clara arrumação da matéria aí contida.

4. PRIMEIRO PROTOCOLO MODIFICATIVO AO ACORDO

Considerando que até à presente data o Acordo Ortográfico da Língua Portuguesa, assinado em Lisboa, em dezembro de 1990, ainda não foi ratificado por todas as partes contratantes;

Que o referido texto original do Acordo estabelecia, em seu artigo 3, que o referido Acordo entraria em vigor no dia 1º de janeiro de 1994, após o depósito dos instrumentos de ratificação de todos os Estados junto ao Governo da República Portuguesa;

Que o artigo 2 do Acordo, por sua vez, previa a elaboração, até 1º de janeiro de 1993, de um vocabulário ortográfico comum da língua portuguesa, referente às terminologias científicas e técnicas;

Decidem as partes dar a seguinte nova redação aos dois citados artigos:

Artigo 2º Os Estados signatários tomarão, através das instituições e órgãos competentes, as providências necessárias com vista à elaboração de um vocabulário ortográfico comum da língua portuguesa, tão completo quanto desejável e tão normalizador quanto possível, no que se refere às terminologias científicas e técnicas.

Artigo 3º O Acordo Ortográfico da Língua Portuguesa entrará em vigor após depositados os instrumentos de ratificação de todos os Estados junto do Governo da República Portuguesa.

Feito na Praia, em 17 de julho de 1998.

Pelo Governo da República de Angola;

Pelo Governo da República Federativa do Brasil;

Pelo Governo da República de Cabo Verde;

Pelo Governo da República da Guiné-Bissau;

Pelo Governo da República de Moçambique;

Pelo Governo da República Portuguesa;

Pelo Governo da República Democrática de São Tomé e Príncipe.

5. SEGUNDO PROTOCOLO MODIFICATIVO AO ACORDO

Considerando que, até a presente data, o Acordo Ortográfico da Língua Portuguesa, assinado em Lisboa, a 16 de dezembro de 1990, ainda não pôde entrar em vigor por não ter sido ratificado por todas as partes contratantes;

Tendo em conta que, desde a IV Conferência de Chefes de Estado e de Governo da Comunidade de Países de Língua Portuguesa (CPLP), ocorrida em Brasília a 31 de julho e 1 de agosto de 2002, se adotou a prática, nos Acordos da CPLP, de estipular a entrada em vigor com o depósito do terceiro instrumento de ratificação;

Recordando que, em 2002, por ocasião da IV Conferência de Chefes de Estado e de Governo, a República Democrática de Timor-Leste aderiu à CPLP, tornando-se o oitavo membro da Comunidade;

Evocando a recomendação dos Ministros da Educação da CPLP que, reunidos, em Fortaleza, a 26 de maio de 2004, na V Reunião de Ministros da Educação, reiteraram ser o Acordo Ortográfico um dos fundamentos da Comunidade e decidiram elevar, à consideração da V Conferência de Chefes de Estado e de Governo da CPLP, a proposta de se aprovar o Protocolo Modificativo ao Acordo Ortográfico da Língua Portuguesa que, além de permitir a adesão de Timor-Leste, define a entrada em vigor do Acordo com o depósito dos instrumentos de ratificação por três países signatários;

DECIDEM as partes:

1. Dar a seguinte nova redação ao Artigo 3 do Acordo Ortográfico:

    Artigo 3º O Acordo Ortográfico da Língua Portuguesa entrará em vigor com o terceiro depósito de instrumento de ratificação junto da República Portuguesa.

2. Acrescentar o seguinte artigo ao Acordo Ortográfico:

    Artigo 5º O presente Acordo estará aberto à adesão da República Democrática de Timor-Leste.

3. Estabelecer que o presente Protocolo Modificativo entrará em vigor no primeiro dia do mês seguinte à data em que três Estados-membros da CPLP tenham depositado, junto da República Portuguesa, os respectivos instrumentos de ratificação ou documentos equivalentes que os vinculem ao Protocolo.

Feito e assinado em São Tomé, a 25 de julho de 2004.

Pelo Governo da República de Angola;

Pelo Governo da República Federativa do Brasil;

Pelo Governo da República de Cabo Verde;

Pelo Governo da República da Guiné-Bissau;

Pelo Governo da República de Moçambique;

Pelo Governo da República Portuguesa;

Pelo Governo da República Democrática de São Tomé e Príncipe.

15

O Acordo e Suas Intervenções (na Descrição Gramatical)

A entrada em vigor do Acordo de uniformização ortográfica no dia primeiro de janeiro de 2009 trouxe benefícios a toda a comunidade de países de língua portuguesa. A coexistência de duas convenções, uma brasileira, outra lusitana, nunca permitiu que nossa língua se impusesse como idioma oficial de organismos internacionais, para citar um dos argumentos a favor da reforma. Além disso, a duplicidade também funcionava como uma espécie de sinalizador da distinção existente entre as duas modalidades de uso da língua, a ponto de talvez reacender o tema da língua brasileira. Tal fato, independente das discussões técnicas sobre tantos pontos a considerar no que diz respeito aos critérios de reconhecimento da existência ou não de uma língua enquanto estrutura, é algo que envolve os interesses superiores de uma nação e deve ser considerado a partir do estabelecimento de uma Política do Idioma, como muito bem comenta Celso Cunha (1975) em obra que tem exatamente esse título.

Eis em resumo o que tem sido apresentado por grande parte da comunidade acadêmica como o principal mérito da reforma ortográfica. Isso não significa, porém, que os aspectos técnicos adotados em sua elaboração mereçam os mesmos elogios. Pelo contrário, inúmeros colegas já se manifestaram sobre casos contraditórios (como o emprego do hífen em palavras compostas com mais de dois elementos) ou até incoerentes (como a supressão do acento diferencial de "pára" e a manutenção do acento diferencial de "pôr"), para citar apenas dois dos muitos pontos que já foram identificados. Um dentre tantos (o caso do uso do hífen com o prefixo co-) obrigou a Academia Brasileira de Letras a optar por não manter a grafia "co-herdeiro".

É o que diz a Nota Explicativa do *Vocabulário Ortográfico da Língua Portuguesa* (2009: LII), que reporta à grafia exemplificada na Base XVI, caso 1º, letra a, em possível contradição com o que prescreve a observação da letra b da mesma Base XVI e o que prevê a Base II, caso 2º, letra b. [grifos meus]

BASE XVI
DO HÍFEN NAS FORMAÇÕES POR PREFIXAÇÃO, RECOMPOSIÇÃO E SUFIXAÇÃO
1º) Nas formações com prefixos (...) só se emprega o hífen nos seguintes casos:
 a) Nas formações em que o segundo elemento começa por *h*: anti-higiênico, circum-hospitalar, co-herdeiro, contra-harmônico, extra-humano (...)
 b) Nas formações em que o prefixo ou pseudoprefixo termina na mesma vogal com que se inicia o segundo elemento (...)
Obs.: Nas formações com o prefixo co-, este aglutina-se em geral com o segundo elemento mesmo quando iniciado por o: coobrigação, coocupante, coordenar, cooperação, cooperar, etc.

BASE II
DO H INICIAL E FINAL
1º) O *h* inicial emprega-se:
(...)
2º) O *h* inicial suprime-se:
(...)
 b) Quando, por via de composição, passa a interior e o elemento em que figura se aglutina ao precedente: *biebdomadário, desarmonia, desumano, exaurir, inábil, lobisomem, reabilitar, reaver.*

Nota-se então que as discussões sobre decisões de natureza exclusivamente ortográfica já contêm material suficiente para gerar bastante polêmica. Não é nossa pretensão trazer essas pendências para o que queremos tratar aqui. O objetivo é mostrar passagens do texto do Acordo Ortográfico que extrapolam os limites da ortografia e resultam em intervenção na descrição de aspectos gramaticais dos campos fonético, morfológico e sintático.

Nas seções adiante, apresentamos primeiro a transcrição do trecho oficial que originou nosso comentário e em seguida as considerações que julgamos pertinentes. Nas citações, todos os grifos são meus, selecionando onde está o cerne da intervenção.

1. VERBOS TER & VIR

A primeira passagem que escolhemos é a que está explicada na letra c do caso 5º da Base IX. [grifos meus]

> **BASE IX**
> **DA ACENTUAÇÃO GRÁFICA DAS PALAVRAS PAROXÍTONAS**
> 5º) Recebem acento circunflexo:
> (...)
> c) **As formas verbais têm e vêm**, 3as pessoas do plural do presente do indicativo de ter e vir, que são **foneticamente paroxítonas** (respectivamente ['tɐ̃yɲɐ̃y], ['vɐ̃yɲɐ̃y] ou ['tẽẽy], ['vẽẽy] ou ainda ['tẽyɲẽy], ['vẽyɲẽy]; cf. as antigas grafias preteridas têem, vêem), a fim de se distinguirem de tem e vem, 3as pessoas do singular do presente do indicativo ou 2as pessoas do singular do imperativo; e também as correspondentes formas compostas, tais como: *abstêm* (cf. *abstém*), *advêm* (cf. *advém*), *contêm* (cf. *contém*), *convêm* (cf. *convém*), *desconvêm* (cf. *desconvém*), *detêm* (cf. *detém*), *entretêm* (cf. *entretém*), *intervêm* (cf. *intervém*), *mantêm* (cf. *mantém*), *obtêm* (cf. *obtém*), *provêm* (cf. *provém*), *sobrevêm* (cf. *sobrevém*).
> Obs.: Também neste caso são preteridas as antigas grafias *detêem, intervêem, mantêem, provêem*, etc.

Essas terminações verbais, no Brasil, são pronunciadas como monossílabos e não se distinguem de seus homônimos da 3*a* p. sg. A rigor, esse item do Acordo deveria fazer parte da Base VIII (DA ACENTUAÇÃO GRÁFICA DAS PALAVRAS OXÍTONAS), pois graficamente NÃO HÁ paroxítonas em *têm*, *vêm* e seus derivados. A pronúncia padrão brasileira para esses verbos é ['tẽy] e ['vẽy]. A Base VII (DOS DITONGOS), caso 3º (letra b-ii), inclui a forma *têm* e diversos verbos derivados de *ter* e *vir* na lista dos casos de "ditongo representado por vogal seguida da consoante nasal *m*".

Esse exemplo de intervenção não tem repercussão ortográfica. Se ajustássemos o texto oficial, retirando dessa letra *c)* o equívoco da oração adjetiva inicial, nada seria afetado, pois o acento dessas formas verbais continuaria existindo, a fim de elas se distinguirem de *tem* e *vem* (P3) e também das correspondentes formas derivadas, tais como: *abstêm* (cf. *abstém*), *advêm* (cf. *advém*)... A mencionada pronúncia paroxítona é restrita e, muitas vezes, estigmatizada.

2. VERBOS TERMINADOS EM GU/QU+vg+R

A segunda passagem selecionada não está no texto do Acordo, mas no Anexo II, no item 5.4.4 da Nota Explicativa — grifo meu:

> 5.4.4. Em formas verbais com *u* e *ui* tônicos, precedidos de *g* e *q* (Base X, 7.º)
> Não há justificação para se acentuarem graficamente palavras como *apazigue*, *arguem*, etc., já que essas formas verbais são paroxítonas e a vogal u é sempre articulada, qualquer que seja a flexão do verbo respectivo.
> No caso de formas verbais como *argui*, *delinquis*, etc., também não há justificação para o acento, pois se trata de oxítonas terminadas no ditongo tônico ui, que como tal nunca é acentuado graficamente.
> Tais formas só serão acentuadas **se a sequência *ui* não formar ditongo** e a vogal tônica for i, como, por exemplo, *arguí* (1a pessoa do singular do pretérito perfeito do indicativo).

Ao referir-se a uma sequência *ui* que não forma ditongo com a vogal tônica i, o texto da Nota Explicativa do Acordo exorbita de suas funções, pois determina uma mudança na pronúncia do verbo *arguir* (e, por extensão, de *redarguir*?). Esses verbos tinham trema (*argüi, redargüi*) porque o *u* era pronunciado e formava um ditongo crescente com a vogal seguinte — como em todos os casos de emprego de trema na convenção anterior.

A possibilidade de pronúncia como hiato (em *arguir*, mas não em *redarguir*) ficava no campo fonético, sem repercussão ortográfica. Por isso, dizer que a grafia agora é ARGUÍ e que não há ditongo é alterar sua pronúncia padrão e criar uma contradição fono-ortográfica com as formas do pretérito perfeito dos outros quatro verbos que têm essa terminação: *redargui, delinqui, relinqui, retorqui* (este admite a pronúncia ou não do U) ou *redarguí, delinquí, relinquí, retorquí?* Essa contradição se expande também para outras flexões dessa série de verbos, como a P2 e a P5 do pretérito perfeito (*arguiste/s* ou *arguíste/s, dilinquiste/s* ou *delinquíste/s* ?), a P1, a P2, a P3 e a P6 do pretérito imperfeito do subjuntivo (*arguisse...* ou *arguísse..., delinquisse* ou *delinquísse...* ?), etc.

Vejamos, no quadro abaixo, o "dilema" ortográfico em relação a esses cinco verbos (arguir, redarguir, delinquir, relinquir e retorquir), nas formas que não estão citadas no Acordo e que não permitem uma "dedução lógica", pois o pressuposto da inexistência de ditongo em UI é precário.

Os exemplos se valem apenas de duas flexões do presente do indicativo, mas podem ser expandidos para todas flexões desses verbos que tenham no I uma vogal tônica (sempre em um ditongo crescente, o que nega a afirmação da Nota Explicativa do Acordo):

> Presente do Indicativo
> (a) verbo ARGUIR:
> — (nós) arguimos ou arguímos?
> — (vós) arguis ou arguís?
> (b) verbo REDARGUIR:
> — (nós) redarguimos ou redarguímos?
> — (vós) redarguis ou redarguís?
> (c) verbo DELINQUIR:
> — (nós) delinquimos ou delinquímos?
> — (vós) delinquis ou delinquís?
> (d) verbo RELINQUIR:
> — (nós) relinquimos ou relinquímos?
> — (vós) relinquis ou relinquís?
> (e) verbo RETORQUIR (U pronunciado):
> — (nós) retorquimos ou retorquímos?
> — (vós) retorquis ou retorquís?

Mais recomendável teria sido a Nota Explicativa do Anexo II alegar que apenas (eu) *arguí* ou *redarguí* passariam a receber o acento agudo para se distinguirem de (ele) *argui* ou *redargui* (presente do indicativo), palavras que têm o *u* tônico.

Outra opção teria sido conservar o acento no U de *argúi* e *redargúi*, como diferenciais. Lembremos ainda que a homonímia só existe entre flexões desses dois verbos, pois *delinqui, relinqui* e *retorqui* (pretérito perfeito) se distinguem de *delinque, relinque* e *retorque*, grafados com E.[62]

Aliás, no caso do verbo *retorquir* (pronunciado /kwiʀ/ ou /kiʀ/), a P2, a P3 e a P6 do presente do indicativo são rizotônicas, com O aberto. Com isso, se o U for pronunciado, será átono, o que obrigará o usuário a acentuar o O dessas formas (serão palavras paroxítonas terminadas em ditongo/+S/+M: *retórques, retórque, retórquem*). Se o U não for pronunciado, não haverá acento: *retorques, retorque, retorquem*.

3. COMPOSIÇÃO X DERIVAÇÃO

São várias as passagens que mostram que o texto do Acordo considera que a prefixação é um caso de composição vocabular e não de derivação. Na primeira que transcrevemos, a explicação fala em "palavra composta" e em "composição", mas os exemplos são predominantemente de palavras com prefixo — grifos meus:

> BASE II
> DO *H* INICIAL E FINAL
> 2º) O *h* inicial suprime-se:
> (...)
>   b) Quando, por via de composição, passa a interior e o elemento em que figura se aglutina ao precedente: biebdomadário, desarmonia, desumano, exaurir, inábil, lobisomem, reabilitar, reaver.
> 3º) O *h* inicial mantém-se, no entanto, quando, **em uma palavra composta**, pertence a um elemento que está ligado ao anterior por meio de hífen: *anti-higiênico, contra-haste, pré-história, sobre-humano*.

O trecho contém doze exemplos, e apenas um deles (lobisomem) é de palavra sem prefixo. Adiante, uma outra passagem mostra explicitamente que prefixação é composição para o texto oficial. Referimo-nos à Base IX, ainda há pouco citada no primeiro exemplo de intervenção fonética. Observemos o recorte [grifo meu]:

> 5º) Recebem acento circunflexo:
> (...) **as correspondentes formas compostas**, tais como: *abstêm (cf. abstém), advêm (cf. advém), contêm (cf. contém), convêm (cf. convém), desconvêm (cf. desconvém), detêm (cf. detém), entretêm (cf. entretém), intervêm (cf. intervém), mantêm (cf. mantém), obtêm (cf. obtém), provêm (cf. provém), sobrevêm (cf. sobrevém).*

Se ainda havia alguma dúvida, agora não resta mais: prefixos são elementos que atuam na composição. A intervenção está justamente aí: nossas gramáticas incluem a prefixação em que caso, no estudo dos processos de formação de palavras? Desde 1959, por conta da recomendação da Portaria que oficializou o texto da nomenclatura gramatical brasileira, a prefixação é um dos casos incluídos no processo de derivação...

---
[62] No portal do VOC, há acento em *vós (red)arguís, eu (red)arguí, re/delinquís, re/delinquí*. Essas formas não estão acentuadas no *Dicionário Aurélio* nem no *Dicionário Houaiss*.

Não se trata de discutir se a descrição mais adequada é falar em compostas por prefixação ou derivadas por prefixação. O que queremos dizer é que a maneira como o texto apresenta a prefixação não corresponde ao que é praticado no ensino de português no Brasil. Suponhamos que um concurso público pergunte se a palavra "advir" é formada por composição ou por derivação. Onde estará a resposta certa: no texto do Acordo Ortográfico ou nas gramáticas citadas na bibliografia?

Não obstante essa escolha, é nítida a distinção que o Acordo faz entre as palavras compostas com radicais e as palavras com prefixo. Por isso, a Base XV tem como título "Do Hífen em Compostos, Locuções e Encadeamentos Vocabulares" e a Base XVI fala "Do Hífen nas Formações por Prefixação, Recomposição e Sufixação".

Em vista disso, é inadequado encontrar-se na Base XV um trecho como este:

BASE XV
DO HÍFEN EM COMPOSTOS, LOCUÇÕES E ENCADEAMENTOS VOCABULARES
5º) Emprega-se o hífen nos compostos com os elementos além, aquém, recém e sem: além-Atlântico, além-mar, além-fronteiras; aquém-fiar, aquém-Pireneus; recém-casado, recém-nascido; sem-cerimônia, sem-número, sem-vergonha.

O texto do Acordo conserva o equívoco (do Formulário Ortográfico de 1943) de dizer que o elemento *sem-* atua na composição, sobretudo porque não o considera prefixo, pois se assim o fizesse o colocaria na Base XVI. Esse morfema é nitidamente um prefixo, homônimo da preposição portuguesa *sem*, originária da preposição latina *sine-*.

Outra oscilação acerca de prefixos e não prefixos é encontrada em dois trechos da Base XVI [grifos meus]:

BASE XVI
DO HÍFEN NAS FORMAÇÕES POR PREFIXAÇÃO, RECOMPOSIÇÃO E SUFIXAÇÃO
1º) Nas formações com prefixos (como, por exemplo: *ante-, anti-, circum-, co-, contra-, entre-, extra-, hiper-, infra-, intra-, pós-, pré-, pró-, sobre-, sub-, super-, supra-, ultra-*, etc.) e **em formações por recomposição, isto é, com elementos não autônomos ou falsos prefixos, de origem grega e latina** (tais como: *aero-, agro-, arqui-, auto-, bio-, eletro-, geo-, hidro-, inter-, macro-, maxi-, micro-, mini-, multi-, neo-, pan-, pluri-, proto-, pseudo-, retro-, semi-, tele-*, etc.), só se emprega o hífen nos seguintes casos:
(...)
c) **Nas formações com os prefixos** *circum-* e *pan-*, quando o segundo elemento começa por vogal, *m* ou *n* (além de *h*, caso já considerado atrás, na alínea a): *circum-escolar, circum-murado, circum-navegação; pan-africano, pan-mágico, pan-negritude*;
d) **Nas formações com os prefixos** *hiper-, inter-* e *super-*, quando combinados com elementos iniciados por *r*: *hiper-requintado, inter-resistente, super-revista*.

O texto do Acordo emprega aqui, para os elementos *circum-* e *pan-*, o tratamento genérico de "prefixo". No entanto, no item 1º desta Base, apenas *circum-* está identificado como prefixo (*pan-* aparece na lista dos "elementos não autônomos ou falsos prefixos"). O mesmo se vê na letra d, em que *inter-* é dado como prefixo, diferentemente do que consta do item 1º. A intervenção de que falamos está de novo na descrição morfológica: quanto ao processo de formação, como se classificam as palavras "pan--mágico" e "inter-resistente"? São formadas por prefixação ou não? E outro ponto de interferência: uma palavra é formada por "recomposição" quando contém "elementos não autônomos ou falsos prefixos, de origem grega e latina". Temos aqui um processo de formação de palavras que não é mencionado, pelo menos, nas gramáticas escolares e referenciais dos estudos de língua portuguesa no Brasil.

4. SUFIXOS SEPARADOS POR HÍFEN

Voltando à Base XVI, encontramos uma outra passagem que intervém na descrição morfológica [grifo meu]:

> **BASE XVI**
> **DO HÍFEN NAS FORMAÇÕES POR PREFIXAÇÃO, RECOMPOSIÇÃO E SUFIXAÇÃO**
> 3º) Nas formações por sufixação apenas se emprega o hífen nos vocábulos terminados por **sufixos de origem tupi-guarani** que representam formas adjetivas, como *-açu, -guaçu e -mirim*, quando o primeiro elemento acaba em vogal acentuada graficamente ou quando a pronúncia exige a distinção gráfica dos dois elementos: *amoré-guaçu, anajá-mirim, andá-açu, capim-açu, Ceará-Mirim*.

Nesse caso, o Acordo classifica os elementos *-açu, -guaçu e -mirim* como sufixos, quando na verdade se trata de radicais de origem tupi. É assim que aparecem identificados, por exemplo, nos dicionários Houaiss e Aurélio. Nas listas de sufixos de nossas principais gramáticas, esses três morfemas nem sequer são mencionados.

Seria também o caso de perguntar como deve proceder o aluno diante de uma questão que peça o processo de formação de uma palavra como "tamanduá-mirim": palavra composta, como dizem os livros, ou palavra derivada por sufixação, como "ensina" o Acordo?

5. A PREPOSIÇÃO "DE" EM CONSTRUÇÕES COM INFINITIVO

Na Base que trata do uso do apóstrofo, o texto do Acordo determina que uma construção sintática está correta e que outra está errada [grifos meus].

> **BASE XVIII**
> **DO APÓSTROFO**
> 2º) São os seguintes os casos em que não se usa o apóstrofo:
> (...)
> b) Por uma ou duas formas vocabulares, se não constituem, de modo fixo, uniões perfeitas (apesar de serem correntes com esta feição em algumas pronúncias) (...)
> Obs.: **Quando a preposição de se combina com as formas articulares** ou pronominais o, a, os, as, ou com quaisquer pronomes ou advérbios começados por vogal, mas acontece estarem essas palavras integradas em construções de infinitivo, não se emprega o apóstrofo, nem se funde a preposição com a forma imediata, escrevendo-se estas duas separadamente: *a fim de ele compreender; apesar de o não ter visto; em virtude de os nossos pais serem bondosos; o fato de o conhecer; por causa de aqui estares.*

Ao referir-se a "construções de infinitivo", o texto do Acordo de novo exorbita de suas funções, pois legisla sobre uma questão sintática, qual seja a que trata do emprego da preposição DE antes de sujeito de infinitivo (cf. "em virtude de os nossos pais serem bondosos").

O assunto não é, a rigor, de competência do legislador ortográfico, pois considera ortograficamente (sic) correta a frase "em virtude de os nossos pais serem bondosos" e ortograficamente (sic) errada a frase "em virtude dos nossos pais serem bondosos".

A lição que Evanildo Bechara expõe no livro *Lições de Português pela Análise Sintática* (2001: 16-17) dá conta de uma outra interpretação, confirmando que o problema não é de natureza ortográfica, mas sintática.

É sua a afirmação de que "a preposição pode-se combinar com o núcleo do sujeito", estando correto dizer: "É tempo DE ELE sair ou É tempo DELE sair."

Bechara prossegue:

> Alguns gramáticos não aceitam a combinação apontada sob o pretexto de que o sujeito não pode vir regido de preposição; não se trata aqui, entretanto, de regência preposicional do sujeito, mas do contacto de duas palavras que, por hábito e por eufonia, costumam ser incorporadas na pronúncia. Se tais combinações parecem contrariar a lógica da gramática, cumpre observar que não repugnam a tradição do idioma através do testamento de seus melhores escritores, antigos e modernos. O que a lição dos fatos nos permite ensinar é que ambas as construções são corretas, segundo nos atestam passagens que não se podem dar como errôneas ou descuidos de revisão.
>
> Exemplos:
>
> a) "Levava em consideração o fato dela se achar doente" (Lúcio Cardoso);
>
> b) "... só voltou depois do infante estar proclamado regedor" (Alexandre Herculano);
>
> c) "... mesmo depois dos descobrimentos portugueses haverem transformado as condições do comércio" (Rebelo da Silva);
>
> d) "apesar das couves serem uma das muitas espécies de legumes" (Rui Barbosa).

O texto do Acordo fala apenas da preposição DE e afirma que essa preposição e a palavra iniciada por vogal que a segue estão integradas "em construções de infinitivo". Não deixa de ser contraditório: reconhecer o fato de estarem integradas e dizer que ambas não se fundem.

No livro *Sintaxe: estudos descritivos da frase para o texto* (Henriques: 2018, pp. 63-64), concordamos com Bechara também nos comentários sobre o tratamento a ser adotado com outras preposições, porquanto "há diferenças de uso e não se pode adotar uma regra que se aplique a todas as preposições". É o caso de "Ela está acostumada ao marido ficar jogando futebol aos domingos", frase que não coexiste com "Ela está acostumada a o marido ficar jogando futebol aos domingos". Pois bem, se o Acordo fala apenas da preposição DE — e não menciona as demais —, parece evidente que o argumento usado para justificar a opção pela separação é, além de deslocado, frágil.

Assim, o que era um preceito gramatical "difícil de se conciliar com a prática" (Bechara, 2001: 191) e que representava uma opção do usuário, uma escolha estilística, agora se transforma em uma ordem ortográfico-sintática — infelizmente.

* * * *

Em síntese, os casos que expusemos e a que chamamos de intervenções na descrição gramatical não são os únicos pontos a levantar nos debates extraortográficos sobre o texto do Acordo Ortográfico e sobre algumas das interpretações apresentadas no *Vocabulário Ortográfico* da Academia Brasileira de Letras: há as formações com os advérbios "bem" e "mal", tratados de modo ambíguo pelo texto oficial; há a situação das palavras "não" e "quase" em formações como "não fumante" e "quase irmão" (chamados de prefixos, mas escritos sem hífen e separados por espaço em branco); há a classificação morfológica de locuções e unidades fraseológicas (como "deus nos acuda" e "faz de conta"), etc.

Apesar disso, vale repetir que a principal questão a envolver nossa ortografia não é mesmo o que ela tem de vínculo com os estudos gramaticais, mas o valor político para as nações de língua portuguesa. Uma coisa porém pode-se dizer: é uma pena que a contribuição para a sociedade não tenha sido acompanhada de uma qualidade semelhante do ponto de vista técnico. A publicação do *Vocabulário Ortográfico* da Academia Brasileira de Letras fez alguns ajustes, mas o *VOLP* esteve sempre sujeito às limitações do texto oficial. E é com essa ortografia que vamos ter de conviver.

EXERCÍCIOS

As questões abaixo têm o objetivo de promover reflexões sobre as mudanças promovidas pelo Acordo Ortográfico.

1. Dê sua opinião sobre a queda do trema.
2. Dê sua opinião sobre a queda dos acentos diferenciais de intensidade.

190 FONÉTICA, FONOLOGIA E ORTOGRAFIA

3. Dê sua opinião sobre as mudanças na regra do emprego do hífen.
4. Dê sua opinião sobre a queda dos acentos nos hiatos EE e OO.
5. Dê sua opinião sobre a mudança na regra dos acentos dos ditongos EI, EU e OI.

CHAVE DE RESPOSTAS

1. Resposta livre.
2. Resposta livre.
3. Resposta livre.
4. Resposta livre.
5. Resposta livre.

PARA CONHECER MAIS A ORTOGRAFIA DO PORTUGUÊS

(1) A Demanda da Ortografia Portuguesa, organizado por Ivo Castro, Inês Duarte e Isabel Leiria. Lisboa: Sá da Costa, 1987.

Lançado após o Acordo Ortográfico de 1986, que posteriormente seria modificado para ser enfim aprovado em 1990, o livro reúne textos fundamentais da ortografia portuguesa, desde as suas origens, mas se concentra na exposição minuciosa dos debates acerca do tema, em especial os provocados pelo texto de 1986.

(2) Escrevendo pela Nova Ortografia, coordenado por José Carlos de Azeredo. Rio de Janeiro: São Paulo: Publifolha, 2008.

O coordenador da publicação retoma textos deixados por Antônio Houaiss, acrescentando-lhes matéria e informações, além de observações e interpretações a respeito do Acordo. Destaca-se o capítulo que narra concisamente a história interna e a história externa do português e traça o percurso da ortografia portuguesa. O livro contém também um quadro resumitivo que compara a norma ortográfica nova com a anterior e é concluído com uma chave prática para o uso do hífen.

(3) A Nova Ortografia, de Evanildo Bechara. Rio de Janeiro: Nova Fronteira & Lucerna, 2008.

O autor explica termos técnicos ligados à ortografia, faz um pequeno histórico dos Acordos Ortográficos, comenta as críticas feitas ao Acordo de 1990 e aponta as vantagens da unificação ortográfica.

(4) Ortografia da Língua Portuguesa, organizado por Maurício Silva. São Paulo: Contexto, 2009.

O livro tem a participação de oito colaboradores (Evanildo Bechara, Ricardo Cavaliere, Luiz Carlos Cagliari, Leonor Lopes Fávero, Maria Filomena Gonçalves, entre outros) e discute a questão da ortografia levando em conta suas diversas representações.

(5) A Nova Ortografia: o que muda com o Acordo Ortográfico, de Claudio Cezar Henriques. Rio de Janeiro: EdUERJ, 2015 – a 1a ed. é de 2009.

O livro mostra as disposições que passaram a reger nossa ortografia em 2009, incluindo uma breve história da ortografia, as regras de acentuação e as normas para emprego do hífen. Completa o livro uma extensa bateria de exercícios de fixação, com chave de respostas.

Exercícios Finais (II)

1. Observe, na notícia ao lado, de 01/11/2006 (Jornal do Brasil), que a grafia abreviada do prenome da atriz portuguesa Conceição José tem consequências semânticas.

   Interprete o emprego de S em lugar de Ç e comente as interligações fonético-ortográficas e morfossemânticas existentes no caso.

   Com todo o respeito, São José é uma linha mulher, baixinha e atraente. Atriz portuguesa de *Paixões Proibidas*, que estreia dia 14 de abril na Band, São José ("São" é apelido de Conceição) interpreta Elisa de Mandeville na novela de Aimar Labaki, baseada em texto de Camilo Castelo Branco.

   São José, quem diria, é linda

2. A Lei 5.765, de 18 de dezembro de 1971, retirou o acento diferencial de timbre da palavra "côco", que passou a ser grafada apenas "coco". A fotografia ao lado demonstra um desvio ortográfico decorrente da efetiva necessidade do uso de acento nessa palavra?

3. A grafia do nome do candidato a senador pode ser considerada uma forma correta de adaptação ortográfica para o português do antropônimo inglês Washington? Explique.

4. Considerando que a letra W, dependendo do idioma em que é usada, pode ter o som da nossa semivogal /w/ ou de nossa consoante /v/, faça o aportuguesamento dos seguintes substantivos próprios (sem usar a letra W). Comente a pertinência dessas adaptações ortográficas.

William: _____   Wellington: _____   Winehouse: _____
Walker: _____   Weber: _____   Woodstock: _____
Werner: _____   Wilkinson: _____   Wordsworth: _____
Webster: _____   Worten: _____   Wolfgang: _____

5. A tirinha abaixo registra uma cena escolar.

Para construir o humor da historinha, o cartunista faz o professor dizer uma frase que pressupõe um conhecimento metalinguístico de Pedrinho. Explique por que a resposta do aluno mostra que ele compreendeu a palavra fonológica do professor segundo uma possibilidade semântica diferente da pretendida.

Depois, usando homônimos de mesmo tipo (conserto x concerto), elabore um pequeno diálogo que explore o mesmo "jogo de palavras" feito pelo cartunista.

6. A ilustração abaixo se aplica ao comentário de Ancelmo Góis em sua coluna de *O Globo*, publicada no dia 15 de outubro de 2003:

Não precisa nem CPI. O berço das fraudes no Brasil fica no banheiro do Aeroporto de Porto Velho, Rondônia, bem em frente à sala de desembarque. Pelo menos, é o que ficou pensando, ao ver esta foto [*aqui substituída*], a velha professora dona Gramática — aliás, hoje, salve ela, é Dia do Professor! (...)

Exercícios Finais (II) 193

NURSERY: 1) quarto de crianças; 2) viveiro de mudas; 3) berçário. 4) creche. (Fonte: Dic. Michaëlis)

O comentário que o jornalista faz sobre a imagem serve-nos para exemplificar a afirmação de que os assuntos presentes nos estudos de língua portuguesa (fonética/fonologia, morfologia, sintaxe, semântica, estilística, lexicologia, dialectologia, ortografia...) se inter-relacionam e podem ser motivo de exploração didático-pedagógica. Interprete o comentário do jornalista à luz dos assuntos gramaticais que ele, direta ou indiretamente, menciona e acrescente considerações sobre por que o assunto "morfologia" tem vínculos com a FONÉTICA, a FONOLOGIA e a ORTOGRAFIA.

7. Faça a transcrição da letra da música "Saudosa Maloca", de Adoniran Barbosa, interpretada pelo conjunto Demônios da Garoa, de modo a reproduzir ortograficamente a variante regional praticada.

8. Observe a letra da primeira estrofe da música "Asa Branca", de Humberto Teixeira e Luiz Gonzaga, transcrita segundo a interpretação pessoal do próprio Luiz Gonzaga, em gravação de 1952: "Quando oiei a terra ardeno/quar fugueira de São João,/eu preguntei a Deus do céu,/ai, proque tamanha judiação.

    Muitos cantores, ao regravarem essa música, não se valeram das variantes de pronúncia registradas ortograficamente na transcrição acima. Reescreva integralmente a letra da canção adequando-a às regras de nossa convenção ortográfica e, depois, escolha algumas características do português brasileiro presentes na interpretação original. Por fim, pesquise interpretações que comprovem alterações de pronúncia e as comente.

9. Ao final da aula, a professora pede ao Joãozinho que vá ao quadro:
    — Escreva uma frase que sirva para encerrarmos a lição de hoje.
    — Está bem, tia.
    Sem pestanejar, Joãozinho pega o giz e executa a tarefa.

PURO GESSO

Ô, Joãozinho! Como é que "puro gesso" pode servir para encerrar a lição de nossa aula?
— Ih, professora, desculpe. Esqueci os acentos.
Volta ao quadro e completa:

PURÔ GESSÓ

O efeito de humor dessa piada repousa sobre a compreensão instintiva da função dos acentos gráficos e dos conceitos de palavra ortográfica, palavra fonológica e homonímia. Comprove essa afirmação, reescrevendo a frase de Joãozinho de acordo com a convenção ortográfica e explicando o efeito de humor motivado pela homonímia.

10. A historinha que segue está contada na internet.

Cresci ouvindo meu pai contar que alguém de passagem por uma cidade do interior e precisando de um alfaiate pediu informações e lhe foi recomendado um logo ali, muito bom. Ao ver a placa da alfaiataria disse ao proprietário lamentar muito que um alfaiate de mão cheia escrevesse errado o nome do próprio negócio. Não dava para confiar em alguém assim.

— Alfaiataria Águia de Ouro. O senhor não colocou o acento de águia!

O alfaiate olha o visitante com estranheza e explica:

— Não, senhor. Não é Águia de Ouro, não. É Agúia de Ouro.

O acento no ditongo UI não está previsto em nossa convenção ortográfica. Como escrever a palavra "agulha" do jeito que é pronunciada na piada?

11. Uma palavra estrangeira pouco usada no português foi incorporada ao noticiário da imprensa depois dos incidentes de 11 de Setembro, em Nova York: talibã. Ela não está ainda dicionarizada nem registrada no *VOLP*. Por isso mesmo, aparece grafada de modos variados, *taliban, taleban, talibã* e *talebã*.

A Base VI do texto do Acordo diz:

1º) Quando uma vogal nasal ocorre em fim de palavra, ou em fim de elemento seguido de hífen, representa-se a nasalidade pelo til, se essa vogal é de timbre *a*; por *m*, se possui qualquer outro timbre e termina a palavra; e por *n* se é de timbre diverso de *a* e está seguida de *s*: *afã, grã, Grã-Bretanha, lã, órfã, sã-braseiro* (forma dialetal; o mesmo que *são-brasense* = de S. Brás de Alportel); *clarim, tom, vacum, flautins, semitons, zunzuns.*

Pergunta-se:

a) Qual deve ser a grafia oficial para essa palavra?

b) Por que há a flutuação entre E e I na sílaba intermediária?

12. O trecho inicial da canção "O Pato", consagrada por João Gilberto e composta por Jayme Silva e Neuza Teixeira, diz: "O pato vinha cantando alegremente: 'Quem... Quem...'"

Com a supressão do trema, qual é a solução ortográfica para que o leitor não seja induzido a imaginar que o pato era um cantor investigativo procurando alguém, mas apenas um pato que grasnava com alegria?

13. O processo de criação vocabular que consiste em reduzir longos títulos utilizando as letras iniciais das palavras que os compõem chama-se **sigla**. É o que ocorre com a palavra "Mercosul", cuja denominação completa é "Mercado Comum do Cone Sul".

Pergunta-se:

a) Por que a grafia da palavra "Mercosul", porém, não pode ser considerada apropriada às regras ortográficas do português?

b) Siglas como "Detran" e "OTAN" também caracterizam "contradições" ortográficas?

14. Assinale a(s) alternativa(s) em que a presença de palavras homônimas perfeitas **não** causa ambiguidade.

(a) Boa parte do problema parte do problema que ela mesma criou.

(b) Por seres de outro planeta, é melhor seres discreto.

(c) Não cometa a bobagem de dizer que o cometa não é um astro.

(d) Eu pelo o pelo do cachorro pelo menos uma vez ao mês.

(e) Ela malha a malha só para não ficar calada.

(f) Na fábula, a baleia baleia o golfinho e foge com as pérolas.

(g) Peça por peça, nada tenho a opor.

15. Leia atentamente a crônica linguística de Jurandir Faria da Silva[63]:

A distinção entre os ditongos /ɛy/ e /ey/: uma questão de sentimento linguístico

Com o Acordo Ortográfico da Língua Portuguesa, em 2009, os ditongos abertos -*ei* (/ yl/), -*oi* (/ yl/) e -*eu* (/ wl/) passaram a ser acentuados graficamente apenas em oxítonas e monossílabos tônicos. Nas paroxítonas, o acento agudo dos ditongos -*ei* e -*oi* foi abolido. Desse modo, palavras como *papéis, herói, chapéu, fiéis, dói* e *céu* mantiveram o acento, ao passo que *ideia, boleia, estreia, heroico, paranoia* e *jiboia* perderam o diacrítico. Importantes mestres do idioma explicam esse entre outros pontos do Acordo. Evanildo Bechara, por exemplo, diz-nos que a supressão do acento agudo nos ditongos abertos das paroxítonas se deve à "*oscilação em muitos casos entre a pronúncia aberta e fechada*". De fato, são conhecidos os exemplos de oscilação entre /ɛy/ e /ey/ e entre /ɔy/ e /oy/, como se vê nos pares *alcateia/aldeia, boleia/baleia, boia/comboio, introito/dezoito*, sendo, portanto, compreensível e coerente a supressão do acento nesses ditongos.

Desde o começo da transição entre as ortografias (2009-2015), a abolição do acento dos ditongos abertos (-éi em especial) tem sido alvo de reclamação de muitos usuários da língua. Em geral, o argumento baseia-se (fechado) na ideia (aberto) de perda de clareza. Dizem: "Sem o acento, as pessoas vão pronunciar 'estrêia' em vez de 'estréia', ou 'gelêia' no lugar de geléia." Talvez não. Afinal, a comunidade linguística sabe, por intuição ou pelo sentimento linguístico, que a pronúncia correta é mesmo "estréia" e "geléia", assim como sabe ser correta a pronúncia "arêia" e "avêia", sem necessitar de acento algum. De fato, todo idioma – incluindo a ortografia e a fonética – se aprende na efetiva conversação e leitura, que se dá em vida social.

Vale lembrar que, em Portugal, há muito não se usa o acento gráfico nesse ditongo aberto, que, lá, é normalmente pronunciado -âi. As palavras "assembleia" e "baleia" são pronunciadas pelos portugueses como "assemblâia" e "balâia", neutralizando, portanto, a distinção /ɛy/ x /ey/. No Brasil, majora uma aparente necessidade do emprego do acento, que era, na prática, um acento diferencial de ditongos (apnéia ≠ arreia). Entretanto, exatamente como ocorreu nos 70 do século XX, em relação à queda do acento diferencial de timbre de pares como "jogo" (fechado: tinha acento) x "jogo" (aberto) e almoço (fechado: tinha acento) x "almoço" (aberto), o que se vê hoje em terras brasileiras, depois de quase dez anos da homologação do Acordo, é uma gradual incorporação da nova realidade.

Não é difícil perceber que o acento gráfico nos ditongos das paroxítonas, no fim das contas, era mesmo só uma questão de estética, sendo natural a sua retirada. Ademais, lembremos ainda que o Acordo é ortográfico, e não ortofônico. Seu objetivo é uniformizar a grafia, e não a pronúncia das palavras. De modo que o falante nativo, ao se deparar com a frase "Cheia, a plateia permeia de ideia, na aldeia, a epopeica assembleia", não encontrará problemas de pronúncia dos ditongos abertos ou fechados. É a primazia do sentimento linguístico: mais pelo caminho da sensibilidade e do uso e menos pelas convenções ortográficas

---

[63] A crônica linguística de Jurandir Faria da Silva foi produzida especialmente para a disciplina de Fonética e Ortografia, turma 2018/1, do curso de Especialização do Liceu Literário Português (convênio com o Instituto de Letras da UERJ).

criadas pelo homem, o povo sabe o que quer escrever e o que quer pronunciar. Nessa aventura, os fatos linguísticos podem ser mais afeto e epopeia, e menos cabeça e cadeia...

O texto de Jurandir Faria da Silva é um exemplo de crônica linguística sobre um assunto de ortografia. Tomando-o como modelo, produza uma crônica linguística nos mesmos moldes sobre um outro assunto de ortografia, com as seguintes especificações de formatação: (a) folha A4, margens de 3cm x 3cm x 3cm x 3cm; (b) parágrafo com espaçamento simples; (c) Fonte Times New Roman, tamanho 12.

CHAVE DE RESPOSTAS

1. A grafia São José para "Conceição José" cria uma homonímia entre duas abreviações, a de Santo (> São) e a de Conceição (> Ção > São). Essa grafia, obviamente, tem duas possíveis motivações: uma é a que parte da proibição ortográfica de que, em português, se comece palavra com "c cedilha"; outra é a que caracteriza a expressividade e a intencionalidade de criar a coincidência para o uso da palavra "São", no caso em referência a um antropônimo feminino.

2. A palavra que nomeia o fruto utilizado na preparação de doces é um substantivo paroxítono terminado em O e não necessita de acento. A fotografia registra uma palavra oxítona terminada em O, que precisa ser acentuada para ser lida como oxítona. A compreensão exata da pretensão do cartaz se dá por meio dos elementos implícitos e de nossa pressuposição de que o adjetivo "gelado" não é aplicado ao excremento, mas à fruta – nesse caso.

3. O nome do candidato ao Senado representa ortograficamente a pronúncia [u' stõ]. Falta-lhe, porém, o acento agudo que recebe toda palavra paroxítona terminada em N: Cármen, Nélson, glúten, mórmon.

4. Uíliam; Uélinton; Uainerrause; Uálquer ou Válquer; Véber; Uestinrause; Udistoque; Vérner; Uilquinson; Uordisuorte; Uébister; Uôrten; Volfegangue. O principal ponto a considerar nos aportuguesamentos bem-feitos de nomes próprios é o da "estranheza na representação ortográfica" – algo bastante subjetivo e discutível. Recomenda-se bom-senso na decisão e condena-se a mistura de ortografias, como em Wálter (se está com W, não é português; se não é português, para que acento?), Wiliam (se está com um único L, não é inglês; se é português, por que o W?), Elisabeth (se é inglês, em vez de S usa-se Z; se é português, para que o TH?)... Em relação a nomes de marcas multinacionais, deve prevalecer a grafia praticada internacionalmente.

5. Pedrinho escuta a palavra fonológica [a's tu] e a compreende como "assento". O professor referia-se à falta de acentos gráficos nas palavras que o menino escrevera no quadro.

    Sugestão (de diálogo para os homônimos "conserto x concerto"):
    – Amanhã eu e minha filha vamos fazer um concerto numa praça perto de nossa casa.
    – Vocês vão substituir os encanamentos ou a fiação dos postes?

6. Escrever FRAUDÁRIO em lugar de FRALDÁRIO é consequência da pronúncia do grafema L como a semivogal /w/ em posição final de sílaba. A palavra, derivada de FRALDA, acaba parecendo derivada de FRAUDE, embora a placa afixada na porta mostre um bebê (e não um cheque, por exemplo). O erro deu ao jornalista a oportunidade de fazer duas críticas: uma à corrupção, outra à deficiência educacional do país.

198 FONÉTICA, FONOLOGIA E ORTOGRAFIA

7. Se o sinhö num tá lembrado, / dá licença de contá / que aqui onde agora está / esse ardifício arto / era uma casa 'véia', / um palacete assobradado. / Foi aqui, seu moço, / que eu, Mato Grosso e o Joca / construímos nossa maloca. / Mas, um dia, nóis nem pode se alembrá, / veio os homes c'as ferramenta / que o dono mandô derrubá. / Peguemos tudo as nossas coisa / e fumos pro meio da rua / apreciá a demolição. / Que tristeza que nóis sentia! / Cada tauba que caía / doía no coração. / Mato Grosso quis gritá, / mas em cima eu falei: / "Os homes tá c'a razão / Nóis arranja outro lugá." / Só se conformemo / quando o Joca falô: / "Deus dá o frio conforme o cobertô." / E hoje nóis pega as páia / nas grama do jardim. / E pra isquecê nóis cantemos assim: / Saudosa maloca, maloca querida / dim dim donde nóis passemo os dias filiz de nossa vida. / Saudosa maloca, maloca querida / dim dim donde nóis passemo os dias filiz de nossa vida.]

8. O restante da letra, a partir da citada interpretação de Luiz Gonzaga, seria: Inté mesmo a asa branca / bateu asas do sertão. / Entonce eu disse, adeus Rosinha, / guarda cuntigo meu coração. / Hoje longe muitas léguas, / nesta triste solidão, / espero a chuva cair de novo / pra mim vortá pro meu sertão. / Quando o verde dos teus "óios" / se espaiá na prantação, / eu te asseguro: num chore não, viu, / que eu vortarei, viu, meu coração.

Grafada de acordo com a convenção em vigor, teríamos: Quando olhei a terra ardendo / qual fogueira de São João, eu perguntei a Deus do céu, ai, por que tamanha judiação. / Que braseiro, que fornalha, / nem um pé de plantação. / Por falta d'água perdi meu gado, morreu de sede meu alazão. / Até mesmo a asa branca / bateu asas do sertão. / Então eu disse, adeus Rosinha, / guarda contigo meu coração. / Hoje longe muitas léguas, / nesta triste solidão, / espero a chuva cair de novo / pra mim voltar pro meu sertão. / Quando o verde dos teus olhos / se espalhar na plantação, / eu te asseguro: não chore não, viu, / que eu voltarei, viu, meu coração. [**Nota:** O enunciado não pede a reescrita sintática "pra mim voltar > pra eu voltar".]

A observação atenta da interpretação de Luiz Gonzaga destaca formas representativas de variantes regionais (ardeno, preguntei, fornaia, prantação, entonce) e sociais (entonce, pra mim + infinitivo). Permite reconhecer por exemplo, nas transcrições gráficas, fenômenos fonéticos coerentes com os que ocorreram na evolução do latim para o português (ditongação, despalatalização, metátese, rotacismo, assimilação, apócope). Registre-se ainda que a representação ortográfica se dá de acordo com a convenção em vigor e que, mesmo nas grafias variantes, é preciso seguir as "regras ortográficas". Aliás, prevenido o leitor quanto a essas questões e reapresentada a letra na "grafia padrão", desaparece quase por completo a aparência de "desvio" e se mostram expressivamente as imagens poéticas (como na alegoria de *quando o verde dos seus olhos se espalhar na plantação*) ou recursos linguísticos (como na dupla negação seguida de um marcador persuasivo de *não chore, não, viu?*). Algumas interpretações que podem ser tomadas como base para comentários são as de Gonzaguinha, Caetano Veloso, Gilberto Gil e Joyce, entre tantas.

9. A reescrita da frase de Joãozinho é: "Por hoje é só!" A explicação poderia mencionar que o autor da piada encontrou duas palavras ortográficas ("puro gesso") que se prestavam para estabelecer uma falsa homonímia com a palavra fonológica [puroʒɛ'sɔ]. Para isso, porém, precisou desmembrar a palavra fonológica em duas palavras ortográficas, e não em quatro ("por hoje é só").

10. A reprodução ortográfica de pronúncias nem sempre pode se pautar pelas normas, que foram estabelecidas a partir da observação da língua padrão. Por isso, a única forma de escrever essa palavra é acentuando o U – ainda que contrariando a convenção. Por se tratar de grafia não oficial, reproduzindo uma pronúncia regional, é preciso contornar a divergência, colocando-se o acento de modo a assegurar a correta leitura. Outra solução seria escrever "aguia" e colocar uma nota metalinguística que alertasse: "com a tônica no U".

11. a) Uma palavra estrangeira, quando se incorpora ao nosso idioma, deve passar por um tratamento ortográfico compatível com as normas em vigor. No caso de *taliban*, o problema é que a língua estrangeira (o árabe) tem um sistema de representação gráfica que não se coaduna com o nosso. Como devemos saber, as agências internacionais sempre divulgam seus textos na língua inglesa (e em outras línguas, às vezes). A própria agência noticiosa islâmica, Islamic Republic News Agency (IRNA), age assim. O idioma inglês atua, portanto, como um intermediário entre a língua de origem e a língua de destino. É por isso que muitas palavras que no árabe têm o som "xê" chegam ao português grafadas com "x", e não com "ch": porque provêm da forma inglesa (que grafa o som "xê" com "sh", e não "ch"). Assim, para a palavra árabe transliterada para o inglês como *shiite*, escrevemos *xiita*, já que pela convenção em vigor não se grafa palavra com "sh" em português. Se a transliteração fosse direta, do árabe para o português, nenhum problema haveria com a grafia *chiita*, que aliás é registrada no *Vocabulário* da ABL (desde 2004) como variante de *xiita*.

Voltemos, porém, para o caso do grupo islâmico de estudantes de teologia. A questão envolve uma figura de linguagem básica no processo de comunicação linguística, e que se chama metonímia. Imaginemos um contexto em que eu me refira a uma pessoa que pertence a um grupo religioso que se dedica ao estudo da Bíblia. Enfatizando a proximidade entre essa pessoa e o objeto de sua fé, se eu a chamar de *bíblia* (Lá vem o bíblia!), estarei apenas utilizando um princípio metonímico de expressão.

Na verdade, o mesmo ocorreu no Afeganistão, quando em 1994 o *mulá* (professor) Muhammad Omar organizou um grupo cuja finalidade era estudar o *talib*, palavra árabe cuja raiz significa "procurar" e que representa o estudo teológico. Desse modo, chamar alguém de *talib*, no Afeganistão, equivale a chamar alguém de *bíblia* em português, pois a palavra *talib* passou a representar não apenas o estudo teológico em si, mas também a pessoa que estuda a teologia islâmica. Daí os jornais "traduzirem" *talib* como "estudante". Por conta disso, acirraram-se as inúmeras divergências religiosas entre grupos islâmicos, protestantes entre si no campo das ideias religiosas e, pior, no campo de batalha propriamente dito.

Só que, de *talib* para *taliban*, temos a entrada do sufixo *-an*, que significa em árabe "plural animado" (em oposição a "plural inanimado"). Por causa desse valor plural, na língua inglesa alguns dizem "The taliban are" em vez de "The taliban is", fato que se repete nos jornais lusitanos ("Vários grupos de oposição aos taliban estão a organizar-se": O *Público*) e espanhóis. Ou seja, o sufixo árabe *-an* é mais ou menos igual ao sufixo português *-eiro(s)*, com o valor de "agente", "aquele que exerce um ofício". Mas traduzir *taliban* (grafia inglesa) para *talibeiros*, no entanto, seria um preciosismo xenófobo. O melhor mesmo é seguir a tendência internacional e trazer a palavra como aparece na língua de origem, apenas aportuguesando sua grafia.

Por esses motivos, com a vestimenta de nossa língua, o vocábulo perde seu aspecto de plural, passa a ter o tratamento de palavra primitiva e, como tal, segue um dos princípios tradicionais de nossa ortografia (já em vigor no Formulário Ortográfico de 1943: palavras oxítonas ou paroxítonas, comuns ou próprias, terminadas em a nasal são grafadas com til. Exemplos: afegã, cristã, talismã, Ubiratã, Ivã, Omã; imã, órfã... Com isso, a melhor grafia é mesmo *talibã*, e o uso de maiúscula só se justifica quando o termo indica o substantivo próprio que identifica o grupo detentor de 90% do poder no território afegão.

b) Sobre a letra e, presente na forma *taleban*, adotada por alguns jornais, a explicação é encontrada nas mesmas agências internacionais, que registram também a grafia com e, embora em muito menor número. Tal grafia, inglesa, decorre da interpretação fonética de como os árabes pronunciam essa palavra, não sendo absurdo supor que, naquele território, essa vogal seja emitida ou percebida com alguma flutuação entre e e i, como a que ocorre na modalidade brasileira da língua portuguesa entre menino e *minino, ou paletó e *palitó.

No português, o termo *talibã*, além do significado específico que os jornais – vira e mexe – precisam reavivar para o leitor, já assumiu seu papel de palavra de significação negativa. Tanto que o dinamismo dos usuários já registra sua perfeita incorporação à língua portuguesa. Isso se comprova no uso de *talibã* como adjetivo (*fundamentalismo talibã, líder talibã, futebol talibã*), na formação de palavras derivadas de *talibã* (como em *provincianismo talebanesco*, grafado com e em jornal paulista, ou a *talibanização do país*, como apareceu em um anúncio), e até no emprego de *talibã* como metáfora de "chefes do mal" (*talibãs da ortodoxia financeira de Brasília*, ou *um talibã doidão*). Esses exemplos foram todos retirados do noticiário dos jornais, mas ainda há espaço para aparecerem verbos (*talibanar, talibanizar*?) e outras formações (*talibanólogo, talibânico, talibã-mor*?).

12. Não há solução ortográfica. O leitor deverá buscar no contexto o significado mais adequado para o trecho. Obviamente, se o pato fosse mesmo um cantor investigativo, a expressão dita por ele seria seguida de um ponto de interrogação, mas isso não garantiria nada, pois um outro pato, inseguro com o seu canto, também poderia perguntar-se: ['kw y]? ['kw y]?

13. a) Essa grafia coloca a letra S entre duas vogais, convenção adotada quando o som dessa letra é igual a Z: areno**s**o, arte**s**anal, ca**s**a, u**s**ina... O mesmo ocorre com a sigla da Universidade do Vale dos Sinos (RS), "Uni**s**inos". Nesses casos, o correto seria escrever-se "Mercossul" e "Unissinos", mas acaba prevalecendo a grafia diferente da convenção, como se fosse uma marca.

b) As siglas oxítonas terminadas em N pelo menos não acarretam riscos à pronúncia, mas também representam uma opção estranha à convenção em vigor: *afegã, irmã, maçã, talismã* (oxítonas em A nasal se escrevem com Ã, e não AN).

14. As seis primeiras alternativas não contêm ambiguidade. Na opção (g), "Peça por peça, nada tenho a opor" pode significar "uma peça de cada vez" ou "cada uma das peças", mas também pode ser igual a "faça a solicitação de cada peça separadamente".

15. Resposta livre.

APÊNDICE

Exame Nacional de Cursos – Letras

SELEÇÃO DE QUESTÕES DE FONÉTICA, FONOLOGIA E ORTOGRAFIA EXTRAÍDAS DOS EXAMES DE LETRAS (ENTRE PARÊNTESES, O NÚMERO ORIGINAL DA QUESTÃO NA PROVA)

Os exames nacionais de curso da área de Letras, antigamente cognominados Provões, têm revelado, ao longo de seus muitos anos de existência, algumas características passíveis de interpretação. Obviamente, além dos conteúdos explícitos dos enunciados a que os formandos precisam responder, há também um tema que se insinua em suas entrelinhas e que tem vínculos com a política de ensino de Língua Portuguesa nos cursos de graduação.

De 1998 a 2001, todas as perguntas foram de múltipla escolha; mas, desde 2002 o exame também solicita respostas discursivas (em 2003, não houve perguntas de ME). Essas questões, porém, podem ser úteis para comentários acerca de seus aspectos formais e para análises sobre sua possível influência no ensino e na formação dos professores de língua portuguesa. É o que se espera que os leitores deste Apêndice possam fazer. A versão integral das provas, gabaritos e padrões de resposta pode ser obtida na página www.inep.gov.br, que também disponibiliza as provas do novo modelo, o ENADE, implementado em 2004.

1998

1. (5) Como profissional da área de Letras, você poderá ser solicitado, algum dia, a explicar a ocorrência de dados como os destacados no texto, ocorrentes nas primeiras escritas infantis:

    Eu tenho um jardim com uma roza chamada vera Prima **umtia eufui** pega **arroza eantro umispim nomeupe**.

    (T., 1ª série)

    Observe os dados em destaque no texto e considere as seguintes afirmações:

    I. A criança comete erros ortográficos porque não percebeu, ainda, que as letras devem sempre representar a pronúncia das palavras.

    II. A criança troca as letras porque ainda não aprendeu que a cada fonema da língua corresponde, na escrita, apenas um grafema.

III. A criança ainda não domina, na escrita, o critério morfológico de colocação dos espaços em branco entre as palavras.

A correta explicação para a ocorrência dos dados destacados está em
(A) I, apenas.
(B) III, apenas.
(C) I e II, apenas.
(D) I e III, apenas.
(E) I, II e III.

2. (11) Os dados abaixo representam a pronúncia de algumas palavras em duas variedades regionais do português do Brasil:

variedade A
['asa] 'assa'
['aza] 'asa'
['aʃa] 'acha'
['aʒa] 'haja'
['kaska] 'casca'
['lezma] 'lesma'
['pɔxtas] 'portas'

variedade B
['asa] 'assa'
['aza] 'asa'
['aʃa] 'acha'
['aʒa] 'haja'
['kaʃka] 'casca'
['leʒma] 'lesma'
['pɔxtaʃ] 'portas'

Considere as seguintes afirmações:
I. / s / e / z /, / ʃ / e / ʒ / são fonemas distintos nas duas variedades.
II. Na variedade B, os fonemas / s / e / z / apresentam, respectivamente, os alofones [ʃ] e [ʒ] em final de sílaba.
III. A oposição fonológica entre / s / e / z /, / ʃ / e / ʒ / encontra-se neutralizada em final de sílaba, nas duas variedades.

Interpreta corretamente os fatos, do ponto de vista fonológico, apenas o que se afirma em
(A) I.
(B) II.
(C) III.
(D) I e II.
(E) I e III.

3. (14) Observe a indicação das seguintes transformações sofridas por vocábulos na sua evolução histórica para o português:
• lupus > lobo
• acutu > agudo
• acetu > azedo

Assinale a alternativa correta quanto a essa evolução:
(A) Em todos os casos houve síncope de consoante.
(B) O último caso é diferente porque nele não houve alteração fonética.
(C) Em todos os casos uma consoante oclusiva se tornou fricativa.
(D) O segundo caso é diferente porque houve uma única sonorização.
(E) Em todos os casos as consoantes intervocálicas sonorizaram-se.

1 9 9 9

Atenção! Os dois textos abaixo transcritos servirão de base para as duas próximas questões.

TEXTO I

El Rey

Prostrado aospêz de V.Magd., Pedro Bueno Cacunda, manifesto que aggregando ássua companhia os primeyros povoadores da cidade de Sam Paulo, indios naturaes do districto damesma Cidade, cômessárão as conquistas daquellas terras, esertoens; e dos proprios Indios aggregados senoticiarão de duas nasçoens gentilicas, huma chamada Coroados, que senhorea o Ryo de Itapeba, esuas vertentes; eoutra chamada Puriz, que senhorea o Ryo de Mayguassu, e tambem suas vertentes; destas duas nasçoens seaggregarão depois tambem alguns Indios, os quaes seachavão possuidores demuitas folhetas de ouro, que lhes servirão dechumbadas das linhas com que pescavão; ejuntamente de enfeites com que seornavão suas molheres: einquirindo, os dittos povoadores, estes mesmos Indios, de onde colhiam aquellas folhetas, dezião, que havia naquelle sertão, Ribeyros que com ainundação das agoas sedesbarrancavão as suas beyradas, enellas, diminuidas asmesmas agoas, áflor da terra as colhião, não fazendo cazo da abundancia de Ouro empô, por lhenão ter aquelle ministerio que lhestinhão asfolhetas.

Carta de Pedro Bueno Cacunda ao Rei, Arraial de Sancta Anna, em 8 de setembro de 1734. Arquivo Histórico Ultramarino, Lisboa, Portugal.

TEXTO II

A Fada que Virou Bruxa

Era uma vez uma fada que adorava criança todo dia dava bala para as criança mas tambem dava escova de dente para escovar os dentes e ela cempre fazia magica ate que um dia rapitarão a fada mas todo mundo forão a tras dafada e incontrarão a fada mas ela estava amarrada na cadeira e eles não tinham trazido canivete para soutar a fada mas derre pente ela virou bruxa.

Texto produzido em contexto escolar por criança da 1ª série do ensino fundamental — 1991.

4. (1) Formas como aospêz, esertoens, seaggregarão, asmesmas, no texto I, e dafada, derre pente, no texto II, permitem concluir que:
   I. Tanto o autor da carta como a criança demonstram desconhecer a legislação relativa à segmentação de palavras na escrita da língua portuguesa.
   II. Era frequente, nos textos antigos, a opção por grafar palavras funcionais monossilábicas acopladas a radicais acentuados.
   III. Apenas os clíticos pronominais podiam ser grafados juntamente com os radicais acentuados, na escrita de textos antigos.
   É correto o que se afirma APENAS em
   (A) I.   (B) I e II.   (C) II.   (D) II e III.   (E) III.

5. (3) Com relação à grafia dos ditongos nasais, observa-se que:
   I. Tanto a carta como o texto da criança apresentam uma variação na grafia dos ditongos nasais átonos.
   II. A representação gráfica da nasalidade, variável na escrita do português antigo, encontra-se sistematizada no português contemporâneo.
   III. A variação na grafia dos ditongos nasais, em ambos os textos, deve-se ao fato de que a nasalidade é tardiamente adquirida na oralidade.
   É correto o que se afirma em
   (A) I, apenas.   (B) II, apenas.   (C) III, apenas.   (D) I e II, apenas.   (E) I, II e III.

6. (6)

A praia de frente pra casa da vó

[1] Eu queria surfar. Então vamo nessa: a praia ideal que eu idealizo no caso particularizado de minha pessoa, em primeiramente, seria de frente para a casa da vó, com vista para o meu quarto. Ia ter uma plantaçãozinha de água de coco e, invés de chão ser de areia, eu botava uns gramadão presidente. Assim eu, o Zé e os cara não fica grudando quando vai dar os rolê de Corcel 1!

Na minha praia dos meus sonhos, ia rolar vááárias vós e uma pá de tia Anastácia fazendo umas merenda nervosa! Uns sorvetão sarado! Uns mingauzão federal! Umas vitaminas servida! X-tudo! X-Calabresa Cebola Frita! Xister Mc Tony's e gemada à vontade pros brother e pras neneca! Tudo de grátis! As mina, exclusive, ia idrolatar surfistas chamados Peterson Ronaldo Foca (conhecidentemente como no caso da figura particularizada da minha pessoa, por exemplo). Pra ganhar as deusa, o xaveco campeão seria... o meu: "E aís, Nina (feminina)? Qual teu C.E.P.?

Tua tia já teve catapora? E teu tio? E tua avó? Uhu!! Já ganhei!!" E se ela falasse: "Vai procurar a tua turma!", minha turma estaria bem do meu lado, pra eu não ficar procurando muito!

[2] Exclusive, eu queria surfar, mas na praia ideal dos meus sonho (aquela que eu desacreditei, rachei o bico e falei "nooossa!"). Não haveriam tubarães. (Haveriam porque é vários tubarães!). A "Eu, o Zé e os Cara, Paneleiros and Friends Association" ia encarregar o colocamento de placas aleatórias com os dizeres: "Sai fora, tubarão! Cê num sabe quem cê é!" E os bicho ia dar área rapidinho! Cê acha, jovem?! Nóis num quer ficar que nem um colega meu, O Cachorrão, da Associação dos Surfistas de Pernambuco, umas entidade sem pé nem cabeça! Então vamo nessa: na praia dos sonhos que eu falei "É o sooonho!", teria menos água salgada! (Menas porque água é feminina!) Eu ia conseguir ficar em pé na minha triquilha tigrada, sair do back side, subir no lip, trabalhar a espuma, iiihaa!! Meus pés ia grudar na parafina e eu ia ficar só lá: dropando os tubo e fazendo pose pras tiete, dando umas piscada de rabo de olho e rasgando umas onda de 30 metros (tudo bem, vai! Um metro e meio...). Mesmo sem abrir a boca, eu ia ser o centro das atenções e os repórter ia me focalizar com neon, luz estetoscópica robotizada e uns show de raio lazer!! De 18 concorrentes, eu ia sagrar décimo sétimo, porque um esqueceu a prancha. (Tamém, o cara marcou!) E as mina só lá: "Uhu!! Foca é animal!! Focaliza o Foca!! O cara é o próprio galã de Óliud!"

(...)

Peterson Foca, personagem cult de "Sobrinhos do Ataíde", programa que revolucionou o humorismo do rádio brasileiro.

Com relação às formas *vááárias, nooossa e sooonho*, observa-se que:
I. Os autores do texto procuram suprir a falta de símbolos específicos, na escrita, para representar fenômenos prosódicos como contornos entoacionais ascendentes acoplados ao alongamento vocálico.
II. A repetição de vogais constitui uma tentativa, por parte dos autores, de representar, na escrita, diferenças de pronúncia relativas à qualidade das vogais tônicas dessas palavras.
III. O uso de tais formas produz um efeito de intensificação semelhante ao obtido com o uso de advérbios.
É correto o que se afirma APENAS em
(A) I.　　(B) II.　　(C) III.　　(D) I e II.　　(E) I e III.

7. (18)

Hipotrélico

Há o hipotrélico. O termo é novo, de impesquisada origem e ainda sem definição que lhe apanhe em todas as pétalas o significado. Sabe-se, só, que vem do bom português. Para a prática, tome-se hipotrélico querendo dizer: antipodático, sengraçante imprizido; ou, talvez, vice-dito: indivíduo pedante, importuno agudo, falto de respeito para com a opinião alheia. Sob mais que, tratando-se de palavra inventada, e, como adiante se verá, embirrando o hipotrélico em não tolerar neologismos, começa ele por se negar nominalmente a própria existência.

Somos todos, neste ponto, um tento ou cento hipotrélicos?

Salvo o excepto, um neologismo contunde, confunde, quase ofende. Perspica-nos a inércia que soneja em cada canto do espírito, e que se refestela com bons hábitos estadados. Se é que um não se assuste: saia todo-o-mundo a empinar vocábulos seus, e aonde é que se vai dar com a língua tida e herdada? Assenta-nos bem a modéstia de achar que o novo não valerá o velho; ajusta-se à melhor prudência relegar o progresso no passado, (...) De acordo, concedemos. Mas sob cláusula: a de que o termo engenhado venha tapar um vazio.

(...) O bom português, homem-de-bem e muitíssimo inteligente, mas que, quando ou quando, neologizava, segundo suas necessidades íntimas.

João Guimarães Rosa, *Tutameia — Terceiras estórias*, 1967

Do ponto de vista fonético, fonológico e ortográfico, a sequência *Salvo o excepto, um neologismo contunde, confunde, quase ofende* (2º §) apresenta a seguinte característica:
(A) No jogo sonoro, há uma aliteração do fonema /k/, que aparece unicamente na relação entre as palavras *contunde* e *confunde*.
(B) A inclusão do /p/ no termo *excepto* torna-o, do ponto de vista do significante, um neologismo.
(C) Os termos *contunde, confunde, ofende* apresentam a oposição fonético-fonológica /t / e /f/, cujo único traço distintivo é a sonoridade.
(D) Os termos contunde, confunde apresentam a oposição fonético-fonológica /t / e /f/, cujo único traço distintivo é o ponto de articulação.
(E) Os termos *contunde, confunde, ofende* aproximam-se, entre outros aspectos, pela assonância constituída por vogais tônicas foneticamente nasais.

2000

Instruções: Para responder à próxima questão, considere o seguinte texto de Millôr Fernandes, extraído do CD-Rom "Millôr — Em busca da imperfeição".

Selva Selvaggia

De repente um terror me sacode. Penetrei distraído e sinto que estou perdido na terrível floresta da linguagem do Roberto Campos. Ignorando a estrada sintática, ele me trouxe a zonas praticamente intransponíveis. Sem querer me entregar ao medo, vou tropeçando em anglicismos, latinismos, barbarismos e idiotismos de linguagem, quando ouço o silvar de vocábulos parágógicos. Caio no areal dos solecismos e sou mordido por vários anacolutos. A custo, afastando duas redundâncias e esmagando um horrendo pleonasmo, escorregando em sinistras hipérboles, agarro-me a um verbo auxiliar e a um complemento essencial. Porém, hibridismos me barram o caminho. Ensurdecido por rotacismos e lambdacismos, arranhado por orações anfibológicas, recuo para cair no terrível cipoal da regência robertiana, de onde poucos escapam com vida. Galhos de corruptelas me cortam o rosto, enquanto sufoco com o cheiro dos defectivos. Ponho o pé num nome próprio que acho seguro, mas logo seis substantivos deverbais saltam sobre mim. Não tendo fuga, me protejo com uma próclise, evitando duas espantosas mesóclises e aproveito um advérbio de negação para atrair três pronomes relativos colocados em posições ameaçadoras. Estou esgotado: felizmente coisa rara nesse tremedal! —surge a clareira de um parágrafo.

Voltar não é mais possível. Avanço, pois, abrindo parêntesis, onde enfio arcaísmos, anacronismos, expressões chulas e ambivalentes. Uma silepse espera-me mais à frente. Desvio-me com uma vírgula, engano uma prosopopeia, sou envolvido por diversos parequemas a que logo se juntam odiosas ressonâncias verbais. Descanso sobre as reticências quando ouço o tantã das interjeições pejorativas emitidas por sujeitos ocultos por elipse. Apócopes! Escapo pela picada do eufemismo e paro para respirar no fim de um período simples. Avanço pela pedreira dos metaplasmos, luto com apofonias, salto o pantanal dos cacófatos, esbarro em cacografias, empurro cacologias, me arrasto pela cacoépia. Estou sufocado de exaustão diante de uma centena de substantivos promíscuos, já desespero, quando percebo o ponto final.

Estou salvo — Roberto Campos acaba sempre num lugar comum.

8. (8) O termo "metaplasmo" vem do grego e significa "mudança de forma". Nos estudos de gramática histórica, seu uso sempre esteve relacionado às mudanças fonéticas das formas linguísticas em sua evolução. Nesse sentido, pode-se dizer que Millôr não faz um uso casual da palavra "pedreira" na expressão "avanço pela pedreira dos metaplasmos" (em negrito), porque, na evolução do sufixo -eir(o,a), que deriva do latim clássico -ari(o,a) através do latim vulgar -eir(o,a), ocorreu o metaplasmo conhecido como

(A) metátese de vogal. (B) síncope de vogal. (C) apócope de vogal.
(D) epêntese de vogal. (E) prótese de vogal.

Instruções: Para responder à próxima questão, considere o texto seguinte, de Luis Fernando Verissimo, no livro *A versão dos afogados.*

Certas Palavras

Certas palavras dão a impressão de que voam ao sair da boca. "Sílfide", por exemplo. Diga "sílfide" e fique vendo suas evoluções no ar, como as de uma borboleta. Não tem nada a ver com o que a palavra significa. "Dirigível" não voa, "aeroplano" não voa e "bumerangue" mal sai da boca. "Sílfide" é o feminino de "silfo", o espírito do ar, e quer dizer a mesma coisa diáfana, leve e borboleteante. Mas experimente dizer "silfo". Não voou, certo? Ao contrário de sua fêmea, "silfo" não voa. Tem o alcance máximo de uma cuspida. "Silfo", zupt, plof. A própria palavra "borboleta" voa mal. Bate as asas, tenta se manter aérea, mas se choca contra a parede e cai.

Sempre achei que a palavra mais bonita da língua portuguesa é "sobrancelha". Esta não voa, mas paira no ar. Já a terrível palavra "seborreia" escorre pelos cantos da boca e pinga no tapete.

Às vezes fico tentado a usar a palavra "amiúde", mas sempre hesito, temendo a quarentena social. E também porque amiúde penso que "amiúde" devia ser duas palavras, como em "Ele entrou na sala à Miúde", ou à maneira do Miúde, seja o Miúde quem for. Muitas palavras pedem outro significado do que os que têm. "Plúmbeo" devia ser o barulho que um objeto faz ao cair na água. "Almoxarifado" devia ser um protetorado do sheik Al Moxarif. "Alvíssaras" deviam ser flores, "picuinha" um tempero e "lorota", claro, o nome de uma manicure gorda.

Vivemos numa era paradoxal em que tudo pode ser dito claramente e mesmo assim os eufemismos pululam. (Pululas: moluscos saltitantes que se reproduzem muito.) O empresário moderno não demite mais, faz um downsizing, ou redimensionamento para baixo da sua empresa. O empregado pode dizer em casa que não perdeu o emprego, foi downsizeado, e ainda impressionar os vizinhos. E não entendi por que "terceirizar" ainda não foi levado para a vida conjugal. Maridos podem explicar às suas mulheres que não têm exatamente amantes, terceirizaram a sua vida sexual. E, depois, claro, devem sair de perto à Miúde.

9. (13) Se a pronúncia da palavra "sílfide" for ['síwfidZi] e se sua representação fonológica for /sílfide/, então

I. /e/ transforma-se em [i] por assimilação e /l/ transforma-se em [w] em final de sílaba.
II. /e/ torna-se [i] em posição átona final e /l/ transforma-se em [w] em final de sílaba.
III. /e/ torna-se [i] por harmonia vocálica (todas as vogais se tornam iguais).
IV. /d/ transforma-se em [dZ] somente se /e/ se transforma em [i].

É correto o que se afirma apenas em
(A) IV.   (B) I e II.   (C) II e IV.   (D) I, II e III.   (E) II, III e IV.

Instruções: Para responder à próxima questão, considere o texto abaixo, de Clarice Lispector, do livro *A hora da estrela*.

Pretendo, como já insinuei, escrever de modo cada vez mais simples. Aliás, o material de que disponho é parco e singelo demais, as informações sobre os personagens são poucas e não muito elucidativas, informações essas que penosamente me vêm de mim para mim mesmo, é trabalho de carpintaria.

Sim, mas não esquecer que para escrever não-importa-o-quê o meu material básico é a palavra. Assim é que esta história será feita de palavras que se agrupam em frases e destas se evola um sentido secreto que ultrapassa palavras e frases. É claro que, como todo escritor, tenho a tentação de usar termos suculentos: conheço adjetivos esplendorosos, carnudos substantivos e verbos tão esguios que atravessam agudos o ar em vias de ação, já que palavra é ação, concordais? Mas não vou enfeitar a palavra pois se eu tocar no pão da moça esse pão se tornará em ouro — e a jovem (ela tem dezenove anos) e a jovem não poderia mordê-lo, morrendo de fome. Tenho então que falar simples para captar a sua delicada e vaga existência. Limito-me a humildemente mas sem fazer estardalhaço de minha humildade que já não seria humilde — limito-me a contar as fracas aventuras de uma moça numa cidade toda feita contra ela. Ela que deveria ter ficado no sertão de Alagoas com vestido de chita e sem nenhuma datilografia, já que escrevia tão mal, só tinha até o terceiro ano primário. Por ser ignorante era obrigada na datilografia a copiar lentamente letra por letra — a tia é que lhe dera um curso ralo de como bater à máquina. E a moça ganhara uma dignidade: era enfim datilógrafa. Embora, ao que parece, não aprovasse na linguagem duas consoantes juntas e copiava a letra linda e redonda do amado chefe a palavra "designar" de modo como em língua falada diria: "desiguinar".

10. (19) Segundo o narrador, a personagem diz "desiguinar" porque não aprova duas consoantes juntas. Uma análise fonológica mostra que a explicação para essa pronúncia é outra, qual seja, no português brasileiro a inserção da vogal epentética [i], em palavras com esse tipo de estrutura, é condicionada
    (A) pela presença, no núcleo da sílaba anterior, da vogal [i].
    (B) pelo modo de articulação da consoante precedente (oclusiva).
    (C) pelo ponto de articulação da consoante precedente (velar).
    (D) pelo ponto de articulação da consoante seguinte (dental).
    (E) pelo travamento da sílaba por consoante oclusiva.

2 0 0 1

Instruções: Para responder à próxima questão, considere o texto abaixo, de Hélio Schwartsman.

O animal que ri

O escritor Arthur Koestler, que escreve o verbete "humor" da "Encyclopaedia Britannica", traz outras preciosas indicações. Retomando a discussão sobre a "gramática" do humor, ele afirma que rimos quando percebemos um choque entre dois códigos de regras ou de contextos, todos consistentes, mas excludentes entre si.

Um exemplo: "O masoquista é a pessoa que gosta de um banho frio pelas manhãs e, por isso, toma uma ducha quente". Sei que é um pouco ridículo explicar a piada, mas... Aqui, o fato de o sujeito da anedota ser um masoquista subverte a lógica normal, invertendo-a. Obviamente, a lógica normal não coexiste com seu reverso. Daí a graça da pilhéria. Uma variante no mesmo padrão, mas com dupla inversão é: "O sádico é a pessoa que é gentil com o masoquista". Essa estrutura está presente em todas as piadas. Até no mais infame "trocadalho" que se possa conceber, há um choque entre dois contextos, o do significado da palavra e o de seu som: "A ordem dos tratores não altera o viaduto."

Mas essa "gramática" só dá conta da estrutura intelectual das piadas e há outros aspectos em jogo. Até bebês riem. Há, além do lado intelectual, uma dinâmica emocional no humor. Ele de alguma forma se relaciona com a surpresa.

11. (21) O efeito humorístico do trocadilho *A ordem dos tratores não altera o viaduto* é obtido pelos vínculos que mantém com o enunciado matemático do qual se origina (A ordem dos fatores não altera o produto). A frase "A ordem das escavadeiras não altera o túnel" deixa de explorar um vínculo fundamental para o efeito do humor. Esse vínculo é de natureza.

(A) sintática.   (B) semântica.   (C) fonética.   (D) morfológica.   (E) textual.

12. (25) Ivo viu a uva; eu vi a viúva. Ia passando, na praia, vi a viúva; a viúva na praia me fascina. Deitei-me na areia, fiquei a contemplar a viúva. O fragmento acima é o início de uma crônica de Rubem Braga, do livro *Ai de ti, Copacabana!*, intitulada "Viúva na praia". A frase "Ivo viu a uva" pertence originalmente a uma lição de antiga cartilha, pela qual muitos brasileiros se alfabetizaram. Nesse fragmento, o cronista

I. vale-se ao mesmo tempo de uma paródia e de um jogo de palavras, provocando com isso um efeito de humor já no início de seu relato.

II. retoma em "eu vi a viúva" a estrutura sintática e os aspectos fônicos da frase da cartilha de modo a associar "uva" a "viúva", numa relação discretamente maliciosa.

III. deixa-se atrair pela graça própria dos trocadilhos, o que constitui uma característica de suas crônicas, nas quais é essencial esse tipo de jogo com as palavras.

Está correto apenas o que se afirma em

(A) I.   (B) I e II.   (C) II e III.   (D) I e III.   (E) II.

2002

Instruções: Para responder às duas próximas questões considere o texto abaixo.
Ai, se sesse!

Se um dia nós se gostasse;
Se um dia nós se queresse;
Se nós dois se impariasse;
Se juntinho nós dois vivesse!
Se juntinho nós dois morasse;
Se juntinho nós dois drumisse;
Se juntinho nós dois morresse!
Se pro céu nós assubisse!?
Mas porém, se acontecesse,
Qui São Pedo não abrisse
As porta do céu e fosse,
Te dizê quarqué toulice?
E se eu me arriminasse
E tu cum eu insistisse,
Pra qui eu me arrezorvesse

E a minha faca puchasse,
E o buxo do céu furasse?...
Tarvez qui nós dois ficasse
Tarvez qui nós dois caísse,
E o céu furado arriasse
E as Virge todas fugisse!!!

Severino de Andrade Silva (Zé da Luz)

13. (16) Fugas à convenção ortográfica, como em "arrezorvesse", ocorrem na Língua Portuguesa porque: I. a relação biunívoca (termo a termo) entre grafema e fonema
    (A) nem sempre existe; e II. a escrita alfabética elege apenas uma variedade da língua para representar.
    (B) nunca existe; e II. a escrita alfabética elege apenas uma variedade da língua para representar.
    (C) sempre existe; e II. a escrita alfabética elege apenas uma variedade da língua para representar.
    (D) nunca existe; e II. a escrita alfabética elege o maior número de variedades da língua para representar.
    (E) nem sempre existe; e II. a escrita alfabética elege o maior número de variedades da língua para representar.

14. (17) *Quarqué, arrezorvesse e tarvez* demonstram a recorrência, no segmento assinalado, de um processo de alternância fonológica, que pode ocorrer entre a variante retroflexa, a semivogal posterior e a lateral alveolar. Sobre essa alternância, é correto afirmar que
    (A) consiste em um caso de variação livre, não fonologicamente condicionado, nem sujeito a determinações de natureza geográfica e social.
    (B) se trata de um processo regular de variação fonológica, que ocorre somente em final de sílaba interna, como em *falta*.
    (C) a semivogal posterior deve representar fonologicamente o segmento em final de sílaba interna e externa porque é no plano sincrônico o mais recorrente nas variedades não padrão.
    (D) se trata de um processo regular de variação fonologicamente condicionada, que ocorre somente em final de sílaba externa.
    (E) a lateral tem de representar fonologicamente esse segmento em final de sílaba interna e externa, o que se torna evidente, no plano sincrônico, em palavras derivadas, como papelada.

2 0 0 5[64]

Instruções: Com base no texto abaixo, responda às duas próximas questões.

O trecho é parte da transcrição de uma entrevista oral, concedida por uma senhora de 84 anos, moradora de Barra Longa (MG). Pertence ao *corpus* de uma pesquisa realizada, **envolvendo pessoas idosas com pouca ou nenhuma** escolaridade e que não habitaram outros lugares. A entrevistada fala sobre a existência da figura folclórica do lobisomem.

é... eu veju contá qui u... a mulher tava isfreganu ropa.... i quanu ea istendeu ropa nu secadô veiu um leitãozim... i pegô a fuçá a ropa dela... ea foi... cua mão chuja di sabão ea deu um tapa assim nu... nu... nu... nu fucim du leitão... u leitão sumiu.... quanu ea veiu i chegô dentru di casa... ea tinha dexadu u mininu nu berçu... quanu ea chegô u mininu tava choranu... eli tava cua marca di sabão.

---

[64] Em 2003 não houve questão específica de fonética, fonologia ou ortografia e em 2004 não houve prova para os cursos de Letras. A partir de 2005, a prova passou a ser aplicada de três em três anos.

[Obs. Nessa transcrição, as reticências indicam pausas] (Adaptado de Eduardo T. R. Amaral. "A transcrição das fitas: abordagem preliminar")

15. (11) O conhecimento de categorias e processos fonológicos pode ser útil para o professor conduzir a alfabetização porque alguns desses processos se refletem na escrita. Sempre que o estudante toma como referencial a sua variedade de fala, formas como *contá* e *fuçá* podem surgir tanto nas fases iniciais como em momentos mais avançados da alfabetização. Qual a categoria fonológica afetada no fenômeno que essas formas exemplificam?

    (A) A sílaba e, no seu interior, o fonema de travamento, cuja queda resulta no padrão silábico CV.
    (B) O vocábulo fonológico e, no seu interior, as fricativas em posição de travamento.
    (C) O fonema, mais precisamente, os que ocupam o centro de sílaba átona, resultando no padrão silábico CV.
    (D) O fonema, mais precisamente, as semivogais de ditongos decrescentes, cuja redução resulta no padrão silábico V.
    (E) A sílaba e, no seu interior, o fonema que ocupa o centro da sílaba tônica, cujo enfraquecimento resulta no padrão silábico V.

16. (12) Quanto aos aspectos fônicos e seu estatuto sociolinguístico, é correto afirmar que o falar da senhora entrevistada

    (A) exemplifica processos como a supressão de segmentos em *tava, contá* e *pegô* que são frequentes em localidades rurais isoladas, mas raros nas variedades linguísticas contemporâneas de outras localidades do Brasil.
    (B) registra alterações presentes em distintas variedades do Português do Brasil como a harmonização vocálica em *mininu* e uma alteração específica a assimila**ção** de ponto de articulação em *chuja*, frequentemente estigmatizada na língua.
    (C) apresenta processos característicos das variedades urbanas cultas como o apagamento de segmentos em *leitão zim* e *ea*.
    (D) concentra traços de arcaísmo linguístico condicionados pela idade avançada da senhora — como a nasalização da vogal tônica sucedida por consoante nasal (*quanu, isfreganu*).
    (E) é inovadora quanto à redução do ditongo /ow/ — *chegô, pegô, ropa* —, pois esse processo emerge na língua a partir da segunda metade da década de 1980.

17. (QUESTÃO DISCURSIVA 04)

    Nem é preciso ser especialista para verificar que as condições da variação linguística não estão sujeitas ao acaso, nem ao livre-arbítrio do falante. Muito pelo contrário, acham-se fortemente marcadas por motivações emanadas do próprio sistema linguístico que o falante é constrangido a seguir sem escolha.

    (Adaptado de R. G. Camacho, "Sociolinguística Parte II")

Ilustre, com dois exemplos extraídos dos enunciados abaixo, a afirmação de que o sistema impõe direções para a variação linguística. Justifique a sua escolha.

   i) Pinchá fora pão traiz miséria e erguê o que cai não se deve: é das arma.
   [Jogar fora pão traz miséria e apanhar o que cai não se deve: é das almas.]
   ii) Juntá pauzinho de forfe que cai no chão dá a disga.
   [Apanhar palito de fósforo que cai no chão resulta em desgraça.]
   (Adaptado de Cornélio Pires, "Abusões")

18. (16)

Canção

Nunca eu tivera querido
Dizer palavra tão louca:
bateu-me o vento na boca,
e depois no teu ouvido.
Levou somente a palavra,
Deixou ficar o sentido.
O sentido está guardado
no rosto com que te miro,
neste perdido suspiro
que te segue alucinado,
no meu sorriso suspenso
como um beijo malogrado.
Nunca ninguém viu ninguém
que o amor pusesse tão triste.
Essa tristeza não viste,
e eu sei que ela se vê bem...
Só se aquele mesmo vento
fechou teus olhos, também.

Cecília Meireles. *Poesias completas*. Rio de Janeiro: Nova Aguilar, 1993, p. 118.

Em qual das opções a seguir as duas palavras do texto estão sujeitas à redução do ditongo, fenômeno frequente no português falado no Brasil?

(A) "eu" e "bateu-me". (B) "guardado" e "viu". (C) "louca" e "beijo".
(D) "depois" e "sei".   (E) "ninguém" e "bem".

19. (23) Em relação aos estigmas linguísticos, vários estudiosos contemporâneos julgam que a forma como olhamos o "erro" traz implicações para o ensino de língua. A esse respeito leia a seguinte passagem, adaptada da fala de uma alfabetizadora de adultos, da zona rural, publicada no texto "Lé com Lé, Cré com Cré", da obra *O Professor Escreve Sua História*, de Maria Cristina de Campos.

"Apresentei-lhes a família do ti. Ta, te, ti, to, tu."

De posse desses fragmentos, pedi-lhes que formassem palavras, combinando-os de forma a encontrar nomes de pessoas ou objetos com significação conhecida. Lá vieram Totó, Tito, tatu e, claro, em meio à grande alegria de pela primeira vez escrever algo, uma das mulheres me exibiu triunfante a palavra teto. Emocionei-me e aplaudi sua conquista e convidei-a a ler para todos.

Sem nenhum constrangimento, vitoriosa, anunciou em alto e bom som: "teto é aquela doença ruim que dá quando a gente tem um machucado e não cuida direito".

O fenômeno sociolinguístico constituído pela passagem da proparoxítona "tétano" para a paroxítona "teto", na variedade apresentada, é observado também no emprego de

(A) "figo" em lugar de fígado, e "arvre" em vez de árvore.
(B) "paia" em lugar de palha, e "fio" em lugar de filho.
(C) "mortandela" em lugar de mortadela, e "cunzinha" em vez de cozinha.
(D) "bandeija" em lugar de bandeja, e "naiscer" em lugar de nascer.
(E) "vendê" em lugar de vender, e "cantá" em vez de cantar.

20. (36)

Veio a seca, maior, até o brejo ameaçava de se estorricar. Experimentaram pedir a Nhinhinha: que quisesse a chuva. — "Mas, não pode, ué..." (...).

Daí a duas manhãs quis: queria o arco-íris. Choveu. E logo aparecia o arco-da-velha, sobressaído em verde com vermelho — era mais um vivo cor-de-rosa. Nhinhinha se alegrou, fora do sério, à tarde do dia com a refrescação. Fez o que nunca lhe vira, pular e correr por casa e quintal. — "Adivinhou passarinho verde?"

João Guimarães Rosa. Primeiras estórias. In: *Ficção completa*.
Vol. II. Rio de Janeiro: Nova Aguilar, 1994, p. 403.

Tomando por base o trecho escrito que representa a fala de Nhinhinha: "Mas, não pode, ué...", assinale a opção correta a respeito dos processos de transposição da linguagem oral para a linguagem escrita.

(A) As letras do alfabeto do português representam palavras da língua portuguesa.
(B) Em língua portuguesa, a relação entre a letra e o som, como [e] no exemplo, é regular: Mantém-se a mesma em qualquer palavra.
(C) Por serem usadas em início de frases ou nomes próprios, as letras maiúsculas correspondem, na fala, a maior impacto e força sonora.
(D) Os sinais de pontuação marcam, na escrita, a organização dos fragmentos linguísticos, que são marcados, na linguagem oral, pela entonação.
(E) Os signos do código escrito são mais complexos que os signos do código falado; por isso, as interjeições, como "ué", são características de oralidade.

2 0 1 1 [65]

21. (10)

"Roráima" ou "Rorâima", como você preferir. É que, segundo os linguistas, as regras fônicas de uma palavra são regidas pela língua falada. Portanto, não há certo ou errado. Há apenas a maneira como as pessoas falam.

O que se observa na língua portuguesa falada no Brasil é que sílabas tônicas que vêm antes de consoantes nasalizadas (como "m" ou "n") também se nasalizam (aperte o seu nariz e repita a palavra cama. Sentiu os ossinhos vibrarem? É a tal nasalização). Por isso, a gente diz "cãma" — o "ca" é a sílaba tônica e o "m" é nasalizado. Se a sílaba que vier antes dessa mesma consoante não for uma sílaba tônica, a pronúncia passa a ser opcional: você escolhe — "bánana" ou "bãnana".

No caso de Roraima, a sílaba problemática ("ra") é tônica e vem antes do "m". Mas aí entra em cena o "i", que acaba com qualquer regra. A mesma coisa acontece com o nome próprio Jaime: tem gente que nasaliza, tem gente que não.

Então, fique tranquilo: se você sempre falou "Rorâima", siga em frente — ninguém pode corrigi-lo por isso. No máximo, você vai pagar de turista se resolver dar umas voltas por lá — os moradores do estado, não adianta, são unânimes em falar "Roráima".

---

[65] Em 2011, a prova para bacharelandos teve questões que não foram propostas para licenciandos.

Disponível em: <http://super.abril.com.br/revista/255/
Acesso em: 12 ago. 2011 (com adaptações)

A leitura do texto nos remete à discussão sobre a pronúncia em português de palavras externas à nossa língua (Roraima tem origem indígena). Para Mattoso Câmara Jr, a nasalização da pronúncia é um processo previsível na língua e definido como assimilação, ou seja, a extensão de um ou vários movimentos articulatórios além de seus domínios originários. É o caso de uma sílaba oral que se determina pela assimilação da sílaba nasal seguinte.

A partir das informações apresentadas, avalie as afirmações que se seguem.

I. A palavra Roraima manteve-se inalterada na pronúncia ao ser usada no português e apresenta a sua forma original (indígena) ao ser falada em nossa língua.

II. A palavra Roraima sofre alteração da pronúncia em razão de um processo de assimilação regressiva em que a sílaba posterior contamina de nasalidade a anterior, como em cama, lama, banana no português.

III. A palavra Roraima, em decorrência da etimologia, assume dupla possibilidade de pronúncia por motivos parecidos com o de outras palavras estrangeiras que ingressam no português.

IV. A palavra Roraima é um substantivo próprio e, de acordo com a gramática, deve ser pronunciada exatamente igual à sua pronúncia na língua de origem.

É correto apenas o que se afirma em
(A) I.   (B) II.   (C) IV.   (D) I e III.   (E) II e III.

22. (12)

"PRACA CRONADA":
Ladrão de carro derrapa no Português e é preso
pela polícia por causa de uma placa clonada.

O caso acima é caracterizado na língua como rotacismo, ou seja, um processo de mudança em que se emprega o /r/ em lugar de /l/ nos vocábulos. Embora seja inadequado à norma padrão da língua, esse processo é bastante frequente em variedades de menor prestígio social. Acerca desse tema, avalie as informações a seguir.

I. As diferenças entre variedades da língua, como a exemplificada pelo rotacismo, não devem ser consideradas mero fator de preconceito linguístico; dado que este é um dos fatores que favorece a unidade linguística de uma comunidade.

II. O rotacismo é bem aceito por todos os falantes e é empregado de forma ampla nos diversos grupos sociais, sendo uma das mudanças que se está generalizando no português brasileiro.

III. O processo de rotacismo é decorrente de diferenças sociais recentes, que estão permitindo o surgimento de dialetos paralelos ao português padrão e utilizados por falantes em ascensão social.

IV. O processo de rotacismo não é novo na língua e já ocorria no período de passagem do latim vulgar para o português, como no caso de /plicare/ > /pregar/.

É correto apenas o que se afirma em
(A) I e II.   (B) I e IV.   (C) II e III.   (D) I, III e IV.   (E) II, III e IV.

2014

23. (QUESTÃO DISCURSIVA 4)

Na língua Guató, a vogal prefixal de tom baixo sofre elisão diante de tema iniciado por vogal: /ma-ót+/ [mót+] 'piranha'. Se a vogal prefixal, porém, tiver tom alto, ela não é afetada pelo processo de elisão /gwá-ógwayo/ [gwáógwáyo] 'estou lavando'.

Verifica-se essa regra morfofonológica na formação da palavra /morimãu/, proveniente do português [oli'mãw] *o limão*, a que se acrescentou o prefixo determinativo /ma-/ + /orimãu/ → /morimãu/. Como o Guató não tem consoantes laterais, o /l/ do português foi substituído pelo /r/.

PALACIO, Adair P. *Guató: a língua dos índios canoeiros do rio Paraguai.*
Campinas: UNICAMP, 1984 (adaptado).

Tendo como referência o texto 2, explique, com base no exemplo citado, o que faz a língua Guató adotar a fisionomia morfológica e fonológica do português.

24. (27, Bacharelado)

Fonte: ENADE

Considerando essa conversa via celular, extraída de um aplicativo de bate-papo, avalie as afirmações a seguir.

---

[66] Em 2014, a prova para bacharelandos teve questões que não foram propostas para licenciandos.

I. Verifica-se a predominância do estrangeirismo na linguagem empregada nas interações.
II. A pontuação nas falas de Nana, Filé e Paul atende às regras da linguagem empregada na escrita tradicional.
III. As falas de Paul e Filé apresentam características da linguagem digital, a exemplo da escrita fonológica e do uso da abreviação.
IV. A linguagem empregada nas interações apresenta características do gênero digital.

É correto apenas o que se afirma em

(A) I e II. (B) II e IV. (C) III e IV. (D) I, II e III. (E) I, III e IV.

2 0 1 7[67]

25. (15, Bacharelado)

TEXTO 1

Em suma, a cultura cabo-verdiana, denominada "crioula", assenta-se sobre um processo de hibridação que gerou as formas de expressão da culinária, da música, da língua e da literatura. A identidade cabo-verdiana, portanto, formou-se pela reelaboração de traços culturais originários dos grupos étnicos que aportaram às ilhas, isto é, portugueses e africanos levados da costa da Guiné para o arquipélago.

GOMES, Simone Caputo. "Cabo Verde: interfaces entre Literatura, culinária e música". In: SEMEDO, Manuel Brito et al. (eds.). *Estudos da AIL em Literaturas e Culturas Africanas de Língua Portuguesa*. Santiago de Compostela, Coimbra: Associação Internacional de Lusitanistas, 2015 (adaptado).

TEXTO 2

De orla a barlavento

[...]

II

Poeta! todo o poema:

geometria de sangue & fonema

Escuto Escuta

Um pilão fala

árvores de fruto

ao meio do dia

E tambores

erguem

na colina

Um coração de terra batida

E lon longe

Do marulho á viola fria

Reconheço o bemol

Da mão doméstica

Que solfeja

Mar & monção mar & matrimónio

Pão pedra palmo de terra

Pão & património

---

[67] Em 2017, a prova para bacharelandos teve questões que não foram propostas para licenciandos.

FORTES, Corsino. *Pão & Fonema*. Lisboa:
Sá da Costa Editora, 1980 (adaptado).

TEXTO 3

— "... Sonhei um Cabo Verde despertado cada manhãzinha pelo som repicado do tambor, substituindo a horrenda música do programa radiofónico Bom Dia Cabo Verde, abafando para sempre a inestética publicidade, rivalizando harmoniosamente com o cantar dos galos, o riso das galinhas, os motores, catchupa na frigideira, trapiches e computadores.

SALÚSTIO, Dina. "A indústria de tambores". In: *Mornas eram as noites*. 3ª ed. Praia: Instituto da Biblioteca Nacional, 2002 (adaptado).

Com base nos textos apresentados, avalie as afirmações a seguir.

I. O texto 1 considera crioulas a identidade e a cultura presentes nas ilhas que compõem o arquipélago de Cabo Verde, e sublinha sua natureza homogênea resultante do encontro entre europeus e africanos.

II. O texto 2 emprega recursos estruturais, tais como imagens de instrumentos e aliterações, privilegiando oclusivas e nasais bilabiais, com o intuito de evidenciar a natureza rítmica sugerida no poema.

III. O texto 3 integra uma coletânea cujo título põe em evidência tanto o clima tropical quanto o gênero musical mais representativo do patrimônio cabo-verdiano, ambos materializados na linguagem do fragmento.

É correto o que se afirma em

(A) I, apenas.   (B) II, apenas.   (C) I e III, apenas.   (D) II e III, apenas.   (E) I, II e III.

26. (18, Bacharelado)

Variantes linguísticas são diversas maneiras de se dizer a mesma coisa em um mesmo contexto e com o mesmo valor de verdade. A um conjunto de variantes dá-se o nome de variável linguística.

TARALLO, Fernando A. *Pesquisa Sociolinguística*. São Paulo: Ática, 1986 (adaptado).

Assinale a opção que apresenta dois pares legítimos de variação linguística.
(A) m[u]rcego — m[o]rcego // [p]ata — [l]ata
(B) [b]ote — [p]ote // d[i]daI — d[ɛ]dal
(C) f[i]liz — f[ɛ]liz // p[u]mada — p[o]mada
(D) [d]oca — [t]oca // lei[tʃ]e — lei[t]e
(E) [t]ime — [tʃ]ime // [d]ata — [m]ata

CHAVE DE RESPOSTAS (OFICIAL, EXCETO A 17 E A 23)

1. B   2. E   3. E   4. C   5. D   6. E   7. E   8. A
9. C   10. E   11. C   12. B   13. A   14. E   15. A   16. B

17. O candidato deveria escolher formas como as que apagam o R final de palavras oxítonas (pinchá, erguê, juntá) ou como as que evidenciam o rotacismo em posição final de sílaba (arma, forfe) ou como as que mostram a abreviação de palavras (forfe, disga). A reiteração dessas ocorrências demonstra que há motivações do sistema caracterizadoras das variações linguísticas.

18. C   19. A   20. D   21. E   22. B

23. A resposta deveria se referir à ocorrência do fenômeno da elisão no português, dando exemplo do mesmo contexto morfofonológico (*uma+orquestra = um'orquestra*, mas *dia+ótimo = diaótimo*).

24. C   25. D   26. C

Índice Onomástico

A

Adair P. Palácio – 214
Adolfo Coelho – 84
Adoniran Barbosa – 25, 193
Alan Prince – 39
Alceu Valença – 52
Alexandre Brito P. Furtado – 142
Álvaro Ferreira de Vera – 83
Ana Maria Zilles – 29, 32
Ancelmo Góis – 192
André Conforte – 14
André Martinet – 39
Aníbal Pinto de Castro – 89
Antenor Nascentes - 84
Antônio Houaiss – 190
Araújo Netto – 24
Arnaldo Antunes – 28
Arthur Koestler – 207
Arto Lindsay – 28
Ataliba de Castilho – 46

B

Bebel Gilberto – 52
Belchior – 53
Bernadete Abaurre – 35, 39
Bocage – 80
Bruce Hayes – 39

C

Caetano Veloso – 53, 198
Cândido de Figueiredo – 20
Carolina Michaëlis de Vasconcelos – 84
Carlos Alberto Faraco – 29, 32
Carlos Alberto G. Chiarelli – 141
Carlos Drummond de Andrade – 34
Carlos Henrique da Rocha Lima – 19, 47
Cazuza – 52
Cecília Meireles – 211
Celso Ferreira da Cunha – 59, 130, 181
Celso Luiz n. Amorim – 138, 139
Chico Buarque – 52, 103
Christoph Friedrich Hellwag – 58
Clarice Lispector – 207
Claudio Cezar Henriques – 12, 25, 36, 46, 189, 190
Clóvis Monteiro – 84
Cornélio Pires – 210
Corsino Fortes – 215
Cristiane Lazzarotto-Volcão – 72

D

Daniel Jones – 20
Darcilia Simões – 21
David Crystal – 60
David Hopffer Almada – 141
Dé Palmeira – 52
Dilma Roussef – 140
Dina Salústio – 216
Dinah Callou – 25
Djavan – 52, 53
Dom e Ravel – 53
Duarte Nunes de Leão – 83

E

Eduardo T. R. Amaral – 209
Epifânio Dias – 84
Erasmo Carlos – 111
Eugenio Coseriu – 25, 28
Evanildo Bechara – 29, 59, 80, 87, 89, 188, 189, 190, 196

F

Ferdinand de Saussure – 17, 38
Fernanda Lessa Pereira – 76, 77
Fernando Hadadd – 140
Fernando Tarallo – 216
Fernão Lopes – 80
Frejat – 52

G

Getúlio Vargas – 84
Gil Vicente – 76
Gilberto Gil – 52, 198
Gilvan Müller de Oliveira – 90
Gladis Maria de Barcellos Almeida – 90
Gonçalves Viana – 38, 44, 81, 84, 86
Gonzaguinha – 198
Guimarães Rosa – 7, 26, 205, 212
Gustavo Kuerten – 101

H

Hélio Schwartsman – 207
Homero – 44
Humberto Teixeira – 193

I

Inês Duarte – 80, 190
Irene Vogel – 39
Isabel Leiria – 80, 190
Ivan Lins – 52
Ivo Castro – 80, 190
Izabel Christine Seara – 72

J

Jacques Raimundo – 84
Jan Baudouin de Courtenay – 20, 38
Jayme Silva – 195
João de Barro – 52
João Franco Barreto – 83
João Gilberto – 195
João Luiz S. Ferreira – 140
João Soares de Paiva – 81
Joaquim Mattoso Câmara Jr. – 27, 59, 60, 62, 72, 212
John Goldsmith – 39
José Carlos de Azeredo – 31, 58, 69, 190
José de Alencar – 26
José Joaquim Nunes – 84
José Leite de Vasconcelos – 84
José Luís Fiorin – 80
José Mateus A. Peixoto – 141
José Pedro Ferreira – 90
José Rebouças Macambira – 72
José Veríssimo – 86
Joyce – 198
Júlio Moreira – 84
Júlio Nogueira – 84
Jurandir Faria da Silva – 196, 197

L

Leda Bisol – 39, 72
Leonor Lopes Fávero – 190
Ligia do Espírito Santo Costa – 142
Luís BernardoHonwana – 142
Luís de Monte Carmelo – 83
Luis Fernando Verissimo – 206
Luís Filipe Lindley Cintra – 130

Luiz Carlos Cagliari – 36, 39, 41, 72, 190
Luiz Gonzaga – 193, 198
Luiz Inácio Lula da Silva – 138, 139, 140

M

Machado de Assis – 80, 86, 137
Madredeus – 53
Madureira Feijó – 83
Manuel Brito Semedo – 215
Marcus Viana – 52
Margarita Correia – 90
Maria Cristina de Campos – 211
Maria Emília Barcellos – 11
Maria Filomena Gonçalves – 190
Maria Helena R. Pereira - 89
Maria Helena Mira Mateus – 39, 72
Marina Nespor – 39
Mário Barreto – 84
Marisa Monte – 28
Maurício Silva – 80, 190
Maximino Maciel – 80
Medeiros e Albuquerque – 86
Mikołaj Habdank Kruszewski – 20
Millôr Fernandes – 205
Muhammad Omar – 199

N

N. S. Trubetzkoy – 41, 58, 72
Neuza Teixeira – 192

O

Osório Duque Estrada – 86
Otto Jespersen – 38

P

Patrícia Travassos – 53
Paul Kiparsky – 39
Paul Smolensky – 39
Pedro Bueno Cacunda – 202, 203
Pedro Miguel de S. Lopes – 142
Pero Meogo – 79
Pier Paolo Pasolini – 24
Platão – 17

R

R. L. Trask – 25, 28
Reinaldo Pimenta – 131
Renato Basso – 59
Ricardo Cavaliere – 59, 72, 190
Rita Lee – 52
Roberto Campos – 205
Roberto Carlos – 111
Roberto de Carvalho – 52
Roberto Gomes Camacho – 210
Rodolfo Ilari – 31, 59
Roger Moreira – 28
Roman Jakobson – 41, 72
Ruban – 53
Rubem Braga – 208
Ruy Nunes P. Nogueira – 140

S

Samuel P. Guimarães Neto - 140
Santana – 53
Sérgio Reis – 53
Silva Ramos – 84, 86
Simone Caputo Gomes – 215
Sobrinhos do Ataíde - 204
Sousa da Silveira – 62, 84
Stanislaw Ponte Preta – 26

T

Telmo Verdelho – 89
Thaïs Cristófaro Silva – 39, 57, 72

V

Vanessa Gonzaga Nunes – 72

W

Waldemar Ferreira Netto – 72
Waldir Azevedo – 53
Washington Luís – 84

Y

Yonne Leite – 25

Z

Zé da Luz – 209

Índice por Assunto

Índice

A

acento diferencial, 96
Acordo Ortográfico da Língua Portuguesa, 13, 15, 44, 86–87, 90, 137–141, 165–166, 179–180
    bases do acordo, 140–180
alfabeto fonético, 49–56
alofone, 42
antepositivo, 129–132
antropônimos e topônimos, grafia de, 116
aparelho fonador, 20
arquifonema, 42, 51

C

caligrafia, 46
comutação, 39–41
consoantes, classificação das, 35, 61
crase, 105–112

D

debordamento, 42
diacríticos, 43–45
dígrafos, 68, 142–143
distinção entre fonética e fonologia, 38–39
ditongos, tritongos e hiatos, 36
dupla articulação da linguagem, 38

E

encontros consonantais, 36, 68–69
entonação, 27
epêntese consonantal, 39
estrangeirismos, 97

F

flepe, 51
fonação, 38
fonema, 20, 23–25
fonêmica, 38
fonologização, 46
fonotática, 25
formas livres, presas e dependentes, 37

G

glides, 60
grafia, 43–44
gramaticalização, 46

H

hífen, 127–136
    em compostos, 156
    na derivação prefixal, 129
homônimos, 121
homorgânicas, 61

I

implosivas, 61
input x output, 39
iode, 60
IPA (International Phonetic Association), 49

L

laterais, 61
letra difônica, 46
letra e grafema, 45
língua escrita, 17-18, 23, 25, 27, 44-45, 172, 174
língua falada (língua oral), 17, 18, 24, 25, 27, 45-46, 172, 174
líquida, consoante, 61

M

morfema, 37

O

ordem alfabética, 45
ortoepia, 36, 46
ortografia, 43

P

palavra fonológica x palavra ortográfica, 46
paragoge vocálica, 39
parônimos, 122
período fonético, 81
período histórico-científico, 81-82
período pseudoetimológico, 81-83
pertinência, 39-40
processos fonológicos, 57
prosódia, 36

R

regras de acentuação, 93-104
retroflexo, R, 61, 77

S

saberes elocutivo, idiomático e expressivo, 25
semiconsoantes/semivogais, 50
significante x significado, 37
sistema fonológico, 41

T

teoria da otimização ou otimalidade, 39
tepe, 51
traços distintivos, 41
transcrição fonética, 41, 44
transcrição fonética x fonológica, 44
trema, 97

U

uau/vau, 60

V

variação linguística, 39
vibrantes, 51, 61
Vocabulário Ortográfico Comum (VOC), 88-91
Vocabulário Ortográfico da Língua Portuguesa (VOLP), 13, 86, 89, 113, 182
vogais
    classificação das, 35, 58
    critérios de classificação, 58
    medial/média/central, 59
    reduzidas, 58

Referências Bibliográficas

ABAURRE, Maria Bernadete M. "Fonologia e Fonética". In: GUIMARÃES, Eduardo & ZOPPI-FOINTANA, Mônica, orgs. *A Palavra e a Frase*. Campinas-SP: Pontes, 2006. p. 39–74.
ACADEMIA Brasileira de Letras. *Pequeno Vocabulário Ortográfico da Língua Portuguesa*. Rio de Janeiro: A Academia, 1999a.
____. *Pequeno Vocabulário Ortográfico da Língua Portuguesa*. Rio de Janeiro: Imprensa Nacional, 1948.
____. *Vocabulário Onomástico da Língua Portuguesa*. Rio de Janeiro: A Academia, 1999b.
____. *Vocabulário Ortográfico da Língua Portuguesa*. Rio de Janeiro: A Academia, 1998.
____. *Vocabulário Ortográfico da Língua Portuguesa*. São Paulo: Global, 2009.
ACADEMIA das Ciências de Lisboa. *Dicionário da Língua Portuguesa Contemporânea*. CASTELEIRO, João Malaca, coord. 2 v. Lisboa: Editorial Verbo, 2001.
AZEREDO, José Carlos de. *Fundamentos de Gramática do Português*. Rio de Janeiro: Zahar, 2000.
____. *Gramática Houaiss da Língua Portuguesa*. São Paulo: Publifolha/Instituto Houaiss, 2018.
BECHARA, Evanildo. "O Congresso Brasileiro e a Unificação Ortográfica". *O Mundo Português*. Rio de Janeiro, 12 jul. 1991, Na Ponta da Língua.
____. *Ensino da Gramática. Opressão? Liberdade?* São Paulo: Ática, 1985.
____. *Moderna Gramática Portuguesa*. São Paulo: Cia. Edit. Nacional, 1976.
____. *Moderna Gramática Portuguesa*. Rio de Janeiro: Lucerna/Nova Fronteira, 2015.
BISOL, Leda, org. *Introdução aos Estudos de Fonologia do Português Brasileiro*. Porto Alegre: EDIPUCRS, 2005.
CAGLIARI, Luiz Carlos. *Análise Fonológica*. Campinas-SP: Mercado das Letras, 2002.
CALLOU, Dinah & LEITE, Yonne. *Como Falam os Brasileiros*. Rio de Janeiro: Zahar, 2002.
CÂMARA JR., J. Mattoso. *Dicionário de Linguística e Gramática*. Petrópolis-RJ: Vozes, 1981.
____. *Estrutura da Língua Portuguesa*. Petrópolis-RJ: Vozes, 1980.
____. *Manual de Expressão Oral e Escrita*. Petrópolis-RJ: Vozes, 1986.
____. *Para o Estudo da Fonêmica Portuguesa*. Rio de Janeiro: Padrão, 1977.
CASTILHO, Ataliba de. *Nova Gramática do Português Brasileiro*. São Paulo: Contexto, 2010.
CASTRO, Ivo, DUARTE, Inês & LEIRIA, Isabel, orgs. *A Demanda da Ortografia Portuguesa*. Lisboa: João Sá da Costa, 1987.
CAVALIERE, Ricardo Stavola. *Pontos Essenciais em Fonética e Fonologia*. Rio de Janeiro: Lucerna, 2005.
COSERIU, Eugenio. *Lições de Linguística Geral*. Rio de Janeiro: Ao Livro Técnico, 1980a.
____. "Logicismo e Antilogicismo na Gramática". In: ____. *Teoria da Linguagem e Linguística Geral: cinco estudos*. Rio de Janeiro: Presença, 1987, p. 174–92.
____. "Sincronia, Diacronia e História". In: ____. *Sincronia, Diacronia e História: o problema da mudança linguística*. Rio de Janeiro: Presença, 1979, p. 201–38.

____. *Tradição e Novidade na Ciência da Linguagem: estudos de história da linguística*. Rio de Janeiro: Presença/USP, 1980b.

COURTENAY, J. Baudoin de. "*An Attempt at a Theory of Phonetic Alternations*". In: STANKIEWICZ, E. *A Baudoin de Couternay Anthology: the beginnings of structural linguistics*. Bloomfield: Indiana University Press, 1972 [1895]. p. 144-212.

COUTINHO, Ismael de Lima. *Pontos de Gramática Histórica*. Rio de Janeiro: Ao Livro Técnico, 1976.

CRYSTAL, David. *Dicionário de Linguística e Fonética*. Rio de Janeiro: Zahar, 1988.

CUESTA, Pilar Vazquez & LUZ, Maria Albertina Mendes da. *Gramática Portuguesa*. Madrid: Gredos, 1961.

CUNHA, Celso Ferreira da. *Gramática da Língua Portuguesa*. Rio de Janeiro: FENAME, 1980.

____. *Gramática do Português Contemporâneo*. Belo Horizonte: Bernardo Álvares, 1970.

____ & CINTRA, Luís Felipe L. *Nova Gramática do Português Contemporâneo*. 3ª ed. rev. Rio de Janeiro: Nova Fronteira, 2001.

DUBOIS, Jean *et alii. Dicionário de Linguística*. São Paulo: Cultrix, 1978.

DUCROT, Oswald & TODOROV, Tzvetan. *Dicionário das Ciências da Linguagem*. Lisboa: Publicações Dom Quixote, 1974.

ECO, Umberto. *A Busca da Língua Perfeita*. Bauru-SP: EDUSC, 2002.

ELIA, Sílvio. "Dicionário Gramatical Português". In: *Dicionário Gramatical*. Porto Alegre: Globo, 1963.

FARACO, Carlos Alberto & ZILLES, Ana Maria. *Para Conhecer Norma Linguística*. São Paulo: Contexto, 2007.

FERREIRA, Aurélio Buarque de Holanda. *Dicionário da Língua Portuguesa* — vrs. 7.0. LACERDA, Carlos Augusto & GEIGER, Paulo, eds. Curitiba: Positivo, 2010, cd-rom.

FERREIRA NETO, Waldemar. *Introdução à Fonologia da Língua Portuguesa*. São Paulo: Hedra, 2001.

GOLDSMITH, John. A. *Autosegmental and Metrical Phonology*. Oxford: Blackwell, 1990.

GONÇALVES, Rebelo. *Tratado de Ortografia da Língua Portuguesa*. Coimbra: Atlântida, 1947.

HAYES, Bruce. *Metrical Stress Theory: principles and case studies*. Chicago: University of Chicago Press, 1995.

HENRIQUES, Claudio Cezar. *Atas da Academia Brasileira de Letras: Presidência Machado de Assis (1896-1908)*. Rio de Janeiro: Academia Brasileira de Letras, 2001, p. 239-50.

____. *Geo-História do Português: estudos sobre a história e a geografia do português na perspectiva brasileira*. Rio de Janeiro: Gramma, 2019,

____. *Morfologia: estudos lexicais em perspectiva sincrônica*. Rio de Janeiro: Campus/Elsevier, 2014.

____. *Nomenclatura Gramatical Brasileira: 50 anos depois*. São Paulo: Parábola, 2009.

____. *A Nova Ortografia: o que muda com o Acordo Ortográfico*. Rio de Janeiro, EdUERJ, 2015.

____. *Sintaxe: estudos descritivos da frase para o texto*. Rio de Janeiro: AltaBooks, 2018.

____ & PEREIRA, Maria Teresa G., orgs. *Língua e Transdisciplinaridade: rumos, conexões, sentidos*. São Paulo: Contexto, 2002.

HJELMSLEV, Louis. *Princípios de Gramatica General*. Madrid: Gredos, 1976.

HOUAISS, Antônio. *Dicionário Houaiss da Língua Portuguesa* — vrs 1.0. Rio de Janeiro: Objetiva, 2001. CD-ROM.

ILARI, Rodolfo & BASSO, Renato. *O Português da Gente: a língua que estudamos, a língua que falamos*. São Paulo: Contexto, 2006.

JAKOBSON, Roman. *Fonética e Fonologia*. Rio de Janeiro, Livraria Acadêmica, 1967.

JESPERSEN, Otto. *Lehrbuch der Phonetik*. Leipzig & Berlin: Teubner, 1904.

JONES, Daniel. *The History and Meaning of the Term "phonem"*. London: IPA & University College, 1964.

JOTA, Zélio dos Santos. *Dicionário de Linguística*. Rio de Janeiro: Presença, 1976.

JUCÁ (filho), Cândido. *132 Restrições ao Anteprojeto de Simplificação e Unificação da Nomenclatura Gramatical Brasileira.* Rio de Janeiro: s/ed., 1958.

_____. *Gramática Brasileira do Português Contemporâneo.* Rio de Janeiro: Pan-Americana, 1943.

_____. *Pequena Gramática para a explicação da Nova Nomenclatura Gramatical Brasileira.* Rio de Janeiro: Agir, 1959.

KIPARSKY, Paul. "Lexical Phonology and Morphology". In: YANG, I. S., org. *Linguistics in the Morning Calm.* Seoul: Hanshin, 1982. p. 3–91.

KURY, Adriano da Gama. *Gramática Fundamental da Língua Portuguesa.* São Paulo: LISA, 1972.

LEWANDOWSKI, Theodor. *Diccionario de Lingüística.* Madrid: Cátedra, 1995.

LIMA, Carlos Henrique da Rocha. *Gramática Normativa da Língua Portuguesa.* Rio de Janeiro: José Olympio, 1992.

MACAMBIRA, José Rebouças. *Fonologia do Português.* Fortaleza: Imprensa Universitária, 1987.

MACEDO, Walmírio. *Gramática da Língua Portuguesa.* Rio de Janeiro: Presença, 1991.

MARTINET, André. *A Linguística Sincrônica.* Rio de Janeiro: Tempo Brasileiro, 1971.

MATEUS, Maria Helena Mira et alii. *Gramática da Língua Portuguesa.* Lisboa: Editorial Caminho, 2003.

_____. *A Face Exposta da Língua Portuguesa.* Lisboa: Imprensa Nacional-Casa da Moeda, 2002.

MELO, Gladstone Chaves de. *Ensaio de Estilística da Língua Portuguesa.* Rio de Janeiro: Padrão, 1975.

_____. *Gramática Fundamental da Língua Portuguesa.* Rio de Janeiro: Livraria Acadêmica, 1970.

MICHAËLIS. *Moderno Dicionário da Língua Portuguesa* - versão 1.0, Rio de Janeiro: DTS Software do Brasil, 1998. CD-ROM.

MOUNIN, Georges, dir. *Dictionnaire de la Linguistique.* Paris; Quadrige/PUF, 1993.

NASCENTES, Antenor. *O Linguajar Carioca.* Rio de Janeiro: Organização Simões, 1953.

NESPOR, Marina & VOGEL, Irene. *Prosodic Phonology.* Dordrecht: Foris Publications, 1986.

PIMENTA, Reinaldo. *Português Urgente.* Rio de Janeiro: Campus/Elsevier, 2010.

PLATÃO. *Diálogos.* São Paulo: Abril Cultural, 1972.

POTTIER, Bernard. *Linguística Geral, teoria e descrição.* Rio de Janeiro: Presença/USU, 1978.

_____. *Lingüística Moderna y Filología Hispánica.* Madrid: Gredos, 1970.

PRIBERAM. *Dicionário da Língua Portuguesa — vrs.* 1.0. Porto: Porto Editora, 1996. CD-ROM.

PRINCE, Alan & SMOLENSKY, Paul. *Optimally Theory: constraint interaction in Generative Grammar.* Oxford: Blackwell, 2004 [1993].

REBELO, Aldo. "Projeto de Lei nº 1676 e Justificação". Brasília: Câmara dos Deputados, 1999. <http://www.camara.gov.br/aldorebelo>

RIBEIRO, Manoel P. *Nova Gramática Aplicada da Língua Portuguesa.* Rio de Janeiro: Metáfora, 2006.

SAUSSURE, Ferdinand de. *Curso de Linguística Geral.* São Paulo: Cultrix, 1972 [1916].

SEARA, Izabel Christine, NUNES, Vanessa Gonzaga & LAZZAROTO-VOLCÃO, Cristiane. *Para Conhecer Fonética e Fonologia do Português Brasileiro.* São Paulo: Contexto, 2015.

SILVA, Maurício, org. *Ortografia da Língua Portuguesa.* São Paulo: Contexto, 2009.

SILVA, Thaïs Cristófaro. *Exercícios de Fonética e Fonologia.* São Paulo: Contexto, 2003.

_____. *Fonética e Fonologia do Português.* São Paulo: Contexto, 2001.

SILVEIRA, Regina Célia P. da. *Estudos de Fonética do Idioma Português.* São Paulo: Cortez, 1988.

SIMÕES, Darcilia. *Considerações sobre a Fala e a Escrita: fonologia em nova chave.* São Paulo: Parábola, 2006.

TRASK, R. L. *A Dictionary of Grammatical Terms in Linguistics.* London & New York: Routledge, 1993.

_____. *Dicionário de Linguagem e Linguística.* São Paulo: Contexto, 2004.

TRUBETZKOY, N. 1969. *Principles of Phonology.* Berkeley & Los Angeles: University of California Press, 1969 [1939].

VIANA, A. R. Gonçalves Viana. *Estudos de Fonética Portuguesa.* Lisboa: Imprensa Nacional, 1973.

_____. *Ortografia Nacional.* Lisboa: Tavares Cardoso, 1904.